# 일제강점기 사회와 문화
## — '식민지' 조선의 삶과 근대

일제강점기 사회와 문화 —— '식민지' 조선의 삶과 근대

**초판 4쇄 발행** 2022년 12월 30일
**초판 1쇄 발행** 2014년 7월 2일

**지은이** 이준식
**기획** 역사문제연구소
**펴낸이** 정순구
**책임편집** 정윤경
**기획편집** 조수정 조원식
**마케팅** 황주영

**출력** 블루엔
**용지** 한서지업사
**인쇄** 한영문화사
**제본** 한영제책사

**펴낸곳** (주) 역사비평사
**등록** 제300-2007-139호 (2007. 9. 20)
**주소** 10497 경기도 고양시 덕양구 화중로 100, 506호(화정동 비전타워21)
**전화** 02-741-6123~5
**팩스** 02-741-6126
**홈페이지** www.yukbi.com
**이메일** yukbi88@naver.com

© 이준식, 역사문제연구소 2014

ISBN  978-89-7696-330-7   04910
      978-89-7696-320-8 (세트)

# 일제강점기 사회와 문화
## — '식민지' 조선의 삶과 근대

이준식 지음 | 역사문제연구소 기획

20世紀
韓國史
SERIES

역사비평사

## '20세기 한국사'를 완간하며

청소년과 시민을 위한 〈20세기 한국사〉 시리즈가 이제 10권의 책으로 마무리되어 온전한 모양을 갖추게 되었다. 만 10년의 세월이 걸렸으니, 한 해에 한 권꼴로 책을 낸 셈이다. 이 뒤늦은 마침표는 역사문제연구소에 보내준 많은 분들의 따뜻한 격려와 엄중한 질책이 없었으면 불가능했을 터이다.

20세기는 민주주의와 물질적 번영이라는 이성의 얼굴과 함께 전쟁, 국가폭력, 자연환경 파괴라는 광기의 얼굴을 동시에 보여주었다. 이 '극단의 시대'에 한국 사회는 식민지화, 분단, 전쟁, 독재의 비극 속에서도 경제성장과 민주화라는 위업을 이루어냈다. 다만 그 경제성장은 무한경쟁을 동반한 인간성 상실의 과정이기도 했으며, 민주화는 시민의 실질적 참여 없이 정치갈등이 반복되면서 그 빛이 바래고 있다.

과연 오늘날 한국의 자화상을 '한강의 기적'에서 찾을 것인가, 아니면 세월호의 참상에서 찾을 터인가? 이 두 가지 모습 모두가 우리 자신의 부인할 수 없는 실체이며, 그 두 가지는 사실상 긴밀히 연결되어 있는 하나임을 부정하기 어렵다.

〈20세기 한국사〉 시리즈는 한국 사회가 겪은 지난 한 세기의 명암을 가감 없이 실사구시의 관점에서 밝히는 데 일차적인 목적을 두었다. 이 시리즈가 왜곡된 역사적 사실을 바로잡아 있는 그대로 전달함으로써, 독자 스스로 20세기 한국사를 해석하는 데 도움을 주고, 이를 통해 비판적이며 균형적인 역사의식을 가진 시민사회를 만들어가는 데 조금이나마 이바지하기를 기대한다.

이 시리즈는 "우리 후손들에게 과거의 역사가 사실대로 알려지기를 바라는" 한 독지가의 소망에서 비롯되었다. 그분의 간곡한 뜻과 배려가 없었다면 이 책은 시작하지도, 끝을 맺지도 못했을 터이다. 그간 묵묵히 후원해준 김남홍 선생께 감사드리며, 미진한 부분은 새로운 기획으로 채워 그 뜻을 이어가리라 다짐한다. 아울러 시리즈 발간을 총괄해온 연구소의 배경식, 은정태, 문영주 선생과 산뜻하게 책을 만들어준 역사비평사에 사의를 표한다. 이 시리즈의 출간을 위해 함께 노력했으나 지금은 저 멀리에서 반겨줄 고 방기중 소장께 그리운 마음을 띄운다.

2014년 6월
역사문제연구소 소장
김성보

# 해방 70주년을 앞두고 식민지 근대를 다시 생각한다

나는 1950년대에 태어나 1970년대에 중·고등교육을 받고 대학까지 다녔다. 일제 식민지 지배가 잘못된 역사라는 것이 상식 중에도 상식이던 시절에 처음으로 우리 역사를 접한 것이다. 내 또래만 해도 어릴 적부터 호랑이보다 더 무서운 '순사'의 추억을 어른들에게 들으며 컸다. 침략전쟁의 물자를 대기 위한 전시공출로 먹거리가 절대적으로 부족해지자 많은 이들이 '초근목피'로 연명했다는 이야기도 여전히 살아 숨 쉬고 있었다. 그뿐만이 아니었다. 자신의 의지와는 무관하게 억지로 전쟁터로 공장으로 광산으로 끌려갔던 사람들, 특히 그중에서도 돌아오지 못한 사람들의 아픔이 쉬쉬하면서 입에서 입으로 전해졌다. 그런 상황이었으니 일본 제국주의는 나쁜 것이라는 생각에 아무도 토를 달 수 없었다.

그러나 세기가 바뀐 오늘날 식민지 지배를 바라보는 시각에도 큰 변화가 일어났다. 예를 들어보자. 식민지 지배의 최대 피해자로 일본군 '위안부'를 꼽는 사람들이 많다. 일본군 '위안부'로 끌려갔던 여성 가운데 대부분이 살아 돌아온 뒤에도 침묵을 강요받았다. 강제로 전쟁터에 끌려가 성노예로 희생당한 것도 그렇지만, 전쟁이 끝난 뒤 그 사실을 감춘 채 살아가야 했던 것도 엄청난 고통이었음을 짐작하기 어렵지 않다. 적어도 사람으로서 기본적인 양식을 갖추었다면 누구나 일본군 '위안부'의 아픔에 공감할 수밖에 없다. 20여 년 전부터 드러나기 시작한 일본군 '위안부' 이야기가 단지 한국의 문제에 국한되지 않고 세계 여러 나라에서 뜻있는 사람들이 공유하는 문제가 된 이유도 바로 여기에 있다. 그런데도 일본군 '위안부'를 폄훼하는 주장이 일부에서나마 기승을 부리고 있는 것이 바로 현재의 한국이다.

일본군 '위안부' 할머니들이 매주 서울의 일본대사관 앞에서 벌이는 수요집회가 22년 넘게 계속되고 있다. 그런가 하면 경기도 광주시에는 일본군 '위안부' 할머니들이 모여 사는 삶의 터전인 나눔의 집과 거기에 딸린 일본군 '위안부' 역사관도 있다. 일본군 '위안부' 할머니들이 수요집회나 역사관을 통해 요구하는 것은 한결같다. 일본군 '위안부' 강제동원의 진상규명, 일본 정부(황실 포함)의 진정어린 사과, 전쟁범죄에 대한 배상이 바로 그것이다.

그렇지만 일본의 반응도 한결같다. 먼저 배상은 1965년의 한일협정으로 이미 끝난 일이라는 것이다. 사과에 대해서는 1995년 당시 총리이던 사회당의 무라야마 도미이치村山富市가 식민지 지배에 대해 포괄적으로 반성과 사죄의 뜻을 밝힌 '무라야마 담화'로 가름하려고 한다. 진상규명도 마찬가지이다. 1993년 당시 관방장관이던 고노 요헤이河野洋平가 군 '위안부' 동원의 강제성을 인정한 '고노 담화'를 발표한 데서 한 걸음도 더 앞으로 나아가지 못했다. 그나마 최소한의 사죄와 강제동원 인정도, 최근 일본 역사 교과서에서 일본군 '위안부' 관련 서술이 줄어들거나 아예 빠져버렸다든지 미국 여러 지역에서 '위안부' 소녀상을 세울 때 일본 정부가 앞장서서 노골적인 방해를 한 데서도 알 수 있듯이, 퇴행하고 있다. 오히려 일본의 극우 세력은 지금도 일본군 '위안부' 할머니들의 주장이 일본으로부터 돈을 뜯어내기 위해 만들어낸 이야기라고 강변한다.

그런데 일본군 '위안부' 할머니들이 겪은 고통을 폄훼하는 것은 일본만의 일이 아니다. 한국 사회 일각에서도 일본 극우 세력의 주장에 호응이라도 하듯이 일본군 '위안부'의 강제동원은 공식적으로 존재하지 않았다느니, 강제로 끌려갔다는 할머니들의 증언은 지어낸 이야기라느니, 황당한 주장을 하는 사람들이 생겨났다. 이들에 따르면 일본군 '위안부' 동원은 합법적인 계약에 의한 것이었고, 돈을 벌기 위한 개인의 자발적인 선택의 결과였다는 것이다.

문제가 되는 것은 일본군 '위안부'만이 아니다. 일부 극우 세력은 한 걸음 더 나아가 아예 식민지 지배가 우리 민족에게 축복이었다는 식의 망언을 서슴지 않는다. 실제로 2005년에 한국의 이른바 '명문' 사립대학의 명예교수라는 사람이 일본의 극우 잡지에 기고한 글에서 그런 주장을 폈다. 인터넷에 적지 않은 추종자를 거느린 극우 논객들이 여기에 적극 동조했다. 그러더니 급기야 2013년에는 일제 식민지 지배를 통해 한국이 경제적으로도 정치적으로도 발전할 수 있는 계기가 마련되었다고 주장한 사람이 '한국 역사 정보의 총본산'이라는 국사편찬위원회의 위원장으로 임명되었다. 식민지 지배를 미화하는 주장을 펴는 사람도 국가기구의 수장이될 수 있는 것이 2014년 현재 한국의 모습이다. 그러다 보니 지금도 인터넷에는 일본 제국주의를 찬양하고 그 연장선에서 1945년 8월 15일의 해방이야말로 우리에게 불행한 일이었다고 주장하는 글이 수없이 돌아다니고 있다. 식민지 지배의 한 축을 이루던 친일파를 미화하는 글이야 더 말할 것도 없다.

처음에는 별 것 아니라 여겼던 '뉴라이트'의 역사인식이 2013년 교학사한국사 교과서 사태를 통해 정권의 공인을 받기에 이르렀다. 뉴라이트는한국 근현대사의 주된 흐름을 독립운동과 민주화운동에서 찾는 것을 거부한다. '대한민국의 정체성'이라는 이름 아래 한국 근·현대사의 주류를반공과 시장경제에 이바지한 친일파와 독재 세력에게서 찾으려는 데 뉴라이트 역사인식의 핵심이 있다. 일제 식민지 지배도 한국 사회가 근대로나아가게 되는 결정적인 계기로 간주된다. 뉴라이트의 역사인식에 따르면, 일제의 식민지 지배 아래서도 일부 선각자들은 미래의 꿈을 갖고 일본을 통한 근대문명 수입에 적극 나섬으로써 발전의 토대를 마련했으며,그 결과 오늘날 한국이 거둔 놀라운 발전이 가능했다는 것이다. 당연히뉴라이트는 일제강점기의 어두운 측면, 곧 농민·노동자에 대한 수탈, 정든 고향 땅을 버리고 해외로 이주한 사람들의 고단한 삶, 우리 민족에게 가해진 일상적인 억압과 차별, 침략전쟁을 벌일 때 자행된 강제동원 등은 애써 무시한다. '건국' 이후 한국이 거둔 놀라운 발전의 토대가 만들어진 것이 일제강점기였다고 보는 식민지 근대화론은 역사학계에서는 기껏해야 소수설 내지는 이설異說로 받아들여진다. 그렇지만 식민지 근대화론을 바탕에 깔고 있는 책이 한국사 교과서로 공인을 받았다는 사실이 갖는 현실적 의미는 결코 가볍지 않다.

뉴라이트처럼 막나가는 것은 아니지만 역사학계에서도 일제강점기를 설명할 때 민족, 민중, 수탈, 저항을 앞세우는 논리를 바꾸어야 한다는 이야기가 심심치 않게 나온다. 역사학계가 너무 오랫동안 민족과 민중을 앞세우는 역사인식만 강조함으로써 일제강점기의 다양한 역사상을 놓치고 말았다는 비판에는 분명히 경청의 여지가 있다. 탈근대·탈민족을 내세우는 역사해석은 근대에 대한 새로운 이론적 모색이라는 점에서 의미를 갖는다. 변화된 현실에 맞는 새로운 진보를 추구해야 한다는 주장에도 나름의 진정성이 있다. 그런데 우리 사회에서 오랫동안 '성역'처럼 여겨지던 민족 담론, 더 나아가 민중 담론까지 해체하자는 주장 자체가 워낙 파격적이다 보니 동의할 수 없는 부분도 있다. 최근 유행하는 '식민지 근대'라는 개념도 마찬가지이다.

'식민지 근대'는 말이 식민지 근대이지 실제로는 '근대'에 방점을 찍고 일제강점기를 보자는 것이다. 일제강점기를 근대로 보자는 생각에는 충분히 동의할 수 있다. 그렇지만 식민지이기 이전에 근대였다는 주장은 아무래도 수긍이 가지 않는다. 더욱이 일부에서는 역사 연구의 실천적 측면을 도외시하는 몰가치론의 경향마저 드러내고 있다는 우려마저 든다.

대학생은 물론이고 일반시민을 상대로 근대사 강의를 하다 보면 생각밖으로 사람들이 일제강점기에 대해 아는 것이 별로 없다는 사실을 확인하고는 한다. 일제 식민지 지배의 본질과 실상이 어떠했으며 일제강점기에 사람들은 어떤 삶을 살아갔는지를 잘 모르다 보니, 심지어 일제강점기가 21세기 한국 사회와 크게 다르지 않았을 것이라고 여기는 사람도 있을 정도이다. 식민지나 제국주의의 문제를 괄호 안에 넣은 채 근대만 부각시키는 최근의 연구 동향과 대중적 글쓰기도 이러한 분위기를 부추기고 있다.

최근 들어 연구의 방법이나 대상이 다양해지고 풍부해진 것은 사실이다. 일상생활, 문화, 풍속, 대중매체, 공공성 등으로 연구의 대상이 넓혀졌고, 미시사나 구술사 같은 새로운 방법론도 도입되었다. 그러나 이런 작업이 식민지 근대 연구의 새로운 패러다임을 정립하는 데까지 이른 것은 아니다. 이른바 '내재적 발전론'을 부정하는 데 급급한 나머지 그 합리적 핵심을 수용하는 데 인색했기 때문이다. 내재적 발전론이 갖는 합리적 핵심은 '근대는 하나가 아니다'라는 발상, 곧 일제의 식민지 지배 때문에 서구의 근대와는 다른 근대가 나타날 수밖에 없었다고 보는 인식이라고 생각한다.

그래서 이 책에서는 '식민지'에 초점을 맞추어 '식민지 근대'를 이해하자는 주장을 하고 싶었다. 근대로의 이행 과정에서 농촌과 도시의 삶에 변화가 일어나고 새로운 사상과 계층이 등장하고 새로운 매체와 문화 현상이 나타났지만 그것이 식민지라는 조건 때문에 어떻게 비틀어졌는지를 이야기하고 싶었던 것이다. 더 나아가서는 일제강점기의 비틀어진 역사가 이후 한국 사회에 어떤 그림자를 드리우게 되었는지를 이해하는 데 작은 실마리라도 제시하고 싶다는 생각도 있었다.

원래 근대사 가운데서도 민족해방운동사를 전공했던 내가 일제강점기의 사회와 문화에 관심을 갖게 된 이유는, 한편으로는 저항을 일으키는 원인이 되고 동시에 다른 한편 그 저항을 가로막았던 조건이 무엇이었는지 밝히고자 하는 것이었다. 더 나아가 일제강점기에 사회와 문화의 여러 측면에서 일어난 큰 변화가 한편으로는 일제의 탄압을 받으면서도 우리 민족에 의해 주체적으로 이루어진 동시에 다른 한편으로는 식민지 지배체제 유지와 침략전쟁을 위해 일제에 의해 강요된 것이라는 사실을 밝히는 일도 중요하다고 생각했다. 말하자면 일제강점기의 사회와 문화가 갖는 양면성에 주목하려고 한 것이다.

이런 문제의식을 갖고 일제 식민지 지배의 기본 성격, 농민들의 삶에 일어난 변화, 공업화·도시화에 따른 도시 주민들의 삶의 변화, 일제강점기에 본격화된 해외 이주의 실태, 새로운 사상과 계층의 등장, 교육과 언론매체의 변화, 대중문화 현상의 등장이 갖는 의미, 그리고 일제 식민지 지배가 남긴 유산의 문제를 각각의 장에서 다루었다. 원고를 다 쓰고 보니 일제강점기의 사회와 문화를 이야기할 때 빠뜨려서는 안 되는 몇 가지가 빠져버렸다. 가족, 종교, 인구, 문학 등이 바로 그것이다. 빠진 주제 가운데 상당수는 현재의 내 능력으로는 감당이 되지 않았다는 변명으로 부족함을 대신한다.

이 책을 쓰는 데 다른 연구자들의 글이 많은 도움이 되었다. 책의 성격 때문에 일일이 각주를 달지는 않았지만, 역사에 대한 고민을 직·간접적으로 함께 한 여러 사람에게 큰 빚을 진 셈이다. 처음 이야기가 나왔을 때부터 시간이 많이 지났는데도 참고 기다려준 역사문제연구소와 역사비평사에게도 감사드린다.

# 차례

# 01

근대사회란 모든 개인의 자유와 권리, 가급적이면 더 많은 사람의 평등을 최대한 보장하려는 사회를 가리킨다. 형식적으로만 보면 근대적인 법이 존재했고 근대적 사회경제제도도 도입되었던 일제강점기를 근대사회라고도 할 수 있다. 그러나 일제강점기 동안 일본제국의 존립, 식민지 지배권력의 유지가 개인의 자유와 권리, 우리 민족의 생존보다 우선했다. 일제가 만든 각종 법과 제도는 근대적인 외피에도 불구하고 근본적으로 식민지 민중을 억압하고

# 일제 식민지 지배와
# 식민지근대

착취하는 도구였다. 일제의 법치란 천황제 국가권력이 모든 기본권에 우선한다는 집단주의의 구현에 지나지 않았다. 그런 의미에서 식민지 근대는 개인의 자유, 자율, 평등을 기반으로 한 것이 아니었고, 상당 부분 전근대 또는 반근대에 지나지 않았다. 더욱이 일제강점기에는 근대성이 균질하게 보급되지도 않았다. 전체 인구의 8할 이상이 거주하는 농촌에서는 여전히 반봉건적 사회질서가 유지되고 있었고, 일제는 이를 식민지 지배에 적극 활용하려 했다.

# 식민지 근대의 기본 성격

이미 고인이 된 작가 박완서는 예순이 넘었을 때 자신의 삶과 글쓰기에 대해 다음과 같이 말한 적이 있다. "나만 해도 공식적인 자리에서 늦게 등단하게 된 이유를 물으면 오백 년은 산 것 같은 체험의 부피 때문에 쓰지 않을 수 없었노라는 대답을 흔히 해왔다. (…) 농경시대의 수공업 문화가 고스란히 살아 있는 산골 벽촌에서 태어나 오늘날 천만 인구의 수도 서울 첨단의 아파트촌에서 노후를 보내고 있는 나라는 개인을 스쳐간 문화의 부피가 나로서는 그렇게 버겁게 느껴진다는 얘기이다."

경기도 개성의 전통적인 집안에서 태어나 일제강점·해방·한국전쟁·독재체제를 두루 겪고 말년에는 마냥 현란해 보이는 소비사회에 살았으니 그의 술회는 충분히 수긍이 간다. 산술적으로는 60년 남짓 살아왔지만 그 60년 안에 전근대, 근대, 그리고 탈근대(포스트 모던)가 모두 포함되어 있는 셈이므로 '오백 년은 산 것 같다'는 말이 결코 작가의 지나친 감수성 탓이라고도 보이지 않는다.

흔히 대한민국이 세워진 이후 한국 사회의 변화를 '압축적 근대'라는 말로 설명한다. 그렇지만 그런 변화의 시간적 범주는 사실 19세기 말까지도 거슬러 올라갈 수 있다. 다른 사회에서 몇 백 년에 걸쳐 서서히, 그리고 단계적으로 일어난 변화를 한국 사회는 100년 남짓한 기간에 한꺼번에 압축적으로 겪어왔다. 따라서 몇 십 년이 마치 몇 백 년과도 같다고 생각하는 것은 단지 박완서라는 작가 한 개인에 그치지 않는다. 전통사회에서 근대사회로 넘어가던 시기나 일제강점기를 살았던 사람들도 박완서

못지않은 충격과 당혹 속에서 자신의 삶을 살았을 것이다.

실제로 일제강점기에 한국 사회는 엄청난 변화를 겪었다. 변화는 다양한 측면에서 나타났다. 정치적으로는 오천 년 역사에서 처음으로 다른 나라의 식민지가 되었다. 그리고 일제에게 빼앗긴 나라의 주권을 되찾기 위해 독립운동을 벌이는 과정에서 종래 일말의 의심도 품지 않던 군주제 대신에 국민주권을 바탕으로 한 민주공화제가 당연한 것으로 여겨지게 되었다. 경제적으로는 전통적인 농경사회에서 벗어나 기술적 합리성을 바탕으로 한 자본주의적 생산·소비가 사람들의 일상생활을 규정하는 원동력으로 힘을 발휘하기 시작했다. 문화라고 해서 변화의 물결에서 예외는 아니었다. 박완서의 회고에 "나라는 개인을 스쳐간 문화의 부피"라는 표현이 등장한 데서도 알 수 있듯이 문화도 말로 표현하기 힘들 정도로 크게 변모했다. 흔히 하는 말로 '대중문화'의 양상이 나타나기 시작한 것이다.

이런 변화를 어떻게 이해할 것인가? 역사와 사회에 대한 인식은 현재의 상황에 의해 규정될 수밖에 없다. 그런 의미에서 일제강점기에 대한 인식도 한국 사회의 변화와 관련해 변모를 겪어왔다. 분명히 얼마 전까지만 해도 일제강점이 초래한 변화의 부정적 측면이 강조되는 경향이 있었다. 해방 이후 일제강점기 역사인식의 가장 큰 과제는 '타율성론'과 '정체성론'을 핵심으로 하는 '식민사관'을 극복하는 것이었다. 그렇지만 이승만 정권에 의해 친일청산이 좌절된 상황에서 한동안은 일제강점기를 거론하는 것 자체가 금기시되었다. 친일 세력이 반공을 내세워 한국 사회의 기득권층으로 남아 있는 현실은 역사인식에도 영향을 미쳐, 일제강점기에 대해 언급하는 것 자체를 회피하게 만들었다. 그런 가운데서도 소수의 연구자들은 한국 역사가 전근대사회에서 근대사회로 내재적으로 발전하고 있었다는 문제의식의 일단을 드러냈다. 이러한 문제의식은 이승만 정권이 무너진 1960년 이후 본격화되었다. 그러면서 나중에 '식민지 수탈론' 또는 '내재적 발전론'이라고 불리게 되는 역사인식이 학계의 큰 흐름을 만들기 시작했다.

내재적 발전론에서는 일제강점기를 한국인에 의한 자율적 문명화와 근대화가 좌절된 시기로 파악했다. 대한제국의 주권을 강탈한 일제는 우리 민족을 노예화했고, 자원·금융·공공사업을 독점적으로 지배하는 한편 민족산업을 억제했으며, 사회·문화의 측면에서는 전통적인 공동체사회와 민족문화를 파괴하고 민족말살 정책을 강행했다는 것이다. 이 시각에 따르면 일제강점기 이전 시기는 근대로의 내재적 이행을 준비하는 시기로, 일제강점기는 일제의 민족차별과 수탈 때문에 내재적 이행 가능성이 압살당한 민족사의 암흑기로 인식된다. 조선 후기 이래 내재적으로 성장해온 근대화의 싹이 일본의 침략에 의해 짓밟히면서도 어떻게 살아남아 일제에 대한 저항운동, 더 나아가 해방 후의 새로운 국가 건설로 이어졌는지를 밝히려는 내재적 발전론의 문제의식은 결국 식민사관의 정체성론과 타율성론을 불식시키는 성과를 거두었다.

내재적 발전론은 한국사의 주체적·내재적 발전 과정을 합법칙적으로 파악하고 체계화하려 했다. 그러나 내재적 발전을 주로 경제적 측면에 초점을 맞추어 이해함으로써 정치·사회·문화 등의 비경제적 측면에 대한 관심이 상대적으로 소홀했다. 아울러 발전의 계기와 요인을 기본적으로 내부에서 구함으로써, 한반도를 둘러싼 지정학적 요인과 국제교류의 영향에 대한 성찰이 소홀했던 것도 사실이다. 역사발전에서 경제적 요인과 비경제적 요인, 그리고 내부적 요인과 외부적 요인은 모두 중요하다. 그리고 실제 역사에서 모든 요인은 긴밀하게 연관되어 있기도 하다. 최근 대표적인 내재적 발전론자로 꼽히는 김용섭은 문명사적 측면에서 인류사 속의 한국사를 검토하면서 비경제적 요소와 외적 계기를 경시하지 않고 있음을 드러낸 바 있다. 그렇지만 전반적으로 보았을 때 내재적 발전론은 경제적 요소와 비경제적 요소, 외적 계기와 내적 조건이 어떻게 상호작용하는지를 구체적으로 보여주는 단계로까지 나아가지 못했다.

　그런데 1990년대 이후 한국 사회 안팎의 상황이 바뀜에 따라 일제강점기를 어떻게 인식할 것인가를 둘러싸고 새로운 문제의식이 제기되었다. 그 핵심은 일제가 조선을 억압하고 착취하기만 한 것이 아니라 물적·인적 자원을 개발하기도 했으며, 이것이 한국 사회가 해방 이후 발전을 이루는 주된 요인이었다고 보는 것이다. 흔히 '식민지 근대화론'이라고 불리는 이러한 시각은 한국 근현대사를 '침략과 저항' 또는 '수탈과 저발전'이 아니라 '수탈과 발전', 그 가운데서도 특히 발전을 통해 파악하려는 것이다. 애초에 일본과 미국에서 유포되던 식민지 근대화론은 국내에도 수입되어 일제강점기와 현재의 한국 사회를 이어서 설명할 수 있는 유용한 틀로 부각되었다. 식민지 근대화론에 따르면 현재 한국 사회의 발전은 조선 후기 이래의 내재적 변화가 아니라 일제 식민지 지배가 낳은 근대화에 뿌리를 두고 있다는 것이다.

　여기서 당연히 식민지 근대화론자들이 생각하는 사회발전, 또는 근대화란 무엇인가 하는 물음을 던질 수밖에 없다. 식민지 근대화론의 근거는 주로 물질적·경제적·기술적 측면의 변화에 집중되고 있다. 단순화시키자면 '경제성장=근대'로 파악하는 것이다. 그러나 근대화에는 다양한 측면이 있다. 경제라는 요인 하나만 갖고 근대화나 발전을 이해하는 것은 일면적인 역사인식에 지나지 않는다. 경제 통계수치 몇 개를 갖고 일제강점기에 경제성장이 이루어졌으며 수치상으로 경제가 성장했으니, 덩달아 식민지 조선 사회의 다른 모든 부분도 발전하고 조선인의 삶의 질도 향상되었을 것이라고 주장하는 데는, 일제 식민지 지배를 부정적으로만 보지 말고 긍정적으로 보자는 속내가 깔려 있다고 볼 수밖에 없다.

1920년대 초에 작가 염상섭은 『만세전』이라는 소설에서, 이층집도 늘고 양옥도 생기면서 "시가가 나날이 번창하여가는" 개발이 진행되고 있지만, 민중은 오히려 집문서마저 식산은행에 뺏기고 만주로 쫓겨가는 근대화의 역설을 지적한 바 있다. 그러면서 염상섭은 "누구의 이층이요 누구를 위한 위생이냐"라는 질문을 던졌다. 그로부터 10여 년 뒤에 작가 이기영은 『서화』라는 소설에서 "세상은 점점 개명을 한다는데 사람 살기는 해마다 더 곤란하니 웬일인가"라고 똑같은 질문을 던졌다. 일제강점기에 이미 사람들은 시간이 지날수록 세상은 점점 더 근대로 나아가고 있는데 정작 민중의 살림살이는 더욱 힘들어지는 데 대해 근본적인 질문을 던지고 있었던 것이다. 오늘날 우리가 식민지 근대에 대해 가지는 문제의식도 마찬가지여야 한다. 근대화의 주체와 수혜자에 대한 통찰을 결여한 역사인식이란 삶에서 괴리된 지적 유희이자 과학이라는 이름 아래 현실을 호도하는 이념일 뿐이다.

최근 들어서는 다시 일제강점기를 식민지와 근대가 중첩된 시기로 이해하는 새로운 경향이 대두하고 있다. 강조점이 조금 다르기는 하지만, 이른바 '탈민족론'과 '식민지 근대성론'은 모두 일제강점기를 민족(주의)·민중(주의)의 좁은 틀에 사로잡혀 단순한 식민지로만 보는 것을 거부한다. 식민지 근대에 대한 새로운 접근은 식민지 조선이 식민지이자 동시에 근대사회였다는 사실에 주목하고 있다.

탈민족론에서는, 종래 민족주의 역사학이 제국주의의 식민지 지배와 식민지 주민과의 상호작용을 '친일' 아니면 '저항'이라는 식의 이분법으로 단순화했지만, 이제 '협력'과 '저항'이라는 복합적인 인식을 도입할 필요가 있다고 본다. 말하자면 일제강점기에는 친일과 민족운동만 있었던 게 아니라는 것이다. 탈민족론자들은 소수의 친일파와 민족운동가를 중심으로 일제강점기를 이해하는 것을 거부한다. 그러면서 일제강점기를 살았던 대부분의 사람들이 친일과 저항의 양 극단 사이에서 일상생활을 영위하면서 끊임없이 동요하는 가운데 때로는 일제에 저항하기도 하고 또 때로는 일제에 협력했다는 사실이야말로 식민지 근대의 일반적인 모습이었다고 주장한다. 그리고 이러한 양면성을 잘 보여주는 대표적인 사례로 '식민지 공공성'을 들고 나온다. 식민지 공공성이란 개인의 이해관계에 얽매인 사적 영역에 속하는 가족이나 시장과는 달리 공공의 이해관계가 걸려 있는, 그러면서도 일제에 완전히 포섭되지 않는 영역에서 사람들이 하나의 공동체나 사회를 만들기 위해 잠정적으로 합의한 가치를 가리킨다. 다른 말로 하면 가족, 시장, 국가를 제외한 영역에 존재하는 모든 정치적인 것이 식민지 공공성이다. 이를테면 학교를 세우고 수도시설을 설치하고 도로를 닦는 과정에서 사람들은 어쩔 수 없이 일제와의 교섭과 타협을 통해 자신들의 뜻을 실현해 나갔다는 것이다. 이러한 식민지 공공성에 대한 이해야말로 일제강점기를 이해하는 데 관건이 된다는 것이 탈민족론자들의 생각이다.

이에 비해 '식민지 근대성론'은 규율, 헤게모니, 매스미디어, 대중문화, 성차(gender) 등 오랫동안 일제강점기 연구에서 거의 다루어지지 않았던 새로운 분야에 관심을 집중시키고 있다. 식민지 근대성론의 관심은 일제 식민지 지배의 거시적 권력구조를 분석하는 것이 아니라, 그 권력이 식민지 주민의 일상생활에 어떠한 영향을 미쳤는지 미시적으로 분석하는 것이다. 식민지 조선에서 출현한 병원·군대·감옥 등의 각종 규율권력장치, 신문·잡지·라디오 등의 매스미디어, 백화점과 '모던 걸'로 상징되는 대중소비문화가 모두 세계 자본주의의 중심부와 동시대적으로 나타난 현상이라는 데 주목하고 있다.

탈민족론과 식민지 근대성론은 분명 식민지 근대에 대한 새로운 성찰을 제기한다. 그런데 식민지 근대에서 상대적으로 '근대'를 중시할 경우 일제강점기에 현실로 존재했던 가해와 피해라는 사실이 역사인식에서 완전히 사라져버릴 위험성도 있다. 이들이 말하는 식민지 근대에서 '식민지'라는 것은 의미가 없다. 식민지가 근대의 일부인데 굳이 근대와 식민지 근대를 구분할 필요도 없다. 식민지에 무게중심을 두는 역사인식이나 식민지 지배의 억압적 성격을 거부하는 경향은 특히 탈민족론에서 두드러진다. 아울러 근대에만 초점을 맞추다 보니 식민지사회에 광범위하게 남아 있던 전<sub>前</sub>근대 또는 비<sub>非</sub>근대의 모습, 조선인의 삶을 기본적으로 규정하고 있던 차별의 문제 등은 설명이 되지 않는다.

그렇다면 실제로 일제강점기의 식민지 근대는 과연 어떤 것이었을까? 일제는 식민지 지배라는 목적을 위해 조선에 근대를 이식하려 했다. 그리고 같은 목적을 위해 근대가 아니라 봉건, 전통이라는 요소도 적극 활용하려 했다. 일본의 근대 자체가 일그러진 것이었던 만큼, 필요하다면 비근대적 또는 반反근대적 요소를 식민지 지배에 결합시키는 것은 결코 어려운 일이 아니었다.

보기를 들어, 1930년대 초에 전개된 농촌진흥운동의 핵심 이데올로그 역할을 하던 야마자키 노부요시山崎延吉는 조선 농촌을 진흥하는 데 가장 필요한 것이 장유유서長幼有序, 상하유별上下有別 같은 전통적 유교윤리라고 강조한 바 있었다. 일본의 최고 학부인 도쿄東京제국대학 출신 엘리트로서 함경북도 지사를 지낸 도미나가 후미이치富永文一도 1930년대 초에 조선시대의 전통 향약을 일본식 국가주의로 재해석한 관북향약關北鄕約을 만들어 함경북도에 널리 보급하려 했다. 세상은 이미 근대를 향해 나아가고 있는데 생뚱맞게 전통윤리로 돌아가자는 주장이 제기되고, 또 그런 주장이 식민지 지배의 이데올로기로 쓰이던 것이 일제강점기였다.

효과적인 식민지 지배를 위해서는 언제라도 전통과 결합할 가능성을 내포하고 있던 것이 일제가 내세운 근대였다. 특히 일제강점 말기의 천황제 이데올로기가 내세운 가족의 연장으로서의 국가의 가장, 곧 천황에 대한 맹목적인 충효의 윤리는 근대와는 전혀 어울리지 않는 것이었다. 한편으로는 근대의 외피를 쓰고 있으면서 다른 한편으로는 언제든지 봉건 유제를 부활시키려고 한 것이 일제 식민지 지배의 본질이었다. 이 점에서 일제강점기의 근대, 곧 식민지 근대는 서구에서 전형적으로 나타난 적이 있던 온전한 근대가 아니라 근대와 전통이 묘하게 뒤섞인 일그러진 근대였다.

지난 한 세기 이상 우리 사회의 핵심 과제는 전통사회에서 근대사회로의 이행이었다. 전통사회에서는 대다수의 사회구성원이 물질의 궁핍, 신분제의 구속, 사상의 억압으로부터 자유롭지 못했다. 이에 비해 근대사회란 한편으로는 기술의 진보를 바탕으로 물질의 풍요로움을 누리는 사회, 다른 한편으로는 개인이 정치적으로나 사회적으로 평등해지고 자율적으로 행위할 수 있는 사회, 대다수의 사회구성원이 행복과 자유를 누릴 수 있는 사회를 가리킨다.

전통사회에서 근대사회로의 발전 또는 근대화란 단지 산업사회로의 물질적 진보만을 의미하는 것이 아니다. 사회구성원 개개인의 평등, 자유, 행복을 증진시키는 방향으로의 변화도 아울러 의미한다. 지난 한 세기 동안 이루어진 한국 근대화에 내재된 가장 큰 문제는 그것이 후자를 도외시한 채 이루어졌다는 데 있다. 그리고 이러한 문제의 핵심에 놓인 것이 일제의 식민지 지배인 것이다.

한국의 근대화를 이해할 때 관건이 되는 것은 우리 스스로의 힘에 의한 근대사회로의 이행이 외세의 개입에 의해 왜곡되었다는 사실이다. 근대사회로의 이행에는 그것을 추진할 주체 세력의 형성이 필수적이다. 서구의 경우 정치·경제·사회·문화의 모든 영역에서 근대사회를 이끌어 나간 주체는 시민계급이었다. 그러나 우리의 경우 조선 후기부터 나타나고 있던 자생적인 시민계급의 형성은 이들이 활동할 수 있는 정치적 공간으로서의 국가의 상실, 곧 국망과 함께 좌절되고 말았다.

개항 이후 우리 사회에는 근대와 전근대라는 이분법적 인식이 성행했다. 서구의 근대가 모범으로서의 문명이라면, 우리의 전근대는 불식되어야 할 대상으로서의 야만으로 간주되었다. 그런데 일제의 강점이 가시화되는 상황에서 근대는 대부분 일본을 매개로 수용된 것이었다. 국망 이후 일본을 통해 근대로 나아간다는 생각이 더욱 만연했다. 그러나 일본의 근대가 사실상 전근대적이거나 반(反)근대적인 것이라는 사실에 대한 자각은 거의 이루어지지 않았다.

일반적으로 제국주의는 식민지로부터 경제 잉여를 유출하기 위한 통로로, 또한 식민지 지배를 영속화하기 위한 장치로 회사, 공장, 은행 등의 기구는 물론 경찰, 학교, 감옥, 병원 등의 근대 제도를 식민지에 이식했다. 식민지 종주국의 역사적 경험을 갖고 있는 선진 자본주의 국가에서 출현한 식민지 근대화론은, 그런 이식을 확대해석해 제국주의의 식민지 지배를 통해 식민지가 근대화되는 데 필요한 기초가 마련된 것으로 보고 있다.

그러나 제국주의에 의한 근대의 이식은 어디까지나 식민지 지배에 필요한 범위 안에서만 이루어졌다. 수탈이냐 발전이냐 하는 경제 차원의 문제는 일단 논외로 하더라도, 식민지 지배권력의 이익에 반하는 사회의 민주화나 근대 국민국가 수립의 움직임은 탄압의 대상일 뿐이었다. 근대화의 주체로서의 시민계급의 형성이란 제국주의의 식민지 지배 아래에서는 불가능한 일이었음을 역사는 보여준다. 특히 일제의 식민지 지배는 인간의 보편적 권리에 대한 고려를 배제한, 역사상 가장 비인간적인 것이었다.

　여기에는 일본 자체가 메이지明治유신 이후 전근대적 요소를 제대로 청산하지 못한 채 곧바로 천황을 정점으로 한 가족국가관의 이데올로기를 바탕으로 군국주의와 제국주의의 길로 나아갔다는 역사적 조건이 반영되어 있다. 일본 근대의 출발점이 된 메이지유신을 통해 일본에서는 이른바 메이지체제가 성립되었다. 1945년 이전의 일본 근대란 기본적으로 메이지체제를 가리키는 것이었다. 메이지체제를 가능하게 한 것은 메이지 헌법이었다. 메이지 헌법은 겉으로는 입헌제의 형태를 취하고 있지만 실제로는 만세일계萬世一系의 신화, 곧 일본인의 기원이라는 오오테라스오미가미天照大神 아래 일본 천황가는 단 한 번도 가계의 중단 없이 이어져왔으며, 따라서 천황도 신의 후예라는 신화를 근거로 천황의 신성불가침한 주권을 법률적으로 규정한 데 지나지 않았다. 메이지 헌법의 핵심은 한마디로 천황 대권 사상을 바탕으로 천황에게 초법적인 절대권한을 부여한 데 있었다. 서구의 몇몇 나라에서 성립된 입헌군주제와는 질적으로 다른 것이 메이지체제였다. 1930년대 들어서 일어난 2·26 사건(1936) 등 일련의 군부 쿠데타는 모두 천황 대권을 절대화함으로써 또 한 번의 유신, 곧 쇼와昭和유신을 이루겠다는 초국가주의자들의 구상으로부터 영향을 받은 것이었다. 2·26 사건 이후 정권을 장악한 군부가 1938년에 국가총동원법을 제정함으로써 국민은 천황이 정하는 법률의 범위 안에서 권리를 누린다는 규정조차 사문화시킨 것이야말로, 메이지체제가 결국에는 천황제 파시즘으로 귀결되었음을 보여주는 상징적인 조치였다. 메이지 헌법을 바탕으로 한 일본 천황제체제는 서구식 민주주의와는 양립할 수 없는 것이었다. 실제로 일본 메이지유신 이후 일본 근대사는 파시즘의 길을 걸어가면서 민주주의를 부정하게 되었다.

20세기 이후 민주주의의 일반적 지표로는 언론·출판·집회·결사의 자유 및 표현·사상·양심의 자유와 같은 시민적 권리의 보장, 보통선거제도·의회민주주의·정당제도 등을 통한 모든 국민의 자유로운 정치 활동의 보장, 노동조합과 복지제도 등을 통한 사회적 권리로서의 노동자 생존권의 보장 등이 거론된다. 그러나 이러한 민주주의는 식민지 본국인 일본 안에서조차 메이지체제로 인해 제대로 이루어지지 않고 있었다.

메이지유신 이후 일제가 추구한 조선, 만주, 중국, 동남아시아, 태평양으로의 군사적 팽창은 파시즘으로 귀결되었다. 일제 파시즘을 유럽의 파시즘과 비교했을 때 나타나는 고유한 특징 가운데 하나는 유난히 가족과 공동체를 강조했다는 것이다. 이는 일제 파시즘이 가족주의, 공동체주의의 성격을 띠고 있었으며 그만큼 전근대적이었음을 의미한다. 일제 파시즘에서 인정된 최고의 사회구성 원리는 국가(곧 천황), 가족, 개인의 일체화였다.

일본에서 서구식 민주주의가 전면으로 부정된 배경에는 바로 이러한 전근대성이 자리를 잡고 있었다. 식민지 조선도 마찬가지였다. 개인의 자유, 평등, 행복이 집단, 국가, 천황을 위해 모두 극복해야 할 대상으로 간주되었다. 특히 1930년대 이후 전시체제기에 개인주의와 자유주의는 전면적으로 부정되었다. 그리고 집단주의와 전체주의의 광풍이 사회를 휩쓸었다. 민주주의는 일본의 적이라는 생각이 널리 확산되었다. 민주주의와 개인주의에 대한 비판은 천황 중심의 가족주의 국가관과 직결된 것이었다. 일제의 침략전쟁이 확대되는 가운데 서구식 민주주의는 '낡은 질서, 인류 세계의 공적, 이기주의, 이익주의, 황금주의, 이기적 침략주의, 축생아귀주의' 등으로 규정된 반면, 일본의 황도주의는 '신질서, 팔굉일우의 도의세계, 국민주의, 세계 만방의 공존공영, 도의주의' 등으로 규정되었다.

만세일계를 내세운 천황제 아래 사회 전체가 하나의 병영이 되었다. 집단주의, 획일주의, 군사주의의 논리는 군대뿐만 아니라 사회의 모든 영역을 지배했다. 국체, 국민의 군대화, 군대의 사회화, 총력전이라는 이름 아래 사회의 병영화, 군사화가 진행되었다. 1930년대 말 이후 식민지 조선 곳곳에 울려 퍼진 '국민 총동원'의 구호는 병영국가의 정점을 보여준다. 집단주의는 자유로운 개인을 바탕으로 한 근대사회의 원리와 정면으로 배치되는 것이었다.

일제의 식민지 지배 정책은 자국의 어떠한 민주주의적 변화도 없는 상태에서 진행된 군국주의 침략 정책의 산물일 뿐이었다. 일제는 권위주의적 성격을 띤 관료조직, 경찰, 법원, 학교 등의 지배기구를 통해 식민지 조선을 병영화했다. 여기에 일제강점 말기에는 청년단, 청년훈련소 등의 이름 아래 대규모 관제동원단체를 만들어 파시즘 이데올로기를 주입했다. 일제강점기 동안에 내선일체와 황민화라는 이름으로 자행된 일련의 민족말살 정책, 곧 민족 언어의 근절, 창씨개명, 민족 역사의 왜곡 등의 이면에는 일체의 다름(異)을 용납하지 않는 집단주의가 도사리고 있었다. 그리하여 체제에 순응하는 국민과 그렇지 않은 비非국민을 구분하고, 후자에 대해서는 온갖 억압과 박해를 가하는 것이 마치 법이고 질서인 것처럼 여겨지게 되었다.

근대사회란 법에 의한 지배가 확립된 사회를 가리킨다. 여기서 법은 집단이나 전체를 내세워 개인을 억압하기 위한 것이 아니라 개인의 자유와 권리, 가급적이면 더 많은 사람의 평등을 최대한 보장하기 위한 최소한의 장치이다. 근대 법은 사회구성원의 생존 및 재산, 정신적 활동의 보장이 국가이익의 보호에 우선한다는 사상에 근거하고 있다. 그러나 일제강점기 동안 현실적으로는 일본제국의 존립, 식민지 지배권력의 유지가 개인의 자유와 권리, 조선 민족의 생존보다 우선했다. 일제가 만든 각종 법은 근본적으로는 식민지 민중을 억압하고 착취하는 도구였다. 일제가 내세운 법치란 사실상 천황제 국가권력이 모든 기본권에 우선한다는 집단주의 구현에 지나지 않았다. 그런 의미에서 1945년 이전 식민지 조선의 근대란 개인의 자유, 자율, 평등을 기반으로 한 것이 아니었다. 식민지 근대의 상당 부분은 외형상의 근대를 가장한 사실상의 전근대 또는 반反근대였다.

식민지 근대를 이해할 때 중요한 또 하나의 사실은 일제강점기 조선은 결코 근대성이 균질하게 보급된 사회가 아니었다는 것이다. 단적인 보기로, 1945년 8월 15일 해방 소식을 처음 안 것은 도시 사람들이었다. 라디오라는 근대매체 덕분이었다. 대다수의 농촌 사람들은 며칠이 지나서야 해방의 만세를 부를 수 있었다. 일본의 항복방송을 라디오가 아니라 다른 사람들의 입을 통해 전해 들었기 때문이다. 이 시간차야말로 근대의 비균질성을 보여준다. 라디오가 근대의 한 표상이라면 당시를 살던 사람들에게 근대가 얼마나 다른 모습을 띠고 있었는가를 반증하는 것이다. 이런 상황은 1941년 무렵 조선총독부의 일본인 관료가 "나는 농촌 사람 상대의 지방행정 일선에서 잠시 일한 적이 있는데 신문은 고사하고 라디오, 영화는 꿈같은 이야기이다"라고 회고한 데서도 확인된다. 도시의 영화관에서 서양의 금발미녀에게 반하고 카페에서 맥주를 마시는 경성제국대학 학생과, 1년에 한 번 있을까 말까 한 이동영사에서 영화를 보기 위해 수십 리 길을 아기를 업고 걸어야 했던 농촌 아낙네가 경험한 근대 사이에는 엄청난 차이가 있었다. 기존의 식민지 근대(성)에 대한 이해는 이 차이를 무시한 채 주로 도시의 일부 사람들, 특히 젊은 지식인층에 초점을 맞추어 일제강점기 조선 사회에 근대성이 충만했던 것처럼 보는 경우가 많았다. 이는 분명히 잘못된 것이다. 일제의 지배를 받고 있던 식민지 조선 사회가 전통사회가 아니었다는 것은 분명한 사실이지만, 동시에 전근대 사회의 봉건적 질곡에서 벗어난 완전한 근대사회도 아니었다는 것은 더 분명한 사실이다.

## 식민지 조선과 차별의 구조화

일제는 조선을 식민지로 만들고 나서 일시동인一視同仁을 바탕으로 한 동화주의 또는 내지연장주의를 통치 이데올로기로 내세웠다. '내지'란 식민지 종주국인 일본을 가리킨다. 따라서 '내지연장주의'란 한마디로 조선을 일본과 같은 방식으로 통치하겠다는 것이었다. '일시동인'에는 조선인도 일본인과 마찬가지로 일본 천황의 신민으로서 동일한 대우를 받는다는 뜻이 담겨 있었다. 식민지를 종주국과 같은 방식으로 통치하고 피지배 민족을 지배 민족과 같이 대우하겠다니, 말만 놓고 보면 이보다 훌륭한 식민지 지배 방침이 없다고 생각할 수도 있다. 그러나 이는 미사여구에 지나지 않았다.

메이지천황이 「병합조서」에서 '일시동인'이라는 표현으로 강제병합을 정당화하려 한 이래, 조선총독부의 당국자는 물론이고 친일파도 시도 때도 없이 '일시동인'을 외쳤다. 조선총독부 산하 관청이나 학교 등에는 '일시동인'이라는 네 글자가 큼지막하게 내걸렸다. 조선총독부는 기관지인 『매일신보』를 통해 "당초부터 식민적 관념이나 민족의 우월이 있었던 것은 아니요 종족의 구별이 있었던 것이 아니다"라고 선전했다. 새빨간 거짓말이었다. 조선 민중은 그야말로 일부 '충성스럽고도 선량한 신민'을 제외하고는 이런 사탕발림 같은 말을 믿지 않았다. 민족의 우월이나 종족의 구별이 있는 것이 아니라고 했지만 실제로는 그 정반대라는 것을 지각이 있는 사람이면 누구나 잘 알 수 있을 정도로 일제의 식민지 지배는 철저한 민족차별을 바탕으로 이루어지고 있었다.

동화나 내지연장이라는 말에는 또 다른 뜻이 숨어 있었다. 그것은 당시 조선인의 민도가 일본에 비해 현저하게 뒤떨어져 있으므로 일정한 기간에 걸친 식민통치를 통해 조선인이 완전히 일본인처럼 되는 동화가 이루어져야만 한다는 것이었다. 내지연장에 따른 동화가 통치의 궁극적인 목적이지만, 현실적으로는 조선 민족과 일본 민족 사이에 문명화의 등급에서 차별성이 엄연히 존재하므로, 그 차별성이 극복되기 전까지는 두 민족을 달리 취급할 수밖에 없다는 것이었다. 더욱이 일제는 강제적인 수단으로 대한제국을 병합했고, 따라서 조선인이 강제병합에 저항하는 사태를 두려워했다. 조선인을 일본인과 똑같이 대우함으로써 결과적으로 조선인의 힘이 커지는 것은 결코 바람직한 일이 아니었다. 따라서 겉으로는 조선과 일본의 같음, 혹은 같아야 함을 외치면서 실제로는 조선인을 일본인과는 다른 존재로 취급하는 것이 일제강점 말기까지 관철된 식민지 지배의 기본 방침이었다.

동화의 가장 강력한 형태로 등장한 것이 '내선일체'라는 말이었다. 중일전쟁 이후 당시 조선총독이던 미나미 지로南次郞는 원칙적으로 조선인이 일본인에 완전히 동화되었다는 의미에서 '내선일체'를 주창하고 조선인에게 일본(인)과 하나가 될 것을 강요했다. 그렇지만 미나미 총독 스스로 나중에 조선인과 일본인이 결코 같아질 수 없음을 고백한 것처럼, 일제의 식민지 지배는 조선인과 일본인이 다르다는 것을 전제로 했다. 일제강점기 내내 '다름'을 전제로 한 지배 정책이 입안되고 실행에 옮겨졌다. 실질적으로 두 민족의 같음이 인정된 것은 부분적이고 일시적인 현상에 지나지 않았다. 그것도 오로지 효율적인 식민지 지배와 전쟁 동원을 위해서였을 뿐이었다.

내지연장주의에 따르면 조선인은 당연히 일본 신민으로서의 권리와 의무를 일본인과 동등하게 가져야 했지만 현실은 그렇지 않았다. 내지와 외지를 구분하는 것 자체가 그랬다. 내지와 외지의 구분은 단순히 공간을 구분하는 데 그치는 것이 아니었다. 내지는 일본이고 내지인은 일본인이었다. 외지는 식민지이고 외지인은 식민지의 피지배 민족이었다. 조선인은 기본적으로 외지인이었다. 외지인에게는 내지인과 같은 권리가 주어지지 않았다.

강제병합 이후 일제는 해외에 거주하는 조선인을 포함한 모든 조선인에게 일본 신민臣民이라는 법적 지위를 부여했다. 곧 대외적으로 일본이 대한제국을 병합했음을 과시해야 했기 때문에 조선인을 법적으로 일본인으로 규정한 것이다. 그러면서 동시에 다양한 제도를 통해 조선인을 내지 일본인과 구별하려 했다. 그 가운데 대표적인 것이 타이완에도 적용한 바 있는 '국적법'을 조선에는 적용하지 않은 것이다. 그 결과 강제병합 이후 조선인은 국적상 일본인으로 취급되면서도 공식적으로는 일본 국적법이 적용되지 않는 이상한 존재가 되고 말았다. 그렇다면 왜 일제는 조선인에게 국적법을 적용하지 않았을까? 당시 일본 국적법 제20조에 따르면 "자기의 희망에 따라 외국 국적을 취득한 자는 (일본) 국적을 상실한다"고 규정되어 있었다. 따라서 만약 조선인에게 국적법을 적용하면 해외에서 외국 국적을 취득한 뒤 독립운동을 벌이는 조선인에 대해서는 형사관할권을 행사할 수 없다는 문제에 직면할 수밖에 없었다. 이런 상황을 피하기 위해 일본 국적법을 조선인에게는 적용하지 않으면서 사실상 일본인으로 간주하는 모순된 정책을 편 것이다.

국적법에서 단적으로 드러났듯이 조선인에게는 제국의회에서 제정한 민법, 형법 등의 일본 법체계가 적용되지 않았다. 대신에 조선총독부에서 법보다 한 단계 낮은 '제령'으로 제정한 '조선민사령', '조선형사령' 등 별도의 법체계가 적용되었다. 대표적인 것이 호적 제도이다.

1909년 통감부에 의해 '민적법'이 시행되면서 이 법에 따라 일본인 경찰과 헌병의 주도 아래 민적을 만들기 위한 조사가 이루어졌다. 그런데 조선에 살고 있는 일본인은 민적법의 적용을 받지 않았다. 곧 조선인만이 민적 편제의 대상이 된 것이다. 통감부가 주도한 민적 편제 작업을 통해 조선인과 일본인은 법제적으로 확연하게 구분되었다. 민적에 등록되어 있는 사람은 조선인이고, 일본의 호적에 등록되어 있는 사람은 일본인이었다.

강제병합 후 10여 년이 더 지난 1923년 '조선호적령'이 시행되면서 민적은 호적으로 바뀌었지만, 일본인과 조선인의 구분은 의연히 계속되었다. 본적은 일본 호적이나 조선 호적 어느 한쪽에만 둘 수 있었다. 일본 호적과 조선 호적 안에서 적을 옮기는 것은 허용되었지만 일본 호적에서 조선 호적으로, 반대로 조선 호적에서 일본 호적으로 옮기는 것은 혼인이나 양자결연을 제외하고는 금지되었다. 조선인은 일본으로 분가할 수 없었고 일본인도 조선에서 분가하거나 일가를 창립할 수 없었다. 호적에 의해 민족을 구별하는 체제가 구축된 것이다. 일제는 일본과 조선의 호적체계를 분리함으로써 한편으로는 조선인을 '일본인화'하면서도 동시에 일본인과 구별하고 일본인의 범주에서 배제하려고 했다.

호적으로 조선인과 일본인을 구분하는 것은 이름의 차별로도 이어졌다. 일본인과 조선인 사이에는 엄연한 차이가 존재했다. 지배자의 정체성을 갖고 있던 일본인으로서는 얼굴 생김새나 피부색으로는 잘 구분되지 않는 조선인과의 차별성을 유지하는 게 중요한 문제였다. 일상생활에서 일본인과 조선인을 구별하는 가장 좋은 방법은 이름이었다. 그리하여 일제는 조선인이 일본식 이름을 쓰는 것을 금지했다. 대표적인 친일파인 송병준은 노다野田라는 일본식 성을 쓰고 싶어 했지만 허용되지 않았다. 송병준이 아무리 노다라는 성을 쓰면서 일본인의 정체성을 가지려 해도, 일제의 입장에서 볼 때는 여전히 조선인 송병준에 지나지 않았던 것이다.

참정권 분야에서도 조선인은 일본인과 다르게 취급되었다. 일제는 외지인인 조선 사람들의 참정권을 인정하지 않았다. 참정권은 국민이 국가 기구에 참가하는 권리 또는 참가하는 자를 결정하는 권리이다. 대표적인 것이 선거권과 피선거권이다. 참정권은 근대사회를 전근대사회와 구분하는 중요한 요소이다. 그런데 일제는 참정권이 부여되는 범위를 내지에 한정했다. 그리하여 조선인에게는 자신들의 대표를 뽑는 선거의 기회가 아예 부여되지 않았다. 원래 일본에서는 1889년에 제정된 중의원선거법에 입각해 납세 등 일정한 조건을 갖춘 일본인 남성에게 선거권이 부여되었다. 1925년에는 보통선거법을 제정해 일본 안에 거주하면서 일정한 결격 요건에 해당하지 않는 25세 이상의 모든 남성 제국 신민에게 선거권을 부여했다. 그런데 조선에는 보통선거법이 적용되지 않았고, 따라서 조선에 거주하는 조선인은 선거권과 피선거권을 향유할 수 없었다.

선거권이나 피선거권은 고사하고 조선인에게는 정당이나 정치적 성격을 띤 단체를 만드는 것조차 허용되지 않았다. 일제는 내지연장주의를 외치면서도 조선인의 참정권은 완전히 무시하는 이율배반적인 통치 방침을 취하고 있었다. 심지어 친일정치단체도 마음대로 만들 수 없었다. 조선인에게 부여된 유일한 통로는 일부 친일파에게만 해당하는 귀족, 중추원, 관료, 그리고 사이비 지방자치의 길밖에 없었다. 그것도 정치라기보다는 기껏해야 준準정치에 지나지 않았다. 조선인에게 참정권이 부여된 것은 중의원선거법과 귀족원령이 개정된 1945년의 일이었다. 그러나 일제의 패전으로 실제 참정권 행사는 이루어지지 않았다.

병역의무에서도 조선인과 일본인 사이에는 차이가 있었다. 일본인의 병역의무는 메이지 헌법 제20조가 "일본 신민은 법률이 정한 바에 따라 병역의무를 갖는다"고 규정하고 1889년 개정 징병령이 실시되면서 시작되었다. 그리고 1927년에는 병역법이 제정되어 징병령을 대체하게 되었다. 그런데 조선인은 징병령과 병역법의 적용 대상이 아니었다. 강제병합 이후 조선인에게는 병역의 의무가 부과되지 않았다. 징병검사 대상자를 일본 호적법 적용자로 제한함으로써 조선 호적에 등록된 조선인을 병역의무 대상자에서 제외했기 때문이다. 여기에는 조선인이 군인이 되어 군사지식을 배우고 무기를 갖게 되는 것이 식민지 지배에 심각한 위협이 될 것이라는 판단이 작용했다. 조선인에게 일본 군인이 될 '기회'가 주어진 것은 지원병제도가 실시된 1938년의 일이었다. 물론 침략전쟁이 확대되면서 전쟁터에 나가 피를 흘릴 군인이 절대적으로 부족해진 일제가 조선인도 전쟁에 동원하는 쪽으로 정책방향을 바꾼 뒤였다. 그리고 침략전쟁의 전황이 악화될 대로 악화된 1944년에 가서는 조선인에 대한 전면적인 징병제가 실시되었다.

이 밖에도 일제는 정치, 경제, 사회, 교육 등 모든 분야에서 조선인과 일본인을 다르게 취급했다. 심지어는 나라와 민족을 팔아먹은 대가로 귀족의 작위를 받은 친일파조차 민족차별로부터 자유롭지 못했다. 일제는 매국에 앞장선 친일파를 귀족으로 임명했는데, 그중 최고의 작위는 후작이었다. 후작은 공작–후작–백작–자작–남작으로 이어지는 귀족서열 가운데 두 번째에 해당하는 작위였다. 일본에는 여럿 있던 공작이 조선에는 없었다. 그나마 최고의 친일파라고 하는 이완용도 애초에는 5등급 가운데 세 번째인 백작 작위를 받았고, 송병준은 네 번째 등급인 자작 작위를 받을 정도였다. 두 사람의 작위는 나중에 각각 후작과 백작으로 올라갔지만, 대한제국의 최고위관리를 지내고 강제병합에 큰 공을 세운 친일파라도 최고 등급의 귀족 작위를 받기에는 부족했던 셈이다. 그러니 보통의 조선인이야 더 말할 나위조차 없었다.

실제로 조선인은 강제병합 이후 극심한 차별을 받았다. 조선총독부의 국장과 과장, 도장관과 군수, 학교 교장과 교사 등의 등용과 채용에서 조선인은 10%에 미치지 못했다. 노동자는 최저임금에도 못 미치는 임금을 받으며 착취당했고 농민에게는 가혹한 수탈이 가해졌다. 일시동인이니 동화주의니 하는 말은 한낱 허구였다.

일본인은 흔히 조선인을 '조센징'이라고 불렀는데 이 말 속에는 조선인을 비하하는 의식이 깔려 있었다. 조선인은 쓸모없는 존재라는 뜻에서 엽전이나 요보ㅋ#란 말도 자주 쓰였다. 특히 요보는 조선인이 잘 쓰는 여보라는 표현에서 나온 것인데, 발음이 비슷한 '노쇠한 늙은이를 욕되게 이르는 말, 늙다리, 늙정이'란 뜻의 일본어 요보요보よぼよぼ와 중첩되면서 조선인을 비하하는 대표적인 은어가 되었다.

식민지 조선은 처음부터 끝까지 민족차별의 원리가 관철되는 불평등사회의 성격을 벗어나지 못했다. 모든 분야에서 일본인의 지배력은 압도적이었다. 여기에 근대사회에서 보편적으로 나타나는 계급 불평등 현상이 자본가와 노동자, 지주와 농민 사이의 불평등으로 나타났다. 문제는 계급 불평등이 민족 불평등과 상당부분 중첩되었다는 사실이다. 일제는 자본가와 지주를 편드는 각종 정책을 입안하고 실행에 옮겼다. 식민지 조선의 대자본가와 대지주 가운데 상당수는 일본인이었다. 일부 조선인 대자본가와 대지주도 이해관계에서 이미 일본화된 존재였다. 그런 의미에서 일제강점기의 계급 불평등은 동시에 민족 불평등의 성격을 띠고 있었다. 노동자와 농민은 일제의 식민지 지배 정책의 피해자이자 희생자였다. 물론 자본가와 지주가 노동자와 농민을 지나치게 수탈해 일제의 식민통치 자체가 위협에 처하게 되면 자본가와 지주의 이해관계에 다소 어긋나는 정책을 추진한 적도 있었다. 그렇지만 기본적으로 일제의 식민통치는 제국주의의 이익을 뒷받침하기 위한 친자본·친지주적 성격을 띠고 있었다.

차별과 불평등은 다른 분야에서도 나타났다. 비록 전근대사회만큼은 아니더라도 성별 불평등도 엄연히 존재했다. 일본조차 남녀의 법적·정치적·사회적 평등을 인정하지 않는 상황에서 식민지 조선의 여성이 성차별의 대상이 되지 않을 수 없었다. 여성에게는 남성과 같은 권리가 주어지지 않았다. 보기를 들어, 일제강점기에 돈과 권력이 있는 남성은 처 외에도 여러 첩을 두고 있었다. 당시 호적을 보면 첩이 본처와 같이 남성의 호적에 올라 있는 경우를 적지 않게 찾을 수 있다. 한마디로 '1부1처제'라는 근대가족의 핵심 원리가 식민지 조선에서는 지켜지지 않았던 것이다. 호적제도에서 첩의 존재를 인정한 것이 이를 잘 보여준다. 그런데 흥미로운 것은 여성의 경우 '1부1처제'가 철저하게 강요되고 있었다는 점이다. 당시 법률상 중혼의 범죄는 남성에게는 적용되지 않고 여성에게만 적용되었다. 남성은 본처 이외에 첩을 두어도 처벌을 받지 않지만, 여성은 남편 이외의 다른 남자와 부부관계를 맺으면 형사처벌의 대상이 되었다. 이런 성별 불평등은 식민지 조선 사회 곳곳에서 나타났다. 그리고 계급 불평등과 마찬가지로 성별 불평등도 민족 불평등과 밀접하게 관련되어 있었다. 이를 잘 보여주는 것이 일제강점 말기에 자행된 성노예 동원이었다. 당시 일본군의 성노예로 동원된 여성 가운데 절대 다수가 조선인이었다는 사실은 잘 알려져 있다. 일본인도 일부 있었지만 그들은 모두 매매춘을 직업으로 하는 여성이었다. 따라서 일제에 의해 강제로 동원된 성노예는 식민지 여성, 그것도 주로 조선인 여성이었고, 그런 의미에서 성노예로 구체화된 성별 불평등은 민족 불평등과 중첩된 것이었다.

# 02

조선 후기부터 농촌사회 내부에서는
전통적 신분제의 동요와 새로운 사회관계의 형성이라는 근
대로의 이행이 시작되고 있었다. 그러나 자본주의 세계경제의 격
랑이 외부로부터 몰아치면서 19세기 말 이후 근대로의 이행은 왜곡
될 수밖에 없었다. 일제는 자신의 필요에 따라 한편으로는 우리 사회에
근대적 요소를 이식하면서도 다른 한편 봉건 잔재를 강력하게 잔존시켰
다. 그리하여 일제강점기 농촌사회는 식민지라는 큰 규정 아래 근대로 변

# 농촌사회의 변화와
# 농민의 생활상

화하는 모습과 함께 전근대적인 전통적·봉건적 유제가 여전히 강한 영
향력을 행사하는 모습을 보였다. 더욱이 근대라 해도 농민의 삶의 질 향상
과는 무관했다. 생산, 유통, 소비의 모든 부문에서 식민지 지배체제와 자
본주의체제에 편입된 농촌사회는 지배 정책의 추이와 경제의 부침에 따
라 늘 위기의 가능성을 안고 있었다. 그 가능성이 가장 심각한 형태로 나
타난 것이 1920년대 말과 1930년대 초의 세계대공황과 농업공황의 파도였
으며, 1937년 이후 전시체제기에 행해진 극심한 수탈과 착취였다.

# 농민층 양극화와 농민의 생활난

일제강점기 농촌사회에서 일어난 가장 두드러진 변화는 급격한 지주제의 확대 강화와 농민경제의 몰락이었다. 지주계급에 의한 토지 집중이 확대되고 소작 조건이 강화되는 동안, 자작 겸 소작농이 대폭으로 감소하고 대신 순소작농이 급증하면서 경영 규모가 영세화되고 심지어는 농민들이 농촌을 떠나는 변화가 진행되었다. 일제강점 초기부터 자작농 및 자작 겸 소작농과 일부 지주층이 몰락한 데 비해 소작농, 화전민, 농업노동자는 계속 늘어났다. 농촌사회에서 상대적으로 안정된 기반을 지닌 자기 토지 소유 농민이 줄어든 반면에 타인의 토지를 경작하거나 순전히 노동력을 파는 것으로 최소한의 생계를 유지하는 농민들, 그리고 그마저 불가능해 화전민이 되거나 해외이민이 되는 농민들이 늘어나고 있었던 것이다. 자작 겸 소작농과 소작농을 합친 비중은 일제강점기 내내 거의 70~80% 수준을 유지했다. 이를 통해, 일제강점기에 일부 지주를 제외한 대부분의 농가가 전반적으로 몰락의 길을 걷고 있었음을 알 수 있다. 결국 식민지 지주제의 본질은 불과 3% 남짓한 지주가 그들이 소유하는 소작지를 매개로 전체 농가의 8할 가까이를 지배하고 일제가 이를 적극 비호한 데 있었던 것이다.

일제강점기 농촌 내부의 계급은 토지의 소유 여부, 노동력의 구매 또는 판매 여부를 기준으로 나뉘었다. ① 비교적 많은 토지를 소유하고 소작료를 주요 수입원으로 하는 지주, ② 일제·고리대금업자·수리조합에 의해 직간접적으로 착취당하면서도 동시에 타인의 노동력을 착취하는 부농, ③

토지 부족과 일제의 조세공과금 수탈 등으로 농업경영이 불안하며, 따라서 일제의 지배 정책에 불만을 품은 중농, ④ 소량의 토지를 경작하지만 농업경영만으로는 생계를 유지할 수 없어 자기 노동력을 팔아 생계를 보충하는 빈농, ⑤ 경작할 토지를 전혀 갖지 못해서 순전히 자기 노동력을 팔아 생계를 유지하는 농업노동자가 그들이다. 그런데 1923년 현재 농민층의 계급별 분포를 보면 지주 17,842호, 부농 88,820호, 중농 491,111호, 빈농 969,039호, 고농(농업노동자) 162,209호로 추정되었다. 곧 1920년대 초반에 전체 농가의 2/3 정도가 빈농 내지는 고농이었던 것이다. 이미 상당한 정도의 빈농화가 농촌 내부에서 진행되고 있었음을 알 수 있다. 이런 상황은 1920년대 이후 산미증식계획 같은 반농민적 농업 정책이 강행되는 과정에서 더욱 심화되었다. 일부 조선인 지주층과 부농층은 일제의 농업 정책에 적극적으로 호응해 영농 규모를 늘려 나간 반면, 많은 농민들이 빈농으로 몰락했다. 농촌 내부에서는 지주와 빈농(자작농, 자작 겸 소작농, 소작농 하층의 소토지 농민과 무토지 농민 포함) 사이의 모순이 구체화되었다. 농민들의 삶이 피폐해진 세계대공황기 이후 상태는 더욱 심각해졌다.

일제강점기 농민의 생활 상태를 이해하기 위한 전제로, 농민들 가운데 압도적 다수를 차지하고 있던 빈농층의 경우 농업경영만으로는 농가경제의 재생산이 불가능했다는 점을 먼저 강조할 필요가 있다. 대부분의 빈농은 고율 소작료에 의한 착취, 자본 유통 과정에서의 수취, 각종 식민지 농업 정책과 조세공과에 의한 수탈로 인해 적자경영을 면하지 못했다. 여기에 세계대공황기에 들어서면서는 농산물 가격의 폭락이라는 조건까지 가세해 농민들의 생활기반을 파괴했다. 실제로 농업생산이 공황 이전의 수준을 회복하는 1934년까지 총감소액은 무려 6억 7천 6백여만 원에 이르렀다. 농산물 가격의 하락에 따른 농가수입의 감소는 농가경제의 곤란을 가중시켰다. 따라서 빈농층은 농업경영 이외의 방법으로 생계를 보충할 수밖에 없었다. 그 방법이란 주로 임노동, 겸업, 부채였다.

임노동의 기회는 반봉건적 토지소유관계 및 공업의 미발전으로 인해 전반적으로 제한적이었지만, 농촌 내부의 일부 부농경영과 농촌 외부의 각종 공사장 및 광공업 등에 의해 주어졌다. 일제의 조사에 따르면 소작농가의 경우 1930년 현재 생활곤란 때문에 임노동에 종사하는 비율이 전국 평균 37%에 이르렀다. 이런 상황은 자작 빈농도 마찬가지였을 것이다. 한편 겸업은 농업경영과 무관한 것으로 숯과 땔나무, 행상 등을 들 수 있다. 그러나 임노동이나 겸업은 영농수입을 보완하는 보조적인 역할에 불과했다. 임노동이나 겸업으로도 생계를 해결할 수 없는 경우에 농민들은 부채에 의존할 수밖에 없었다.

일제강점기에는 거의 모든 농민이 고리대를 이용했다. 농사개량의 강제, 수리조합 사업의 강행 등으로 대표되는 일제 식민지 농업 정책의 강행은, 농민의 현금지출을 늘려 농민경영과 생활을 압박하는 요인이 되었다. 농사비용 외에 각종 조세 및 준*조세도 어렵게 살아가는 농민에게는 과중한 부담이었다. 늘어나는 현금지출 때문에 농민들은 농산물을 싼값에 팔았지만, 그것만으로 부족할 때는 급한 대로 지주에게 당겨 쓴 뒤 추수기에 높은 이자를 붙여 갚을 수밖에 없었다. 곡식을 거둔 후 소작료와 당겨 쓴 각종 비용, 봄에 빌려 먹은 식량을 갚고 나면 농민의 수중에는 거의 남는 것이 없었다. 어렵게 보릿고개의 공포를 넘기고 나면 농사비용이

**조선인의 비참한 생활을 풍자한 시사만화**

왼쪽 그림은 〈아내를 팔아먹는 구차한 목숨〉(『시대일보』 1925. 1. 10), 오른쪽 그림은 〈배고픈 삼한의 가을〉(『중외일보』 1929. 10. 16)이다. 왼쪽 그림에서는 돈주머니를 들고 "배고픈데는 사랑도 일없다"고 외치는 남편을 향해 팔려가는 아내가 뒤돌아보며 "너희끼리 잘살아라" 하고 원망 섞인 말을 던지고 있다. 오른쪽 그림은 굶주림을 견디지 못한 농민들이 삶의 터전을 버리고 만주와 일본으로 떠나는 암담한 현실을 형상화한 것이다.

없어 또 다시 빚을 얻는 등, 농민들은 고리대의 족쇄에서 헤어나지 못했다.

일제강점 초기만 해도 대부분의 농가가 적든 많든 한 해 농사를 짓고 난 뒤 일정한 정도의 수익을 남길 수 있었다. 보기를 들어, 1918년 조선총독부에서 조사한 농가경제상황에 따르면 전국적으로 상류 농가가 1,061원, 중류 농가가 101원, 하류 농가가 5원의 평균 흑자를 기록하고 있었다. 그렇지만 이런 상황은 반反농민적 농업 정책이 강행되는 과정에서 크게 바뀌었다. 실제로 조선총독부의 관변단체인 조선농회가 1930년과 1932년 사이에 경기도, 전라남도, 경상남도, 평안남도, 함경남도를 대상으로 농가경제상황을 조사했는데, 당시 농가의 절대다수를 차지했던 소작농의 경우 339원 54전의 평균소득에 371원 75전의 지출을 기록해 32원 21전의 적자를 기록하고 있었다.

조선총독부의 조사에 따르면, 1930년 현재 자작 겸 소작농 및 소작농의 75% 정도가 평균 65원 정도의 부채를 지고 있었으며, 그 부채 총액은 무려 1억 원 이상으로 추정되었다. 그런데 농민들이 부채를 얻을 수 있는 곳은 이자가 싼 금융기관이 아니라 개인 고리대였다. 개인 고리대의 경우 연이자가 무려 30~40%에 이르렀다. 대부분이 지주인 고리대업자는 식량이 떨어지는 봄과 가을에 '보릿돈, 볏돈'이라는 이름 아래 수확을 예매하는 형식으로 수확 예정가의 절반에도 미치지 못하는 가격으로 농작물을 입도선매立稻先賣했다. 이런 상황이 몇 해씩 계속되어 결국 부채를 갚지 못하게 된 농민들은 정든 고향을 떠나 야반도주를 하는 것이 상례였다. 보기를 들어, 밀양군 하남면 백산리에서는 1930년 말 한 달 사이에 800호

가운데 40여 호가 야반도주를 했다. 이는 밀양에만 국한된 것이 아니라 전국 각지에서 일상적으로 나타나는 현상이었다.

전라남도 화순군 동복면의 한 농민이 1930년에 작성한 일기는 당시 농민들의 상황을 이해하는 데 시사적이다. 면협의회 의원의 차남인 이 농민은 광주학생운동이 일어난 1929년을 전후해 광주고등보통학교를 다녔으며, 학교를 중퇴한 뒤에는 고향에서 아무 재산도 없이 농업에 종사하고 있었다. 말하자면 농촌에서는 그래도 밥술이나 뜨는 존재였던 셈이다. 그런데도 "원수의 금전 오늘 같은 심사로 여러 날을 살아가려면 반드시 일이 나고야 말 것이다" 또는 "광주에서 정미기와 발동기의 광고가 왔는데 1습臺에 520원. 아! 자본 없는 사람은 지랄도 못할 노릇이더라"라는 구절에서 알 수 있듯이, 그의 일기는 돈 없는 신세와 돈과 자본이 없으면 아무것도 할 수 없는 사회에 대한 원망으로 채워져 있다. 이 경우를 전체 농민에게 일반화시킬 수는 없겠지만, 극도의 현금부족과 빈곤, 그로 인한 사회에 대한 원망, 현재의 처지에서 벗어나려는 노력, 일제의 말단 통치기구에 대한 적대감, 대지주에 대한 반발, 민족운동에 대한 높은 관심 등은 몰락하고 있던 당시 농민들의 의식의 일단을 보여준다.

농민들의 생활난은 일제강점 초기부터 줄곧 악화되었다. 특히 일제가 침략전쟁 수행을 위해 식민지 수탈을 더욱 가중시키면서 생활난은 극에 달했다. 보기를 들어, 중일전쟁 이후 큰 가뭄에 이어 1939년부터 본격적인 식량공출이 시작되면서 주식인 곡물의 소비는 양적으로나 질적으로 더 열악해졌다. 일제는 식량 문제를 해결하기 위해 식량증산 정책과 함께 1940년부터 식량 배급제를 실시했다. 그런데 배급량은 식량 문제가 악화되면서 더욱 감소했다. 1941년의 양곡 배급량은 일반 성인 2홉 7작, 노동자 6홉이었고, 1회 배급량은 10일분이었다. 그런데 1942년에는 그 양이 일반인 2홉 5작, 노동자 5홉으로 더 줄어들었다. 그리고 쌀 소비 감소를 위해 혼식과 대용식이 강제되었다. 식량 사정은 전황이 일제에 불리하게 돌아가면서 더욱 나빠져, 1943년 이후에는 실제 양곡의 배급이 배급량의 최저기준인 2홉 3작에도 미치지 못해 만주산 잡곡 등의 수입에 기초한 혼식과 대용식이 더 강화되었다. 식량 사정이 악화되면서 여름이나 가을에는 겨울철 주식을 보충하기 위해 도토리나 식용 약초를 비롯해 초근목피를 먹어야 했다. 일제는 콩쌀, 감자쌀 등의 이름으로 각종 대용식의 개발과 보급에 주력하는 한편, 점점 어려워지는 식량 사정에 대처하기 위해 기존에는 식량으로 사용하지 않던 것도 식용화해야 한다고 선전했다.

그런데도 농민들의 식량부족 상황은 개선되지 않았다. 그 결과 상당수의 농민이 농사를 짓는 것보다 노동자가 되어 배급을 받는 것이 낫다는 염농厭農의식에 갖게 되었다. 그에 따라 이농이 늘고 농촌경제는 파탄에 빠졌다. 실제로 한 조사에 따르면 1942년 말과 1943년 초의 2개월 사이에 총호수와 총인구의 거의 40%가 이농을 했다고 한다. 자작농의 경우도 각각 20% 정도가 이농할 정도로 농촌사회는 흔들리고 있었다. 그런데 이농자 가운데 식량부족을 이유로 이농한 경우가 전체의 80% 이상을 차지했다. 노동력과 비료의 부족으로 고된 노동에 시달리고 공출을 강요받는 상황에서 굶주림이 계속되자 농민들은 자신들의 삶의 터전을 벗어나지 않을 수 없었다.

# 자본주의 상품경제의 침투와 농촌사회의 변화

자본주의화에는 근대성과 식민지성이라는 두 가지 측면이 있다. 농촌사회에 국한시켜 볼 때 자본주의화는 농업생산을 합리화함으로써 생산성을 증대시켰지만, 이 발전은 식민통치를 위한 것이었지 농민들의 삶의 질을 향상시키기 위한 것이 아니었다. 따라서 자본주의 상품경제의 진전에 편승한 지주 등 일부를 제외하고는 대부분의 농민이 더 몰락할 수밖에 없었다.

식민지화와 더불어 자본주의 상품경제가 농촌사회에 본격적으로 침투해 들어와 농민들의 생산 활동과 소비생활을 지배하기 시작했다. 자본주의 상품경제의 원칙에 따라 생산된 물품이 농민들의 삶에 없어서는 안 될 존재가 된 것이다. 이제 공산품을 구매하기 위해서는 현금이 필요해졌고, 현금을 마련하기 위해서는 피땀 흘려 생산한 농작물을 헐값으로 시장에 내다 팔아야만 했다. 보기를 들어, 1918년 무렵에 처음으로 수입된 고무신은 애초에 일부 도시에서만 유통되었지만 1921년 가을 무렵이 되면 농촌 벽지까지 확산되었다. 이제 농민들은 고무신 하나를 통해서도 일제의 자본주의 상품경제에 깊숙이 편입된 것이다.

자본주의 상품경제의 확대는 시장제도에도 영향을 미쳤다. '장시'라는 이름으로 상징되던 정기시장체제가 약화된 대신에 농촌의 정기시장과 도회지를 중심으로 한 공설시장이 공존하는 이중시장체제가 등장했다. 일제강점기의 시장 이용 행태는 철저히 민족적으로 분절되어 있었다. 농촌의 정기시장을 이용하는 사람들은 대부분 조선인이었고, 절대다수의 일

**고무신업계의 치열한 광고 경쟁**
거북선표 고무신은 매출을 올리기 위해 일본 수군을 무찌른 이순신의 이미지를, 대륙 고무신은 고종의 둘째아들이자 순종의 동생인 의친왕 이강을 모델로 내세웠다. 1910년대 처음 수입된 고무신은 1920년대 초에는 농촌 벽지까지 확산되어 농민들도 고무신이라는 하나의 상품을 통해 일제의 자본주의 상품경제에 깊숙이 편입되었다.

본인과 일부 부유한 조선인은 공설시장을 이용했다.

그런데 일제강점기 농촌의 시장은 자본주의 상품경제가 침투하는 주된 통로라는 것 말고도 또 다른 의미를 갖고 있었다. 시장은 농촌 주민들에게 의사소통의 장이었으며 '음식, 오락, 사교의 기회'를 제공하는 장이었다. 종래 농촌사회에서는 스스로 소비하는 술을 빚는 것이 관행이었다. 그런데 일제가 이 관행을 제한하거나 금지했기 때문에 농민들은 집에서 마음놓고 술을 마실 수조차 없었다. 그런데 시장에 가면 막걸리를 마실 수 있었으니 이제 시장에서의 한 잔 음주가 농민의 유일한 낙이 된 것이다. 또한 시장은 농민들이 남사당, 지방순회 신파극단, 활동사진, 곡마단 등 신기하고도 즐거운 볼거리를 접하는 공간이기도 했다. 다른 문화오락기관이 사실상 없는 상황에서 시장은 농민들이 품고 있던 문화와 일탈에 대한 욕망을 분출하는 거의 유일한 통로였다.

더 나아가 시장은 제국주의의 식민지 지배와 자본주의 상품경제에 저항하는 무대로도 기능했다. 민중의 정치적 권리가 극도로 제한되는 상황에서 때로는 대중의 저항이 분출하는 통로 역할을 한 것이다. 3·1운동 당시 전국 각지에서 벌어진 만세시위 가운데 시장을 이용한 경우가 많았다는 것이 이를 잘 보여준다. 전국의 헤아릴 수 없이 많은 장터가 3·1운동의 거점이자 확산의 연결고리가 되었다.

1910년 이후 일제에 의해 더 확장된 철도, 도로, 해운 등은 모두 조선의 자원과 농산물을 일본으로 반출하고 일본 상품을 농촌에 침투시키는 통로 역할을 했다. 철도의 경우 1910년 이전에는 약 1,000km에 불과했지만 1919년에는 약 2,200km로 증가되었으며, 도로의 경우 1911년과 1917년 사이에 1급, 2급 도로만 약 2,600km가 건설되었다. 이 교통망은 한편으로는 일제의 정치적·군사적 지배체제를 확립하는 수단이었지만, 다른 한편 식민지 상품경제를 농촌 구석구석까지 침투시키는 수단이기도 했다.

일제 침략기에 민중이 노래하던 "신고산이 우르르 화물차 떠나는 소리에 구고산 큰애기 단봇짐만 싸누나"라는 가사의 〈신고산 타령〉은 이런 변화를 이해하는 데 많은 것을 시사한다. 고산은 조선시대 이래 함경남도 안변의 중심지였다. 그런데 일제가 이 땅을 지배하면서 종래의 고산(구고산)을 대신해 신고산을 새로 건설한 것이다. 이 신고산역을 통해 자본주의 상품경제를 상징하는 기차가 일본에서 생산된 각종 상품을 실어오고 우리 농촌에서 생산된 각종 산물을 실어가는 동안, 일제와 지주, 자본가에 의해 이중 삼중의 착취를 받다가 몰락할 대로 몰락해 조상이 물려준 고향 땅에서 살 수 없게 된 구고산의 농민들은 단 봇짐 하나만 울러 매고 삼수갑산의 화전지대로 들어가거나 간도·노령으로 유랑의 길을 떠날 수밖에 없었다. 이는 안변의 농민들에게만 국한된 현상이 아니었다. 전국 각지의 농촌에서 일상적으로 일어나던 일이었다.

일제강점이 시작되면서 농촌에 사는 사람들은 행정체계의 변화 외에도 다방면의 변화를 경험하게 되었다. '신작로'라고 불렸던 도로의 개설에 따른 농촌사회의 변화도 그중 하나이다. 신작로란 기존의 도로를 넓혀 자동차가 다닐 수 있도록 한 도로를 가리킨다. 신작로를 새로 만드는 과정에서 해당 지역의 주민들은 다리를 놓는 데 쓸 나무를 헐값에 강매당하고 논밭을 억지로 내놓아야 했으며 심지어 가옥이 파손되고 분묘가 훼손되는 희생을 치러야 했다. 그뿐만 아니라 공사에 인부로 차출되었고 사업에

드는 비용도 부담해야 했다. 길이 닦이고 난 다음 자동차가 그 길을 다니기 시작하면서는 이전의 장삿길은 완전히 끊기고 그에 의존하던 기존의 상권도 쇠퇴했다. 육로 교통체계의 변화에 따라 정기시장의 위치나 개시일이 바뀌고 재편되는 현상도 일어났다.

한편 농촌에서는 일제 자본주의에 편입되면서 생산단위로서의 가족이 해체되는 경향이 나타나기 시작했다. 농업생산만으로는 먹고살기가 힘들어지자 가족의 일부가 집을 떠나 농업 이외의 부문에서 임금을 받는 노동자가 되는 현상이 일반화되었다. 일정 지역에서 여러 대에 걸친 분가를 통해 이루어온 대가족제도의 틀은, 이런 가족의 역할 분화와 더불어 개인주의 및 남녀평등의식을 담은 외래문화의 영향으로 흔들리게 되었다.

갑오경장 등 일제강점 이전에 단행된 제도개혁으로 봉건적인 신분관계는 더 이상 그 틀을 유지할 수 없는 상황에 놓여 있었다. 그러나 일제강점은 실생활에서 과거의 불평등한 반상관계가 계속 유지되는 조건으로 작용했다. 특히 농촌 지역에서는 더 그랬다. 뿌리 깊은 신분적 관계와 의식은 쉽사리 제거되지 않았다. 일제가 관공서에 제출하는 이력서에 신분을 명기하도록 하는 등 봉건적 지배관계를 온존하는 정책을 쓴 것도 여기에 일조했다.

일제는 농촌사회에서 양반 유생층을 우대하는 민족분열 정책을 실시해 지주층을 육성하려 했다. 조선인 대지주들은 대개 양반 아니면 향리 출신이었다. 일제는 이런 신분적 속성과 한말 이래 유생의 지위가 약화되고 있던 상황에 착안해, 3·1운동 이후 지방 유생을 우대하면서 친일화하는 정책을 실시했다. 일제의 유생 우대책은 1919년 11월에 대동사문회를 조직한 것을 시발로 이듬해 유도진흥회를 설립하면서 본격화되었다. 일제는 이를 통해 지방 유림을 민족운동으로부터 차단하는 한편, 반봉건적 지주제가 강화될 수 있는 사회적·이데올로기적 조건을 조성하려 했다.

이는 농촌사회의 전통적 지배 세력을 식민지 지배의 하급 동맹자로 포섭하는 정책과도 결합되었다. 곧 지방 유림 출신을 면협의회의원, 도평의회원, 농회나 금융조합 등의 유사 자치기구 내지 관변단체의 임원으로 임명해 식민지 지배의 말단에 포섭한 것이다. 일제의 유림 포섭 정책은 농촌사회 내에 봉건적인 반상의식이 잔존할 수 있는 기반이 되었다.

대한제국 시기인 1896년부터 기존의 음력 대신에 양력 사용이 공식화되고 관청, 학교, 교회 등에서 이를 따랐다. 그러나 설, 단오, 추석 등 고유의 명절과 조상 제사일, 그리고 장날이 모두 음력체계로 움직였기 때문에 농촌에서는 양력이 거의 사용되지 않았다. 일제는 우선 음력설을 자신들처럼 양력설로 바꾸기 위해 고유의 설날을 구정으로, 양력 1월 1일을 신정으로 부르게 했다. 또한 설 무렵에 떡방앗간을 폐쇄하고, 설날 아이들이 입고 나오는 새옷에 먹칠을 할 뿐만 아니라, 왜식 설(양력 1월 1일)에 시메나와標縄(새끼에 귤을 꿰어 대문에 달기)를 하게 하는 등 갖은 방법을 써서 양력설을 강요했다. 그럼에도 음력을 기준으로 행해지던 설을 비롯한 대부분의 세시풍속을 양력체계로 고칠 수는 없었다.

그렇지만 일제의 식민지 지배 정책에 따라 새로운 풍속이 출현하기도 했다. 대표적인 보기가 운동회였다. 보통학교(나중의 국민학교)에 설치된 운동장에서 열린 운동회는 학생과 학부모를 비롯해 인근 주민들까지 참여하는 지역행사로 치러졌다. 운동회의 내용에는 씨름, 줄다리기 등 전통놀이도 포함되었지만 달리기, 집단체조 등 근대체육을 상징하는 경기도 포함되었다. 이런 의미에서 운동회는 기본적으로 농촌의 학생과 주민에게 근대의 힘을 각인시키는 통로의 역할을 수행하고 있었던 것이다.

농민들의 일상생활의 변화가 극단적인 형태로 나타난 것은 중일전쟁 이후 일제가 추진한 전시동원체제 아래에서였다. 1932년부터 실시된 농촌진흥운동은 개별 농가의 경제적 자립이라는 측면에 관심을 기울이는 한편, 이 농가들을 촌락 단위로 조직화하고 그것을 조선총독부가 일원적으로 통제하려는 방향으로 전개되었다. 그에 비해 본격적인 전쟁체제에 들어선 1940년대에는 농가경제의 경제적 안정을 기반으로 한 농촌사회의 조직화라는 틀보다는, 급박해진 전시체제를 뒷받침하기 위한 농업생산품과 노동력의 외부유출에 정책의 중점을 두었다. 농촌진흥운동이 개인의 자력갱생에만 관심을 기울였다고 문제를 제기하면서 이를 농촌보국운동으로 개편한 것이다. 그러면서 멸사봉공, 진충보국과 같이 개인적인 이해관계를 국가적 이해관계에 종속시키는 논리체계가 더 강화되었다.

일제는 국방과 생산력 확충이라는 관점에서 농촌 재편성 정책을 수립해 전시농정의 기초로 삼고, 1943년 7월 '조선농업계획요강'을 공표했다. 이를 이끌어가는 방법으로 강제적인 노동력 동원을 위한 징용과 정신대, 근로보국대를 운용하고 농촌 전체에 걸친 감시체계를 만들어 사상통제를 실시하는 한편, 경제통제 정책의 실행상황을 감시하고 통제하는 경제경찰제도 등을 운용했다. 모든 부문에 걸친 억압적 통제의 분위기와 치열한 감시망의 정비가 정책의 기본 기조였다. 이런 흐름에서 가장 주목되는 부분은 행정체계를 기축으로 농촌사회의 모든 사회관계를 재편성하려고 했다는 점이다.

그 첨병은 '국민정신총동원조선연맹'과 그 후신인 '국민총력조선연맹'의 하부조직인 '부락연맹'이었다. 종래에는 면 단위까지 일제의 지배망에 포착되어 있었지만 이제 부락연맹으로 표현되는 '마을'이 조선총독부의 종적인 명령체계 안에 공식적으로 들어갔다. 동시에 횡적인 차원에서 말단의 부락연맹은 농촌진흥회나 식산계 등을 표리일체 관계로 흡수했다. 그 결과 조선총독부에서 부락연맹에 이르는 단일한 농촌 지배체계가 형성되었다. 이후 마을 단위의 부락연맹만이 아니라 그 하부 단위로 편성된 애국반의 중요성이 더욱 커졌다. 더 세밀한 단위에서 농촌사회의 구성원들을 통제하겠다는 의지의 표현이었다.


## 사회관계의 변화

전통적인 사회관계가 약화되는 조짐은 조선 후기부터 나타나고 있었다. 또한 일제의 지배와 함께 전통적 사회관계가 하루아침에 해체된 것도 아니었다. 특히 신분제의 경우 농촌사회 내부에 강고하게 남아서 농민들의 삶과 의식에 큰 영향을 미쳤다. 그러나 일제강점 아래 왜곡된 형태이기는 하지만 근대적인 사회경제제도가 도입됨으로써 중세적인 사회질서에 입각한 전통적인 사회관계가 현저하게 약화되기 시작했다는 것은 부정할 수 없는 사실이었다.

국망 이전에 사실상 조선을 지배하고 있던 일제는 조선의 자치를 부정하는 일련의 조치를 취하고 있었다. 일제 스스로가 메이지유신을 통해 폐번치현廢藩置縣을 단행함으로써 지역권력으로서의 자율성을 갖고 있던 번을 폐지하고 국가권력에 의해 강력하게 통제되는 현을 설치한 바 있었다. 일본 안에서도 국가가 지역을 강력하게 지배하는 체제를 확립한 일제가 식민지 조선에서 지역의 자율성을 인정할 리 없었다. 일제는 일찍부터 강력한 중앙집권적 식민통치기구를 통해 지역을 통제하려는 의도로 지역정책을 펴고 있었다.

일제는 조선 후기 이후 대한제국 시기까지 광범위하게 일어나고 있던 지역자치 움직임에 대응해 지역통제 강화의 일환으로 1906년부터 면장제도를 실시했다. 그에 따라 면은 국가권력에 의한 지역 지배의 말단 행정기구로 설정되었다. 면은 재무서, 경찰서, 군청 등 상급 국가기구와 밀접한 관련을 갖고 있었다. 일제가 구상한 면제도의 목표는 조세의 장악과 지방 유력자의 포섭이었다. 이어 일제는 1907년에는 당시 각지에서 유행하고 있던 향회 설치 움직임에 대한 대응책으로 지방위원회제도를 실시했다. 통감부와 군수의 협의에 의해 각 군마다 한 명씩 임명된 지방위원은 주로 그 군에서 세금을 가장 많이 내는 지주였다. 지방위원이 하는 일이란 재무서의 자문에 응하고 의병운동의 진압에 필요한 예비적 조치를 취하거나 일본인 관리와 조선 민중 사이의 갈등을 해소하는 것이었다. 결국 국망 이전 일제의 지역 정책은 조선 후기 이래 지역에서 이루어지고 있던 사회발전을 근본적으로 부정하는 것이었다.

일제는 식민지 조선을 효율적으로 지배하기 위해 중앙에 권력이 집중된 국가체제를 도입했다. 그 결과 일제강점기의 조선총독부는 강력한 식민지국가의 모습을 갖추고 있었다. 그것은 조선왕조나 대한제국과는 비교할 수 없을 정도로 집권화된 국가였다. 일제는 강력한 물리력과 행정력을 앞세워 전국 각지 조선 민중의 일상생활을 철저하게 통제했다. 이런 국가권력의 집중화로 인해 조선시대까지 존재하던 향촌사회의 상대적 자율성은 크게 약화될 수밖에 없었다. 일제는 강점 초기부터 지방제도의 정비를 통해 향촌사회의 자율적 요소를 제거해 나갔다. 1914년에는 지방행정구역 정리라는 이름 아래 기존의 군, 면, 동리를 통폐합함으로써 향촌사회 자율성의 바탕을 이루던 지역의 경계를 크게 흩뜨려놓은 데 이어, 1917년에는 조선면제를 시행함으로써 면을 중심으로 헌병, 경찰, 관리가 주민을 직접 통치하는 지역 지배체제를 확립했다.

면제에 따라 군수의 지휘감독을 받아 면내의 행정사무를 보조집행하는 면장은 도로, 교량, 하천, 관개, 배수, 조림, 농사, 축산 등 면내의 거의 모든 일을 처리할 수 있었다. 더욱이 면에는 면장 외에 면서기, 회계원, 구장(종래의 동장 또는 이장)이 있어서 농촌사회의 여러 가지 사무를 처리했다. 이로써 면이 막강한 권한을 갖게 된 반면, 종래 자율성을 가지고 있던 동리, 촌락은 면 아래의 최하급 행정구획 이상의 의미를 갖지 못하게 되었다. 촌락의 재산은 면에 흡수되고 자치기능은 급격하게 쇠퇴했다.

이런 과정을 통해 일제강점기에는 이전 시기와는 질적으로 다른 사회구조가 농촌사회에 형성되었다. 단적인 보기가 조선 중기 이후 민중의 자치기관으로 발전하고 있던 계의 변화이다.

계는 전근대사회에서 농민들의 조직생활의 한 토대를 이루어온 공동체적·자치적 조직이었다. 그 종류와 목적도 다양해 공공사업, 상호부조, 식리, 납세, 농경, 친목 등을 위한 다양한 계가 조직·운영되었다. 더욱이 계는 주로 조세납부나 상호부조 등을 목적으로 조직되었기 때문에, 촌락사회에서 사회경제적으로나 정치적으로 농민생활의 밑바탕을 이루고 있었다.

일제강점기에 농촌사회가 일본의 식민지 지배 목적에 맞게 재편됨에 따라, 농촌사회의 가장 말단에 있던 마을의 동계도 변질되지 않을 수 없었다. 조선총독부가 산미증식계획, 농업진흥 정책의 일환으로 농촌을 대상으로 시행한 금융조합, 수리조합 등의 여러 관제조합 정책은 결과적으로 농민뿐만 아니라 농촌사회를 분해시켰다. 교통 및 통신수단의 발달, 행정조직체계의 정비 등에 의해 마을에 대한 식민지 지배권력의 통제력이 강화되었다. 농회, 경찰서, 보통학교 등을 통한 행정력과 경찰력의 동원에 의해 식민지 농촌조직과 농업 정책이 강제적이고 억압적으로 행해진 것도 동계가 변질된 주요 요인 가운데 하나였다. 여기에 일제강점기 농촌사회에서는 식민지적 지주소작제가 촌락사회에 강한 규정력을 발휘하면서 기존의 상부상조적 촌락의 전통이 압살당하고 있었다. 또한 농촌사회에서 과다한 소작인과 토지 없는 빈농이 대거 창출되면서, 경제적 불평등이 같은 마을 사람들 사이의 유대관계를 어렵게 만들었다.

일제는 가장 대표적인 '촌락적 공산체'인 동계를 파괴하기 위해 토지조사사업에 의해 동계 소유지를 몇몇 개인의 사유지나 국유지로 편입시킨 뒤 그나마 남아 있던 촌락의 공유재산은 면(또는 면장)이 소유하거나 관리하도록 했다. 그러면서도 일제는 동계의 중요한 기능 가운데 하나였던 조세의 공동납부를 이용하기 위해 납세단체로서의 동계는 적극적으로 장려하고 보호한다는 방침을 세웠다. 그 결과 전통적인 민중자치기관으로서의 동계는 파괴되고, 오히려 납세조합이나 납세계 등의 새로운 이름 아래 일제의 수탈과 지배계급의 이익에 이바지하는 이익단체로서의 계만 남게 되었다. 일제 침략기 동안에 동계가 상징하던 공동체적 관계가 약화됨에 따라 자본주의적 생산관계를 옹호하는 개인주의적 사회관이 침투할 가능성도 그만큼 커졌다.

1920년대 초의 동계에서는 이미 이전에 동계가 수행하던 부세에 대한 공동대응이나 풍속교화 등의 임무가 거의 사라지고 있었다. 이는 무엇보다도 면제 실시 이후 동계의 사업이 면에 흡수통일되고 그 재산 역시 마을 또는 면에 귀속됨에 따라 물적 기반이 약화된 데다가, 면리가 통폐합 또는 분리되는 과정에서 군이나 면 같은 상위의 식민지 지배기구에 각 마을이 예속되었기 때문이다.

개편된 동계는 당연히 기존의 자치적·자발적 기능을 상실하고 위로부터의 지시 감독에 의해 운영되거나 촌락을 유지하는 데 기본적으로 필요한 사업만을 수행하는 타율적인 조직체가 되었다. 이런 변화는 식민지 권력이 각 동리까지 파고들어 촌락사회를 통제하거나 생산 과정을 감독한 데 따른 필연적인 결과였다. 조선총독부가 추구하던 농업 정책의 2대 목표인 농업생산력 확충과 농촌 치안유지를 위해 촌락과 동계가 일정한 기능을 수행하게 된 것이다.

실제로 농촌마을에서는 어려운 경제사정을 반영하듯 식리의 성격을 갖는 계가 유행했다. 위친계나 상여계 등 친목계도 결국은 식리가 주된 목적이었다. 주로 겨울철에 한 번 계모임을 갖는데, 계를 타는 사람들은 돈을 내지 못한 계원의 집에 찾아가 볏섬도 가져오고 솥단지도 뺏어오는 등 오히려 친목을 해치고 계원 사이에 갈등을 일으키는 일이 잦았다. 서로 돈을 빌려 곗돈을 마련하다 보면 계모임이 끝날 무렵에는 모두 빚쟁이가 되었다고 한다.

그 결과 1920년대 말과 1930년대 초에는 일부 지역에서 이러한 계의 성격 변화에 저항하는 움직임이 나타나기도 했다. 이를 가장 잘 보여주는 것이 1931년 7월 함경남도 홍원에서 일어난 대규모 채권문서 소각운동이다. 이 지역의 계가 어떤 성격을 갖고 있었는지에 대해 당시 신문은 "홍원뿐만 아니라 함경남도 일대에는 소위 계, 재, 이유契有 재산 등이 비상한 세력을 갖고 있어 피폐한 농민을 더욱 곤란하게 한다. (…) 계나 재에는 계전, 재전이란 것이 있어서 부호인 계장이 이를 보관하되 (…) 계원들에게 취리하되 그 이자가 월 3, 4푼이라는 고리이며 또 그 징수방법이 혹독해 이자에 대한 의무를 태만하는 때에는 그 동리에 거주를 할 수 없도록 한다"고 보도했다. 1930년을 전후한 시기에 함경남도 일대의 계는 겉으로는 공동체적 성격을 띠면서도 실제로는 농민을 착취하는 고리대기관 노릇을 하고 있었다는 것이다. 공동체에 속한 성원들에게 최소한의 삶의 조건을 보장해주던 농촌 내부의 전통적 관계가 이미 파괴되고 있었으며, 경제적 이해관계에 따른 농촌 내부의 대립이 구조화되기 시작했음을 알 수 있다. 물론 이는 자본주의화의 진전과 함께 나타난 현상이었다.

1930년대 초에는 전국 각지에서 농민의 대중투쟁이 격화되고 있었다. 단지 몇몇 지식인만 민족의 해방과 계급의 해방을 이야기하는 것이 아니라, 많은 농민이 민족의식과 계급의식을 바탕으로 혁명을 꿈꾸는 혁명적 농민조합운동을 벌였다. 그러면서 농민해방의 이데올로기와 농민조합의 조직이 농촌사회의 마을 단위까지 깊숙이 침투해 들어갔다. 농민운동의 대중성이 강화되어가는 데 대해 일제 식민지 지배권력은 큰 위기의식을 갖게 되었다.

혁명적 농민조합은 반제반봉건혁명을 지향하고 있었다. 물론 농민조합에 가입한 농민이 모두 사회주의자는 아니었을 것이다. 그러나 사회주의를 표방하고 체제변혁을 외치는 농민조합에 농민들이 일체감을 갖게 되었다는 것은 일제로서는 큰 위기가 아닐 수 없었다. 따라서 사회주의 이념을 대신할 새로운 농민 지배 이데올로기를 만들 필요가 있었다.

조선총독부는 촌락사회를 안정시키고 농민들을 조직적으로 통제할 필요성을 절감했다. 그 대안은 관제자치를 확립하는 것이었다. 조선총독부는 1928년부터 우량부락 정책을 적극적으로 시행했다. 1917년의 면제 시행과 촌락공동체의 해체로 쇠퇴한 촌락자치를 관의 통제를 통해 복원하려 한 것이다. 이를 위해 조선총독부는 동계를 재편하거나 동약을 실시하고, 여러 형태의 자치단체를 설치하거나 계, 조합을 조직했다. 그 과정에서 폐지된 동계가 다시 설치되거나 신설되는 경우도 많았다.

일제는 1933년부터 농촌진흥운동을 통해 소농민경영의 안정을 도모하는 동시에 독점자본, 국가재정의 수탈기반으로 농촌을 재편성하려고 했다. 1920년대에 추진된 산미증식계획은 농회, 금융조합, 수리조합과 같은 지주 주도형의 농촌조직을 활용하여 지주의 경제력을 매개로 실시되었지만 실패로 끝났다. 반면에 1930년대의 농촌진흥운동은 개별 농가경제를 장악한 뒤 농민들을 지도하기 위해 모든 농민에 대한 조직화를 정책목표로 삼고 촌락 단위의 농민단체 조직을 정책적으로 추진했다.

이를 위해 조선총독부는 동계, 향약, 농촌진흥회, 식산계와 같은 조직을 적극적으로 활용했다. 이 시기에 동계가 폭증한 것도 그런 이유 때문이었다. 따라서 1930년대 동계는 관제적 성격을 벗어날 수 없었을 뿐 아니라 오히려 더 강화되는 경향이었다.

이와 같이 일제강점기 동계는 자치성과 자발성을 상실하고 있었다. 그것은 동제나 놀이 같은 마을문화를 재생산하는 공동의 장이 약화된 것과 동시에 나타난 현상이었다. 외부적으로는 행정적인 측면이 강화되어 강력한 식민지 중앙집권체제의 최말단조직의 하나로 기능하게 되었고, 내부적으로는 마을을 유지하고 밖으로부터의 요구에 부응하기 위한 것으로 축소 재편되었다.

이 밖에도 1930년대 이후 혁명적 농민조합운동이 고조되면서 농촌의 상황이 악화되자 일제는 '복고경제' 정책, 곧 전통사회에서 시행되다가 근대로 접어들면서 소멸하고 있던 다양한 구제도를 부활시키는 정책을 도모했다. 그 가운데 가장 강력하게 추진된 것이 향약 부활운동이었다. 향약은 농촌사회의 질서를 식민지 지배권력의 의도대로 재편하기 위해 시행한 것이었다. 그리고 농촌진흥운동과 맞물려 형식상 상당한 정도의 실적을 올리기도 했다. 그러나 아무리 일제가 향약 보급운동을 강력히 추진한다 해도, 이미 근대로의 길을 걷기 시작한 농촌사회를 다시 전통적인 상태로 되돌릴 수는 없었다. 이는 향약 보급운동이 처음부터 갖고 있던 한계였다. 농촌사회의 노인층과 친일 유림을 제외하고는 향약 보급운동을 진심으로 지지하는 세력을 청소년층까지 확대하는 것은 불가능한 일이었다.

향약의 장려, 조세 공동납부를 위한 계조직의 활용 등은 모두 당시 격화되고 있던 농민운동을 통제하기 위한 정책이었다. 그런데 봉건적 유풍을 재현하려 했다는 사실 자체가 역으로 이러한 유풍이 약화되고 있었음을 시사한다.

농촌사회 안에서 이루어지는 사회관계망은 가족과 신분을 둘러싼 관계망, 그리고 경제적 관계인 지주소작관계와 시장관계, 노동조직과 더불어 마을 전체를 하나로 연결하는 마을조직이나 부분적인 상호부조조직 또는 친목모임 등이 있었다. 이런 관계망을 통해 농민들은 마을 안에서 또는 마을 밖에서 다양한 방식으로 서로 연결되었다. 개별 농가는 이 관계망 속에서 일상생활을 영위하며 생산과 휴식, 오락을 비롯한 재생산관계를 유지했다.

종래부터 유지되던 사회관계망은 일제강점기에 진행된 식민지 근대화 과정 속에서 상당 부분 해체되었다. 지주소작관계의 강화, 상품화폐경제의 광범한 침투, 상품화된 미곡 중심의 농경구조 등이 농민층의 광범위한 몰락을 가져와, 농촌사회가 파편화된 소작농 집단으로 전화하는 한편 많은 농민들이 마을을 떠났다. 이런 농촌사회의 문제를 극복하는 방안으로, 농민들은 농민조합이나 협동조합 등 새로운 경제·사회 집단의 일원으로서 농민운동을 전개함으로써 공공성과 의사소통의 장을 새롭게 마련하려고 했다.

# 03

일제강점기에는 제한적이나마 공업화와 도시화가 이루어졌다. 그러나 공업화는 처음부터 식민지적 성격을 강하게 띠고 있었다. 일제는 효율적인 식민지 지배를 위해 처음에는 조선인에 의한 공업화를 가로막다가 3·1운동 이후에야 조선인의 자본투자를 허용했다. 그러면서 공장과 공장노동자들이 늘어났다. 그러나 일제강점기 내내 자본투자를 주도한 것은 일본인 자본가였으며, 일제에 협력한 소수의 조선인 자본가만 살아남아 자본축적에 성공했다. 조선인 공장노동자는 일본인 노동자의 절반이나 1/4에 해당하는 저임금

# 식민지 공업화·도시화의 빛과 그림자

을 받는 등 민족차별에 시달렸고 노동조건은 열악하기 짝이 없었다. 식민지적 성격을 띤 것은 도시화도 마찬가지였다. 대한제국의 수도였던 한성부가 일제강점 이후 경기도에 속한 경성부로 바뀐 데서도 알 수 있듯이 일제는 전통적인 도시체계를 파괴했다. 그러면서 일본인이 많이 살고 일제의 식민지 지배에 필요한 곳이 신흥도시로 급부상했다. 대부분의 신흥도시에서 조선인의 주거 공간과 일본인의 주거 공간은 가시적으로 분리되었다. 시간이 지날수록 도시에서는 자본주의적 소비가 일상화되었지만 이를 주도한 것은 일본인들이었다.

# 식민지 공업화와 조선인 자본가·노동자의 존재양상

## 식민지 공업화와 조선인 자본가의 동태

일제강점기의 조선은 일본 제국주의의 식민지로서 일본 자본주의를 위한 식량 공급지, 공업원료 공급지, 상품시장으로 기능했다. 그 결과 조선의 자주적인 공업화는 억제되었다. 그러나 일제의 식민지 지배 아래서도 조선의 공업이 완전히 정체된 것은 아니었다. 오히려 1930년대 이후 특히 일제강점 말기에는 중화학공업 부문에서 상당한 공업화가 이루어지기도 했다. 그러나 공업화의 주체는 결코 조선인이 아니었다. 더욱이 공업화 자체가 일본 제국주의의 필요에 따른 것이었다. 이 점에서 일제강점기에 이루어진 공업화는 식민지 공업화의 성격을 띠고 있었다.

식민지 공업화는 순수하게 경제적인 논리에 의해 규정된 것이 아니었다. 다른 말로 하면, 조선 후기 이래의 내재적 발전이라는 틀 안에서 또는 그 연장선상에서 조선인에 의해, 아니 적어도 조선인이 중심이 되어 주체적으로 조선의 공업화가 이루어진 것이 아니었다. 주체적인 경제발전을 요구하는 조선인의 목소리가 전혀 없지는 않았지만, 그것은 강력한 일제의 힘 앞에서 무력해지기 일쑤였다. 일제강점기 전반에 걸쳐 기본적으로 조선의 공업화가 어떤 방향으로 진행될 것인지를 규정한 것은 경제적·정치적 필요에 따른 일제의 정책 판단이었다. 특히 일제가 추진한 대외 침략 정책의 추이에 따라 식민지 조선의 공업화는 지체되기도 하고 급진전되기도 했다.

강점 직후만 해도 일제는 '회사령'을 통해 조선에서 자본투자를 극도로 억제하는 정책을 펼쳤다. 회사령에 따라 조선 내의 모든 회사는 조선총독의 허가를 받아야만 설립될 수 있었다. 회사가 설립된 뒤에도 회사운영은 조선총독의 감독을 받아야 했다. 일제가 강점 초기에 회사 설립을 억제한 이유는 조선인 토착자본의 발흥을 견제하고자 했기 때문이다. 그랬기 때문에 회사령에도 불구하고 일본인 자본은 상대적으로 쉽게 회사를 만들고 공장을 세울 수 있었다. 이를 잘 보여주는 것이 자본의 민족별 구성이다. 1911년 당시 조선인 공업회사의 납입자본금이 전체 납입자본금의 17%였는데, 일본인 공업회사의 납입자본금은 32%나 되었다. 나머지 51%는 조선인과 일본인의 합작회사가 차지하고 있었다. 그런데 1917년이 되면 조선인 자본은 전체 납입자본금의 13%로 줄어든 반면 일본인 자본은 83%로 급증했다. 자본투자를 억제하는 회사령 아래서도 일본인 자본의 비중이 계속 높아지고 있었다는 것이야말로 일제강점기 공업화를 이해하는 데 많은 것을 시사한다.

일제강점 초기 조선의 공업화를 주도한 것은 일본인 자본이었다. 러일전쟁에서 일제가 승리하고 일제의 한반도 강점이 기정사실화되면서부터 일본인 자본이 대거 한반도로 진출하기 시작했다. 그 결과 강제병합 직후 조선의 공업은 일본인 중심으로 재편되었다. 종래 대표적 업종이자 가장 비중이 컸던 연초제조업, 정미업, 인쇄업에서 일본인 공장이 확고한 우위를 구축했다. 조선인은 주로 직물업, 금은세공업, 유기제조업, 제지업, 주조업, 칠기업 등의 업종에서 명맥을 유지하는 정도였다.

1910년대까지 조선에 설립된 회사(또는 지점)의 영역은 제약, 연초, 도기, 제사, 인쇄, 성냥, 비누, 전기, 운수, 창고, 금융, 판매, 무역 및 중개 등에 국한되어 있었다. 이 가운데 생산 부문은 아직 완전한 근대공업이라고 보기 어려운 업종도 상당수였고, 자본 규모도 별로 크지 않았다. 1910년대의 공업 정책은 한마디로 공업화 자체를 억제하는 것이었다. 이 시기는 단지 공업화를 위한 기반이 구축되는 정도에 머물고 있었던 셈이다.

3·1운동 이후 '문화정치'의 일환으로 회사령이 폐지됨으로써 자본을 투자하고 회사를 설립할 수 있는 길이 열렸다. 그 결과 1920년대 이후 공업화가 진전되기 시작했다. 제1차 세계대전 과정에서 일본 자본주의는 비약적으로 발전했다. 전쟁 경기 때문이었다. 새로운 자본투자 지역을 찾던 일본 대자본이 본격적으로 조선에 대한 투자를 시작했다. 이 시기에는 조선인 자본도 본격적인 자본투자를 도모했다.

그러면서 조선인 자본가들은 하나의 계급으로서 정체성을 드러내기 시작했다. 그 중심에 있던 것이 경성방직과 동아일보사의 설립을 통해 급부상한 김성수였다. 김성수를 중심으로 결집된 조선인 자본가·지식인 집단은 지대나 이자수익에 익숙해 있던 이전의 지주나 자본가와는 달랐다. 이들은 교육, 산업, 언론 등 복합적인 부문에서 자본주의 근대화를 추구했다. 친일적 문명개화론자 박영효, 서울의 대상인 장두현·박용희, 대지주 출신 현기봉, 일본 유학생 출신의 신진 엘리트 송진우·장덕수 등이 김성수와 뜻을 같이했다. 이들에게는 자본과 지식이라는 기반이 있었다. 여기에 민족주의라는 배경도 갖추고 있었다. 이들은 경제운동인 물산장려운동, 문화운동인 민립대학 설립운동, 정치운동인 자치운동을 주도했다. 단지 경제적 엘리트에 머물지 않고 정치·사회·문화 영역까지 자신들의 영향력을 확대함으로써 자본주의 근대화의 주체가 되려고 한 것이다. 조선인 자본가들은 『동아일보』 창간사를 통해 자신들의 정치이념이 서구 자본주의 발달 과정에서 나타난 자유주의와 민주주의라는 점을 분명히 했다. 그러면서 조선인 자본가를 '제3계급'에 비유했다. 제3계급이야말로 자본주의 근대화의 정치적 중심이라는 것이었다.

그러나 조선인 자본의 투자가 활발해지고 조선인 자본가가 하나의 계급을 표방했다고 해서 하루아침에 공업의 성격이 바뀐 것은 아니었다. 1920년대에는 도시의 소비인구를 대상으로 한 공업 중심으로 공장이 설립되기 시작했다. 1920년대 공업은 전통적 부문과 근대적 부문이 결합한 중소 공업이 절대적 비중을 차지하고 있었으며 가내공업도 상당수 존재하는 양상을 보였다. 그러나 그런 가운데서도 근대적 부문을 중심으로 대규모 자본투자가 이루어졌다는 사실은, 조선에서도 식민지 공업화가 시작되었으며 도시 주민 가운데 노동자가 일정한 비중을 차지하기 시작했음을 의미하는 것이었다.

1920년대 공업화를 상징하는 사건은 일제강점기 대표적인 '민족자본'으로 일컬어지는 경성방직이 1923년부터 경기도 시흥군 영등포에서 조업을 시작한 것이다. 당시 영등포는 경부선과 경인선이 분기하는 역이라는 점에서 대표적인 공장지대로 각광을 받았다. 실제로 영등포 일대에는 1920년대에 들어서면서 경성방직공장을 비롯해 피혁, 기와, 방적, 기계, 맥주 부문의 근대공장이 집중되고 있었다. 그 결과 1913년만 해도 1,259명에 지나지 않던 조선인 인구가 1929년에 이르러서는 5,139명으로 급증했다. 이들이 공장에서 새로운 일자리를 찾은 노동자였음을 짐작하기란 그리 어려운 일이 아니다. 근대적 공장이 설립되면서 그 공장에서 일하는 노동

영등포 공장지대(위)와 경성방직 영등포공장(아래)

자가 증가하고, 이들 노동자가 특정 지역에 밀집거주하는 양상이 1920년 대에 비로소 나타나기 시작한 것이다.

또 다른 대표적 보기로 함경남도 흥남을 들 수 있다. 원래 흥남은 함경 남도의 중심도시이던 함흥의 남쪽이란 뜻으로, 1920년대 초까지는 제대 로 된 지명조차 없었다. 그러나 1927년부터 일본의 대표적 신흥 재벌 노 구치野口遵 콘체른의 투자로 질소비료공장이 건설되기 시작하면서 '북선北鮮 의 대읍', 혹은 '동양 굴지의 기업도시'라고 불리며 대규모 중화학공업도 시로 탈바꿈했고, 그 결과 1931년에는 읍으로, 다시 1944년에는 부로 승 격되었다. 그런데 질소비료생산에는 전력공급이 필수적이었다. 이에 일 제와 노구치 콘체른은 흥남과 가까운 장전강, 부전강에 수력발전소를 건 설했다. 질소비료공장과 수력발전소를 세우는 과정에서 수많은 조선인 노동자가 목숨을 잃었을 정도로, 흥남 일원의 공업화 과정은 대규모 노동 력의 투입을 수반했다.

1930년대 이후 특히 만주사변(1931)을 계기로 일제는 병참기지화 정책의 일환으로 농공병진의 구호 아래 조선의 공업화를 본격적으로 추진했다. 일본을 정공업精工業지대, 조선을 조공업粗工業지대, 만주를 농업지대로 하는 분업관계를 만들겠다는 것이 1931년 조선총독으로 부임한 우가키 가즈시 게宇垣一成의 구상이었다. 우가키에 의해 농업 위주였던 종전의 경제 정책 이 공업과 농업을 병행시키는 방향으로 바뀌었다. 물론 이는 조선의 공업 자체를 발전시키기 위한 것이 아니었다. 일본의 독점자본이 조선에서 지 하자원과 수력자원, 그리고 값싼 노동력을 마음껏 수탈하도록 함으로써 일본의 국책선이라고 일컬어지던 만주를 방위할 수 있는 토대를 튼튼히

하겠다는 것이 조선의 공업화를 추진한 일제의 속내였다. 그런 의미에서 이 시기 공업화는 '식민지 공업화'에 지나지 않았다.

조선총독부의 농공병진 정책에 따라 일본인 대자본의 투자가 본격화되었다. 자본과 기술의 두 측면에서 압도적으로 우세한 일본 대자본에 비해 조선인 자본은 불리한 위치에 놓일 수밖에 없었다. 우가키에 이어 미나미가 조선총독으로 부임하고 중일전쟁으로 일제의 침략전쟁이 확대되면서 군수공업의 성격을 띤 공장이 이전보다 더 많이 세워졌다. 대자본으로의 집중이 더욱 굳어진 것이다. 이는 한편으로 영세한 조선인 자본가가 몰락하는 요인이 되었지만, 다른 한편 전시체제에 편승함으로써 조선인 자본이 성장할 가능성을 여는 요인이 되기도 했다.

만주사변에 뒤이은 만주국 수립(1932)으로 활짝 열린 만주 시장에 대한 기대는, 조선인 자본가에게 '성장'이라는 환상을 심어주기에 충분했다. 당시 『동아일보』, 『조선일보』 등 언론매체에는 만주사변 이후의 정세 변화를 공업화의 유리한 조건으로 활용하자는 글이 집중적으로 실렸다. 조선인 자본가가 본 것은 만주만이 아니었다. 일제의 침략전쟁 추이에 따라 중국, 나아가 동아시아 전역에 조선에서 만든 상품을 수출하고 현지 공장을 세움으로써 조선의 공업화를 이루겠다는 희망이 조선인 자본가 사이에 널리 퍼졌다. 여기에는 단서가 따랐다. 조선의 독립을 염두에 두고 자본투자를 하는 한 일제의 탄압을 받을 수밖에 없었고, 자본의 존립 자체가 불가능했다. 따라서 대부분의 조선인 자본가는 민족보다는 자본의 이익을 선택했다. 일제의 침략전쟁 정책에 적극 협력하기 시작한 것이다.

실제로 전시체제 아래서 경성방직이 준<sup>準</sup>재벌급으로 성장한 데서도 알 수 있듯이, 일부 조선인 자본은 만주와 중국으로의 수출, 그리고 현지에서의 직접 생산을 통해 막대한 부를 축적하는 데 성공했다. 만주사변 이후 수출능력이 있던 방직업계의 경성방직, 태창직물, 해동직물, 고무신 업계의 대륙고무, 중앙상공 등과 같은 조선인 대자본가들은 만주 시장과 중국 시장에 진출하기 위해 발 빠르게 대응했다. 이후 일제가 패망할 때까지 군수물자의 생산과 유통, 국방헌금과 군수물자 기부, 관제조직의 설립 및 참여, 강연 및 기고 등을 통한 내선일체론 전파, 일본군 위문 등은 조선인 대자본가에게 일상적인 것이 되었다. 이들은 경제, 교육, 문화 분야에 걸쳐 조선인에게 상당한 정도의 영향력이 있었기 때문에, 일제의 대륙 침략 정책에 활용가치가 높았다.

조선인 대자본가 일제에 적극 협력했다는 것은 1920년대에 견지하고 있던 자본주의 근대화의 이념적 지향, 곧 자유주의와 민주주의를 포기했음을 의미한다. 실제로 전시체제기에 사업을 확장하고 있던 조선인 자본가들은 신경제, 공익, 도덕, 국민 재조직 등의 전체주의정신을 내면화할 것을 이구동성으로 주장했다. 이는 개인주의, 자유주의와 같은 근대적 가치의 부정과도 통하는 것이었다.

일제의 침략전쟁이 확대되는 과정에서 조선인 대자본이 성장한 것은 분명하지만, 조선인 자본이 자체의 노력만으로 성장할 수 있었던 것은 아니다. 조선인 자본의 성장 이면에는 일제의 적극적인 지원이 있었다. 당시 대표적인 조선인 자본이던 경성방직을 보기로 들어 이 문제를 좀 더 자세히 살펴보자.

경성방직은 1919년에 처음으로 회사 문을 연 이후 여러 차례 어려운 고

비를 맞았다. 그렇지만 1930년대 들어 위기를 극복하는 데 성공했다. 그 계기는 조선총독부의 보조금과 식산은행의 융자였다. 결국 일제 식민지 지배에의 협력을 통해 위기를 이겨낼 수 있었던 셈이다. 1931년의 만주사변은 경성방직의 운명과 관련해 중요한 의미를 갖는다. 만주사변 이후 새롭게 일제의 점령지가 된 만주에서 새로운 시장을 개척할 수 있을 것이라는 기대가 생겼기 때문이다. 경성방직과 불가분의 관계에 있던 『동아일보』를 중심으로 조선의 자본이 만주로 진출해야 한다는 선전이 활발해진 것도 바로 이때부터였다. 이를 당시 '만주 붐'이라고 불렀다.

경성방직의 사주인 김연수도 1932년에 직접 만주를 시찰함으로써 만주 붐에 적극 편승하려는 모습을 보였다. 실제로 만주사변 이후 만주로의 수출이 늘어남으로써 경성방직의 매출은 급신장했고, 이것이 경성방직의 운영에 활로를 열었다. 여기에 1937년의 중일전쟁은 그 이상의 호재가 되었다. 당시 경성방직의 자료를 직접 인용하면 "지나사변(중일전쟁 – 인용자)에 의한 전시경제의 덕분으로 예상외의 업적을 올리게 되었음은 참으로 다행이었다"라고 기록되었을 정도였다. 일제의 침략전쟁이 경성방직의 '즐거운 비명'으로 직결되는 상황이었으니, 김연수나 경성방직으로서는 굳이 일제의 침략전쟁을 반대할 이유가 없었다. 아니 오히려 적극 지지했다. 김연수가 일본 군대를 위한 국방헌금을 헌납하고 만주국 명예총영사나 중추원 참의 같은 각종 공직에 취임한 것 등이 이를 잘 보여준다.

경성방직은 만주사변 이후 만주로의 수출 확대를 통해 막대한 이익을 올릴 수 있었다. 그런데 1937년 말부터 일본 정부와 조선총독부에 의해 엔円 블록 내부의 경제통제가 강화되기 시작했다. 무역통제가 시작된 것이다. 그전에는 조선에서 만주로 수출하는 것이 자유로웠는데 조선총독부가 이를 통제하기 시작하면서 경성방직의 만주 수출은 큰 타격을 입었다. 만주 시장을 상실할 가능성이 커진 상황에서 김연수와 경성방직은 위기 해결을 위해 만주에서의 직접 생산이라는 방법을 선택했다. 그 결과가 1939년의 남만방적 설립이었다.

설립 당시 남만방적의 자본금은 1,000만 원이었다. 이는 당시 경성방직의 자본금 규모(280만 원)를 훨씬 웃도는 수준이었다. 김연수로서는 모기업인 경성방직보다 더 큰 회사를 만주에 설립한다는 승부수를 띄운 셈이었다. 만주국 정부와 조선총독부의 협력 없이 자본을 만주로 이출해 대규모 회사를 세우기란 불가능했다. 경성방직이 남만방적을 설립할 무렵, 조선에서 만주로 자본을 이출하는 것은 쉬운 일이 아니었다. 1937년경부터 조선 안의 자본이 조선 밖으로 사업설비자금으로 이출될 때는 조선총독부의 승인을 받아야 했기 때문이다. 그런데도 1939년에 경성방직의 출자에 의해 남만방적이 설립되었다는 것은, 경성방직 곧 김연수가 조선총독부를 상대로 자본이출을 허가받는 데 성공했음을 의미한다. 이는 이 무렵 김연수가 만주국 명예총영사가 된 사실과 결코 무관하지 않을 것이다.

실제로 남만방적이 설립되는 데는 만주국 정부와 조선총독부의 지원이 크게 작용했다. 대표적인 보기로, 당시 전쟁을 치르던 일본이 중요 물자에 대한 통제 정책을 실시하고 있었음에도 남만방적공장을 건설하는 데 필요한 철강재와 시멘트를 최우선으로 배당했다는 사실을 들 수 있다. 심지어 동만철도에 배당하기로 되어 있던 철강재를 남만방적에 재할당할 정도였다. 그리고 남만방적의 자본금 불입은 1940년부터 시작되었는데,

첫 해 불입금 500만 원 가운데 280만 원이 식산은행으로부터의 차입금이었고, 1942년의 두 번째 불입금 500만 원 가운데 250만 원이 역시 식산은행으로부터의 차입금이었다. 조선총독부는 전시경제의 어려움 속에서도 경성방직에 530만 원이라는 거액의 자금을 빌려준 것이다. 더욱이 김연수가 만주국 정부나 조선총독부로부터 빌린 자금은 이보다 훨씬 더 큰 규모로, 무려 4,200만 원에 이르렀다. 이는 김연수의 지위와 능력에 대한 일제의 호의적 판단 없이는 불가능한 일이었다.

## 식민지 공업화와 노동자계급의 상태

1910년대에 일제가 시행한 토지조사사업으로 땅을 빼앗기고 농촌을 떠나 도시로 몰려드는 사람이 늘어났다. 그러나 이들을 모두 고용할 정도로 공업이 발달하지 못했기 때문에, 초기 노동자 가운데는 토목공사장 등에서 일하는 날품팔이 노동자가 많았다. 또 1920년대 섬유, 고무신 등의 경공업 부문을 중심으로 공장노동자가 늘었지만, 전체 노동자 가운데 공장노동자가 차지하는 비중은 아직 낮았다. 그렇기는 해도 이 무렵부터 차츰 근대적인 모습을 지닌 노동자가 출현하고 노동자로서의 의식을 갖기 시작했다는 사실은 중요한 의미를 갖는다. 식민지 공업화 정책이 본격화되면서 노동자 수도 크게 늘어났다. 전체 노동자 수에서 공장노동자가 차지하는 비율은 1920년대에 5~8%에 지나지 않았지만, 1930년대 전반기에는 40~50%가 되었다. 이 시기에는 예전에 비해 중화학공장에서 일하는 노동자 비율도 높아졌다.

그렇지만 노동자 구성의 내용을 들여다보면 여성 노동과 유년 노동이 차지하는 비중이 높았다. 지역과 시기에 따라 다소 차이가 나기는 하지만, 여성 노동과 유년 노동은 전체 노동자 가운데 30~50% 정도의 비중을 차지했다. 이들은 단순 육체노동에 종사하면서 기본 생계조차 보장되지 않는 낮은 임금을 감수했다. 식민지 현실에서 조선인 성인 남자 노동자는 가족을 부양할 생계비는커녕 본인 자신의 노동력 재생산마저 도모하기 힘든 경우가 많았다. 따라서 그 가족은 구성원 모두가 임노동을 함으로써 생계비를 해결해야만 했다. 특히 여성 노동자의 임금은 가계를 유지하는 데 필수적이었다.

회사령 철폐를 계기로 일본 독점자본이 주로 경공업 분야로 진출하면서 유년 노동자가 점차 늘어났다. 1920년대만 해도 유년 노동자의 숫자는 대체로 5,000명 안팎이었으며 방직, 식료품공업에 집중되어 있었다. 그러나 공장노동자 가운데 유년 노동자 비율은 1931~1943년 사이에 7.5배 정도 증가했다. 이는 전체 공장노동자 증가비율보다 높은 것이었다. 전체 노동자 가운데 유년 노동자 비율은 1931년 8.2%에서 1942년 16.4%, 1943년 15.8%로 계속 늘어났다.

유년 노동을 선호하는 성향은 1920년대 말부터 시작된 세계대공황에 대한 대응책의 일환으로 두드러지기 시작했다. 특히 1930년대 일본 독점자본의 조선 진출이 강화되고 군수공업화 정책을 배경으로 기계제 대공업이 이식되면서 노동 과정 자체가 미숙련 유년 노동자 및 여성 노동자도 감당할 수 있는 것으로 바뀌었고, 이것이 유년 노동자 급증의 배경이 되었다. 1930년대 말 이후 전시체제로의 이행과 아울러 여성과 유년 노동자는 다시 증가했다. 이는 일제의 노동 정책과 밀접한 관련이 있었다. 1938

년 이후 생산력 확충과 군수공업의 강화를 배경으로 전개된 일제의 전시 노동력 동원 정책은 유년 노동자에 의존할 수밖에 없었다. 일제는 군수공업에 12~16세 미만 유년 노동자를 포함한 청소년을 강제로 동원하고, 전쟁 수행에 중요하지 않은 다른 산업 부문에 이들이 고용되는 것을 억제했다. 전쟁의 패배가 가시화되고 있던 1943년 후반 이후에는 노동력 동원이 더 강화되었다. 직업소개소나 강제동원을 통해 소년공이니 견습공이니 하는 이름으로 유년 노동자를 주요 군수공장의 노동력으로 공급했다.

그런데 유년 노동자 가운데서도 더 큰 비중을 차지한 것은 여성이었다. 점차 남성 유년 노동자의 비율이 높아지기는 했지만 초기에는 여성이 유년 노동자의 대부분을 차지했다. 따라서 유년 노동 문제는 사실상 여성 노동 문제와 겹쳤다.

1920년대부터 일본 독점자본이 제사 및 방직업 등에 진출하면서 여성 노동자가 크게 늘어나기 시작했다. 1930년대 전반기에는 일본 독점자본에 의한 대규모 방직회사의 진출이 더 가속화되었고, 그 결과 전체 노동력 구성에서 여성 노동력이 차지하는 비중은 대체로 30% 남짓까지 올라갔다. 여성 노동자가 집중적으로 진출한 부문이 방직공업이었기 때문이다. 방직공업에서 여성 노동자의 비율은 80%를 상회했다. 일제강점 말기에는 방직공업에서의 비율이 하락한 반면 화학, 식료품공업에서의 비중이 커졌다. 심지어 일제강점 말기에는 중공업, 광산업 부문까지 여성 노동의 분야가 확대되었다. 이제 여성 노동력이 본격적으로 남성 노동력을 대체하는 상황이 된 것이다.

조선인 여성 노동자는 식민지 공업화가 진행되는 상황에서 가장 중요

일제강점기 제사공장에서 일하는 여성 노동자들

한 노동착취의 대상이었다. 이는 농촌으로 돌아가도 달리 생계를 마련할 길이 없던 여성 노동자의 약점이 자본(주로 일본 자본)에 의해 악용되고 있었음을 보여준다. 근대적 공장공업이 일정하게 성장하면서 적지 않은 조선인 여성이 공장노동자가 되었다. 여성 노동자는 저임금과 열악한 노동조건에서도 일할 수 있는 존재로 인식되었기 때문에 남성 노동에 대한 대안의 의미를 갖고 있었다. 공업화가 진행됨에 따라 조선인 여성 노동자는 수적으로나 전체 공장노동자 가운데 차지하는 비율에서나 꾸준하게 늘어났지만 늘 억압과 차별의 대상이 되었다.

물론 조선인 노동자의 노동조건은 남녀를 막론하고 열악하기 짝이 없었다. 공장은 늘어가고 노동자 수도 많아졌지만, 노동자들은 말할 수 없이 혹독한 조건에서 온갖 차별을 받으며 일했다. 낮은 임금, 장시간 노동, 나쁜 작업환경이 이 시기 노동자들의 기본적인 노동조건이었다. 일제와 자본은 조선인 노동자에게 낮은 임금을 주고 마구 일을 시켜도 괜찮다고 여겼다. 심지어 일본인 어용학자들은 조선인 노동자가 게으르고 책임감이 없는 데다 이곳저곳 직장을 옮겨 다니는 등 나쁜 습성을 갖고 있으므로 임금을 낮게 줘야 한다고 주장했다. 조선인 노동자들은 간편한 생활에 익숙하기 때문에 낮은 임금으로도 잘살 수 있다는 주장도 나왔다. 이는 물론 조선인 노동자에 대한 차별을 정당화하기 위한 억지 주장이었다.

조선인 노동자는 일본 노동자보다 1.2배 내지 1.5배 더 긴 시간 일하면서 임금은 절반도 받지 못했다. 여성 노동자 임금은 남성 노동자의 절반에 그쳤다. 일본인 성인 남성 노동자는 조선인 미성년 여성 노동자에 비해 4배 이상의 임금을 받고 있었던 셈이다. 남녀를 불문하고 조선인 노동자는 임금 수준에서 일본인 노동자에 비해 극심한 차별을 받았다. 일제도 인정한 것처럼 조선인 노동자의 임금 수준은 일본인 임금의 1/3 내지는 1/2 수준에 불과했다.

노동시간의 차이를 감안할 때 민족별 차이는 더욱 커진다. 특히 여성 노동자의 경우 훨씬 장시간 노동을 하면서도 저임금에 시달렸다.

감독, 십장 등 중간관리자의 착취에 벌금과 강제저축 따위가 덧붙여지면 노동자의 실질임금은 더 줄어들었다. "임금보다 벌금이 더 많아 그 다음 날 임금에서 깎아야" 하는 일도 적지 않았다. 노동자들은 체벌 등 인간답지 못한 대우까지 감수해야 했다. 일제는 벌금과 폭행 등의 방법으로 노동자에게 규율을 지키라고 다그쳤다.

1930년대 중화학공장이 늘어나면서 산업재해와 질병도 늘어났다. 보기를 들어, 흥남질소비료공장에서 과로와 위생시설 미비로 병에 걸린 노동자가 8,100명이었고, 1년 사이에 사상자 수가 1,300명에 이르렀다는 자료가 있을 정도이다. 다른 지역이나 업종에서도 비슷한 현상이 나타났다. 1938년 섬유공업 부문에서 재해로 사망한 노동자는 576명에 달했으며, 1940년 남부 지방의 공장을 조사한 결과 1년 동안 병에 걸린 노동자의 비율이 80%에 이르렀다.

공장에는 의료시설이 전혀 없었기 때문에 대부분의 조선인 노동자가 재해와 질병의 위험에 노출되어 있었다. 자본가들이 이윤만을 목표로 삼으면서 노동자의 건강을 챙기는 일에는 소홀했기 때문에, 많은 노동자들이 "폐가 문드러지고 막 썩어 들어가는 느낌이 드는 작업환경 속에서 뼈가 삭는 노동"을 해야 했다. 유년 노동자와 미숙련 견습공은 산업재해 발생율이 더욱 높을 수밖에 없었다. 만약 공장에서 사고라도 일어나면 자본측은 가족에게 알리지도 않고 시신을 개나 고양이 시체처럼 처리해버리기도 했다. 어린 여성 노동자들은 기숙사에 수용되어 사감의 철저한 감시 아래 마음대로 외출할 수도 없었다. 공장의 높은 담은 감옥의 담과 다를 바가 없었다.

이 시기 조선인 노동자의 삶이 어떠했는지를 보여주는 일화가 있다. 1930년대 중반 식민지 조선의 치안을 책임지고 있던 조선총독부 경무국장이 서울의 공장지대를 돌아보고 난 뒤 공장주들에게 다음과 같이 경고했다고 한다. "일반 임금이 싸고 승급이 늦다. 퇴직·사망의 경우에 수당이 없다. 상해 또는 재해의 경우에 대한 보상방법이 충분하지 못하다. 유년공·여공의 근로시간이 너무 길다. 공휴일의 임금을 지급하지 않는다. 작업시간에 비해 휴게시간이 적다. (…) 직공에 대한 위로설비가 없다. (…) 직공 수에 대하여 변소 수가 적다. 공장 욕장浴場설비가 없다. 협애한 기숙사에 다수를 수용하는 것은 위생상 좋지 못하다." 일본인 고위관료가 보기에도 공장의 노동조건은 열악하기 짝이 없었으며 그곳에서 일하는 노동자들은 저임금을 받으면서 인간 이하의 취급을 당하고 있었던 것이다. 물론 여기 해당하는 것은 전체 노동자가 아니라 주로 조선인 노동자들이었다.

전시체제기에 일제는 생산현장을 군사화해 노동 능률을 최대한 높이려고 했다. 생산현장에서의 병영적 노동통제 방식은 근대적 공장공업이 발흥하기 시작한 1920년대부터 이미 일부 방직공장 등에서 행해진 바가 있었다. 그렇지만 1940년대 초부터는 군대식 노동규율이 모든 산업 부문에 관철되었다.

일제는 공장제도를 통해 근대적 노동규율과 합리적 규칙의 체계를 적용하는 대신에 욕설과 구타, 학대라는 가장 야만적이고 비인간적인 방식으로 노동자를 통제하려고 했다. 노동자에 대한 비인간적 혹사는 공장생활의 일상이었다. 전시체제기에 일제가 실시한 파시즘적 노동력 관리체계는 유례를 찾아볼 수 없을 정도로 폭력적이었다. 특히 강제동원된 노동자의 경우, 사업주나 중간감독에게 맞아 죽는 일도 빈번했다. 그런 의미에서 전시체제하의 공장은 단순한 작업현장이 아니라 '병영'이고 '감옥'이고 '지옥'이었다. 노동자도 그냥 노동자가 아니라 '산업전사'였다.

그렇다면 이토록 열악한 노동조건에 대해 노동자들은 어떻게 대응했을까? 일제강점 이후 식민지 농업 정책이 강행되는 가운데, 농촌에서 쫓겨난 농민들은 도시로 떠밀려 이주하게 되었다. 도시에서 이주농민들을 기다린 것은 지금까지와는 전혀 다른 '근대'라는 낯선 환경이었다. 그것도 전형적인 서구의 근대가 아니라 일본을 거치면서 한 차례 변형된 식민지적 근대였다.

도시는 전통적인 상호부조의 도덕이 존재하는 농촌과는 전혀 다른 공간이었다. 새로 도시로 몰려든 몰락농민들은 도시에서 생계를 유지하기 위해 자신의 노동을 팔아야만 했다. 그런 가운데 노동자계급이 형성되기 시작했고, 아울러 임금노동자의 조직이 생겨났다. 일자리 자체가 제한되었기 때문에 노동자들은 서로 경쟁하는 존재였지만, 동시에 그 경쟁 때문에 연대와 단결의 필요성을 더 절실하게 느낄 수밖에 없었다.

초기의 노동자조직은 주로 노동 알선이나 소개 등을 위주로 하는 노무

공급기구의 성격을 갖고 있었다. 그러나 1919년 3·1운동 당시 서울 등의 대도시에서 노동자들이 파업과 만세시위에 적극적으로 나선 데서도 알 수 있듯이, 1910년대 후반이 되면 비록 원초적인 형태이기는 하지만 노동자들이 의식적으로 깨어나 단결과 연대를 모색하는 모습이 나타났다.

1920년대에 들어서는 노동자의 수가 한층 늘어나면서 전국적인 노동자 단체를 표방하는 '조선노동공제회'가 출범했다. 또한 전국 각지에서 노동회, 노우회, 노동친목회, 노동조합, 노동계 등 다양한 이름을 내건 노동단체가 활발하게 조직되었다. 1920년에는 30여 개에 지나지 않던 노동조합 수가 1930년에는 560여 개로 급증했다. 이제 웬만한 도시와 공장에는 노동조합이 조직되는 것이 일반화되었다. 1927년과 1929년에 함경남도 영흥과 원산에서 지역 노동자들이 모두 나선 총파업이 일어나고, 이 지역 총파업에 전국의 노동자들이 성원을 보낸 데서도 알 수 있듯이, 노동자들이 일제와 자본에 맞서 지역을 초월해 서로 힘을 합하는 모습도 자주 나타났다.

노동조합을 만드는 과정에서는 처음엔 중앙의 선진적 지식인이나 사회주의운동가가 중요한 역할을 했다. 그러나 시간이 지나면서 지역의 진보적 지식인과 청년 노동자가 노동조합의 주체가 되는 현상이 두드러졌다.

노동조합이 처음 나타났을 때는 주로 노동자의 단결과 상호부조, 품성의 향상과 지식 계발을 표방하는 경우가 많았다. 그러나 1920년대 중반 무렵부터 노동운동 내에 사회주의가 널리 퍼지면서, 노동자들은 이전의 추상적인 구호와 함께 노동자계급이 주인이 되는 '신사회 건설', 계급의식의 고양을 위한 의식적 훈련 등을 새로이 내세우기 시작했다.

이제 노동자계급이야말로 민족해방과 계급해방의 주체라는 인식이 확산되었다. 그리고 노동조합은 노동자들을 진정한 주체로 만들기 위해 다양한 문화 활동을 벌였다. 일제강점기에 노동조합이 벌인 문화 활동은 한편으로는 노동자들의 의식을 고조시키기 위한 것이었고, 다른 한편으로는 문화로부터 배제된 노동자들에게 유용한 놀이와 오락의 장을 마련하기 위한 것이었다.

문화 활동 가운데 가장 일반적인 것은 강연회, 강좌, 연설회, 토론회 등이었다. 이런 행사들은 노동자들에게 새로운 근대지식을 보급하는 한편 노동자들의 민족의식과 계급의식을 고취시켰다. 아울러 노동조합의 정기대회나 창립기념식 등에서는 노래와 춤, 연극, 장기자랑 등의 다양한 내용으로 채워지는 '위안회'가 열렸다. 아예 위안회를 겸해 원족회, 야유회, 운동회 등의 행사를 갖는 경우도 많았다. 노동조합은 노동자들에 대한 교양과 계몽이라는 목적 이외에도 노동조합 기금을 마련하기 위해 별도로 연극 공연을 갖곤 했다. 연극의 주제는 사회 문제와 관련된 것이 많았다.


## 식민지 도시화와 도시 주민의 삶

### 식민지 도시화와 도시 인구의 변동

흔히 공업화는 도시화를 수반한다고 한다. 서구의 경우 분명히 공업화와 더불어 도시화 현상이 나타났다. 그러나 식민지에서는 서구와는 다른 형태로 도시화가 이루어지는 것이 일반적이다. 왜냐하면 제국주의의 속성 때문에 식민지에서는 정상적인 형태로 공업화가 진행되지 않기 때문이다. 일제강점기의 도시화 현상도 마찬가지였다. 그것은 조선 후기 이래의 도시발달을 왜곡하는 한편, 일본 제국주의의 정치적·군사적·경제적 필요에 따라 도시체계 자체를 전면 재편하는 방향으로 이루어졌다.

조선 후기 도시는 이전의 행정·군사의 중심에서 상업·유통의 중심으로 변모하고 있었다. 그에 따라 농업생산 중심의 농촌과 상공업 중심의 도시라는 공간적 분업구조가 어느 정도 나타났다.

그렇지만 일제강점은 새로운 도시화 현상을 야기했다. 먼저 도시의 성격 자체가 크게 바뀌었다. 국망 이후 '대한제국'의 명칭이 '조선'으로 격하되고 대한제국의 수도인 '한성부'가 경기도에 속한 한 지방으로서의 '경성부'로 이름이 바뀐 것처럼, 전통적인 도시체계에 큰 변화가 일어났다. 일제강점기의 도시는 어디까지나 일본 제국주의의 식민지 지배 정책에 따라 부침을 겪었다. 서울은 물론 전국의 주요 도시에서, 어떤 기능을 중심으로 도시계획을 짜고 도로·주택·공장 등을 어떻게 배치할 것인가 하는 문제는 전적으로 식민지 지배와 경제수탈의 효율성을 고려하는 방향에서 정해졌다.

일제는 도시를 침략의 전초기지로 규정했다. 그에 따라 조선총독부가 자리 잡은 서울이나 일본인이 많이 거주하는 대구 같은 일부 도시를 제외하고는 거의 대부분의 전통도시가 주변화되었다. 보기를 들어, 부산·목포·군산·대전·이리(지금의 익산) 등이 새로운 도시로 부상한 반면에 동래·공주·강경 등은 쇠퇴했다. 새롭게 부상한 도시는 일제의 침략과 직접 연결된 곳이었다. 부산·목포·군산이 오늘날과 같은 도시로 바뀌게 된 결정적인 계기는 19세기 말 일제의 요구에 의해 이루어진 '개항'이었다. 내륙의 대전은 '한밭'이라는 원래 이름에서 알 수 있듯이 넓은 들판에 지나지 않았지만, 경부선 역이 들어서면서 도시로 개발되기 시작했다. 이리도 마찬가지였다. 호남선의 역이 들어서고, 나중에는 전라선의 시발지가 되면서 이리는 군산, 전주와 함께 전라북도의 대표도시 자리를 놓고 경쟁할 정도의 도시가 되었다.

부산도 목포도 군산도 대전도 이리도 모두 일제의 힘이 커짐에 따라 일본인이 거주하는 지역을 중심으로 점차 그 공간을 확대했다. 새 도시의 주인은 일본인이었다. 이들 도시에서는 일제강점기 내내 일본인이 실질적으로 주인 노릇을 했다.

일제강점기 도시화의 가장 중요한 특징은 조선 사회의 내재적 발전이나 요구에 따라 이루어진 것이 아니라는 것이다. 도시화를 결정한 것은 일제의 요구와 필요였다. 일제는 일본과의 연결고리, 식민지 지배와 수탈의 기지로 새로운 도시체계를 만들려고 했다. 그 목적에 따라 1914년 4월부터 새로 부제와 면제가 도입되었다. 새로운 지방행정제도에 따라 전국이 13도, 12부(경기도의 경성, 인천, 경상남도의 부산, 마산, 경상북도의 대구, 전라남도의 목포, 전라북도의 군산, 평안남도의 평양, 진남포, 평안북도의 신의주, 함경남도의 원산, 함경북도의 청진), 220군, 2,522면으로 재편되었다. 일제는 1917년에는 지정면제도를 도입해 인구가 많고 상공업이 어느 정도 발달해 도시의 성격을 갖춘 경기도 개성, 수원, 영등포, 충청북도 청주, 충청남도 공주, 강경, 대전, 조치원, 전라북도 전주, 익산, 전라남도 광주, 경상북도 김천, 포항, 경상남도 진주, 진해, 통영, 강원도 춘천, 황해도 해주, 평안남도 겸이포,

평안북도 의주, 함경남도 함흥, 함경북도 성진, 회령의 24개 면을 '지정면'으로 정했다. 신설된 지정면 가운데는 청주, 공주, 광주 등의 도청소재지와 진해, 회령 등의 군사도시, 그리고 포항, 충무 등의 항구도시가 포함되었다. 물론 새로 지정면이 된 도시도 부와 마찬가지로 일본인이 많이 거주하는 곳이었다. 애초에 일제는 전국의 수많은 지역 가운데 12개의 부와 24개의 지정면에 대해서만 공식적으로 '시가지'라는 명칭을 부여함으로써 도시로 인정했다.

물론 일제는 지정면보다 부를 더 중시했다. 그런데 일제에 의해 도시로 공인된 12개의 부는 모두 개항 이후부터 국망 이전까지 한반도에 진출한 일본인들이 집단적으로 거주하던 지역이었다. 전통도시 가운데 경성, 평양, 대구만이 부로 지명되었을 뿐이고 개성, 수원, 공주, 전주, 진주, 해주, 의주, 함흥 등은 지정면이라는 이름 아래 행정적 지위가 강등되었다. 경기도의 안성, 경상북도의 안동, 경주, 경상남도의 밀양, 동래, 함경남도의 북청 등은 아예 지정면에서도 배제되었다. 한반도 내륙에 위치한 전통도시는 조선의 식민지 지배와 관련해 부 또는 지정면으로 개편되거나 아예 배제된 것이다. 군산에 인접한 충청남도 강경의 경우, 일제강점 이전까지만 해도 일대에서 가장 중요한 상업도시였지만 일본인의 도시 군산이 출현한 뒤로는 쇠락의 길로 접어들었고, 급기야는 군산이 부로 지정되면서 군산의 영향 아래 놓인 배후 지역이 되었다.

경성, 평양, 대구를 제외한 나머지 부는 대부분 개항 이후 일제가 한반도를 침략하는 데 전초기지 역할을 한 항만도시였다. 부로 지정된 군산이나 청진보다 인구가 더 많던 개성(당시 인구 순위로는 5위), 함흥, 전주 등이

부 지정에서 배제된 것이나, 지정면을 지정할 때 현지에 거주하는 전체 인구를 기준으로 하지 않고 일본인 인구를 기준으로 삼은 것(일본인 거주자가 250명 이상이거나 조선인에 대한 일본인의 비율인 30% 이상인 경우)이야말로 당시 새로운 도시체계의 성격을 그대로 보여준다. 일제 침략의 전진기지로서 일본인이 많이 거주하던 곳이 도시로 지정된 것을 보면, 도시화의 식민지적 성격이 단적으로 드러난다.

결과적으로 조선인의 생활과 밀접한 관련이 있던 전통적 도시체계는 와해되었다. 그 자리를 대신한 것은 일제가 수탈을 위해 설치한 경부선, 경의선, 경원선, 호남선 등의 철도를 따라 형성된 새로운 도시체계였다. 1930년 이후에도 새롭게 여러 도시가 부로 승격되었는데, 개성·함흥 등 조선시대 이래의 전통도시도 포함되었지만 대전·나진·성진 등 교통의 요충지로 새로 발전한 곳이나 전쟁 준비를 위해 건설된 곳이 더 많았다.

그렇다면 일제강점기에 도시가 차지하는 위상은 어느 정도였을까? 이와 관련해 전체 인구 중 도시 인구가 차지하는 비율이 비교적 낮았다는 점을 주목할 필요가 있다. 그나마 도시 인구 가운데서도 일본인의 비중이 높았다. 실제로 지방행정구역 개편에 따라 부나 지정면으로 지정된 도시 가운데 경성, 대구, 평양 등만 조선시대부터 발전한 전통도시였고, 나머지 대부분의 도시는 일본인 거류지를 중심으로 급속하게 도시화가 진행된 곳이었다. 상대적으로 조선인 중심으로 도시화가 진행되던 전통도시가 새롭게 부로 지정된 것은 1930년대 이후였다. 이 시기에 일제는 이른바 지방 유지들을 적극적으로 포섭하기 위해 부분적인 참정권 허용이라는 미명 아래 '지방자치제도'를 확대하는 한편, 개성·함흥·전주·광주·해주·진주 등 상당수의 전통도시를 차례로 부로 지정했다. 여기서 한 가지 간과하지 말아야 할 것은, 도시에 거주하는 조선인 가운데 상당수가 산미증식계획 같은 일제의 농업 정책과 1920년대 말의 농업공황에 의해 몰락한 뒤 어쩔 수 없이 도시로 이주한 이른바 '토막민', 곧 도시 빈민이었다는 사실이다. 조선인의 이동과 관련해 도시화의 요인으로 산업화라는 흡입요인보다 농민의 몰락이라는 배출요인이 크게 작용했다는 것은, 조선 후기 이래의 전통적이고 자생적인 도시화가 일제의 식민지 지배 정책에 의해 왜곡되었음을 보여준다.

일제강점기 도시는 대부분 일본인이 많이 거주하는 곳이었다. 1920년부터 1930년 사이의 부 지역 인구증가율은 1921~1925년의 5년간 46.5%, 1926~1930년의 5년간은 28.5%였다. 10년 동안 인구증가율이 가장 높은 곳은 신의주(248.6%), 청진(239.0%) 등으로 모두 전통도시가 아니라 식민지 수탈의 거점도시였다. 시기는 다르지만 부 가운데서도 일본인 비율이 가장 높던 대전의 경우 1925~1935년의 10년 동안 353%의 인구증가율을 기록했다. 반면에 서울을 비롯한 전통도시의 인구성장은 상대적으로 미미했다. 심지어 국망 이후 정치적 상황의 변화에 따라 서울에서는 인구가 줄어드는 시기도 있었다. 뒤에 인구가 늘어나기는 했지만 기껏해야 30% 정도였다. 1930년대 중반 이후 딱 한 차례 서울의 인구가 폭발적으로 증가했는데, 이는 서울이 인근 지역을 새로 편입하면서 나타난 현상이었지 자연증가는 아니었다.

1930년 현재 14개 부의 일본인 거주자는 268,380명으로 조선에 거주하는 전체 일본인의 50.8%에 해당했다. 일본인은 주로 주거환경이 좋고 땅

값이 비싼 도심 지역에 살았다. 부산 시내 대지의 90% 이상이 일본인 소유였다고 한다. 그에 비해 대부분의 조선인, 특히 농촌에서 새로 도시로 몰려든 이농민은 주거환경이 열악한 변두리 지역에 거주했다. 심지어 움막이나 토막집에 사는 경우도 많았다. 서울의 경우 이태원, 상왕십리, 돈암리, 북아현리, 홍제내 등이 대표적인 이농민 거주 지역이었다.

## 식민지 도시의 경관

일제강점기 도시에서 일어난 일련의 변화는 '식민지 도시화'로 정리될 수 있다. 그런 가운데 도시는 겉으로 볼 때는 자본주의적 문화, 상업, 금융, 교육 등을 두루 갖춘 복합도시의 성격을 띠기 시작했다. 전반적으로 도시 인구도 크게 늘어났다. 물론 전체 도시 인구가 농촌 인구를 뛰어넘을 정도는 아니었지만, 도시화 과정은 분명 거스를 수 없는 흐름이 되었다.

일제는 도시에 새로 관공서 건물을 세우면서 식민지의 모습이 드러나도록 했다. 식민지 지배를 위한 건물들은 겉모습부터 달랐다. 보기를 들어, 1925년 구 경복궁 자리에 세워진 조선총독부 신청사는 콘크리트 석조건물로 위압적인 모습을 지녔다. 조선 민중 위에 군림하는 분위기는 총독부 청사 외에 부 청사, 경찰서, 법원, 금융기관 등에도 그대로 나타났다. 서울뿐만 아니라 다른 지방도시도 기본적으로 같은 양상이었다. 새로운 관공서는 모두 근대적인 석조건물이었다. 특히 행정기관, 경찰서, 금융기관이 그러했다. 이는 조선인에게 제국의 힘을 각인시키는 시각적 장치의 역할을 했다.

식민지 지배를 위한 공간구성에는 건물의 겉모양뿐만 아니라 주변환경도 중요한 부분을 차지했다. 보기를 들어, 조선총독부 청사는 일부러 조선의 왕궁이던 경복궁 정문에 해당하는 광화문을 옮긴 자리에 세웠고, 옥좌가 있던 근정전과 시가지 사이를 가로막아 나라가 망한 모습을 조선 민중에게 분명히 보여주려고 했다. 경성부 청사와 조선은행 앞에 분수를 만든 것도 그렇다. 분수는 고대 로마제국 이래 전통적으로 식민지 지배의 상징으로 널리 쓰여왔다. 분수야말로 제국의 힘을 자랑하는 가장 분명한 공간장치였다. 일제는 경성부 청사와 조선은행 앞에 분수를 만들어 식민지 주민들에게 일상적으로 제국의 존재를 각인시키려 했다.

그런가 하면 1920년대부터는 식민지 자본주의의 변모에 걸맞는 도시적 풍경도 등장했다. 서울 등 일부 도시에 들어서기 시작한 백화점이 대표적인 보기이다. 백화점에서는 양복, 넥타이, 음료수, 안경, 전축, 원피스, 옷장, 모자, 양산, 핸드백 같은 근대적인 상품이 팔렸다. 1920년대에 일본에서는 이미 독점자본주의가 진전되고 있었고, 그 영향 아래 식민지 조선에서도 자본주의화 과정이 일정 부분 나타났다. 국내 공장에서 생산된 상품도 늘어났고 일본으로부터의 수입품도 늘어났다. 그에 따라 도시의 상업도 자본주의 판매에 부합하는 모습으로 바뀌었는데, 그 과정에서 나타난 것이 백화점이었다. 일제강점기의 백화점 중에서 대표적인 것이 경성에 세워진 히라타平田백화점, 조지야丁字屋백화점(지금의 롯데영플라자 자리), 미나카이三中井백화점(지금의 신세계백화점 자리) 등이었다. 이들은 모두 1920년대 중반부터 1930년대 중반 사이에 세워졌다. 도시의 자본주의적 소비를 주도한 것은 처음에는 일본인이었지만 조선인들도 점차 그 영향을 받게 되었다.

백화점 사업을 주도한 것은 일본 자본이었다. 그렇지만 조선인은 조선인이 소유한 백화점을 이용해야 한다는 민족감정을 내세우면서 화신백화점이 등장해 일본 자본과 경쟁을 벌이기 시작했다. 서울의 일본 백화점이 모두 일본인 거주 지역에 세워진 반면, 화신백화점은 조선인의 전통적인 상업 지역인 종로에 문을 열었다. 화신백화점은 평양과 진남포에도 지점을 두었으며 모두 350개의 연쇄점을 산하에 두고 있었다. 서울의 화신백화점은 나중에 엘리베이터와 에스컬레이터까지 갖출 정도로 크게 성장했다. 물론 '민족백화점'이라는 화신백화점의 선전은 구호에 그쳤을 뿐, 실제 사업방식이나 일제와의 관계에서는 일본 자본과의 차별성이 나타나지 않았다.

쇼윈도와 진열판매로 상징되는 백화점의 운용방식은 식민지 도시에서 이미 소비자본주의가 시작되었음을 알리는 것이었다. 그리고 소비자본주의의 주체는 일본인만이 아니었다. 화신백화점이 민족성을 선전한 데서도 알 수 있듯이, 일부 조선인 중상층도 소비자본주의의 중요한 주체였다.

도시적 풍경의 변화에는 상류층 주거형태의 변화도 포함되었다. 도시의 상류층은 가난한 사람들과는 다른 지역에 다른 형태의 집을 짓고 살았다. 이른바 '문화주택'이 그것이다. 문화주택이라는 이름은 일본에서 들어온 것이었다. 일본에서는 전통주택과는 다르게 서양색이 섞인 단독주택을 문화주택이라고 불렀다. 문화주택이란 말에는 서양식 생활에 대한 일본인들의 동경이 강하게 담겨 있었다. 일본의 영향을 받아 1920년대 초반부터 식민지 조선에서도 근대적인 설비를 갖춘 서구식 주택을 문화주택이라고 불렀다. 도시에 거주하던 일본인들, 특히 관리, 자본가, 지주는 새로 집을 지을 때 일본의 문화주택 양식을 그대로 도입했다. 문화주택은 경제력이 뒷받침되던 조선인 상류층도 애용하고 있었다.

이 무렵 상류층에서 유행하던 문화생활이란, 식민지 지배자인 일본인들이 동경하던 서양식 생활을 의미했다. 그런 생활을 하려면 그들의 주거양식도 받아들여야 했다. 때문에 돈 있는 건축주와 서양 지향적인 건축가가 결합해 상류층 거주 지역에 부와 지식을 최대한 과시하는 문화주택을 만든 것이다. 문화주택에 사는 이들의 생활양식은 전통주택에 사는 사람들과 확연하게 달랐다. 사랑방은 홀로 바뀌었고, 온돌식 침실도 침대가 있는 침실로 바뀌었다. 문화주택에서는 변소, 욕실, 세면실을 따로 두기도 했다. 변소는 대변기와 소변기를 분리했고 대부분 수세식이었다.

한편 4대문 밖 보문동, 돈암동, 안암동, 신설동 등에는 새 도시가 개발되면서 개량한옥 또는 도시형 한옥이 들어섰다. 도시형 한옥은 경기 지방의 전통적인 중상류 주택을 본떠 상품가치를 높이려 했다. 양반집을 부러워하던 서민의 의식과 기호에 맞추기 위해 공간구성이나 성격, 그리고 집 모양은 조선시대 상류 주거에 뿌리를 두면서도 일부 근대건축 재료를 쓰고 집 짓는 방법을 달리 했다. 한마디로 서양식, 한국식, 일본식을 섞어놓은 모습이었다. 도시형 한옥에는 주로 중산층이 살았다.

이와 같이 일제강점기에는 도시 안에서 상류층과 중산층의 주거 지역과 형태가 분화되는 한편 중상층만의 도시문화가 소비자본주의와 함께 뿌리를 내리기 시작했다. 그러나 그것만이 아니었다. 빛과 그림자가 공존하듯이 식민지 도시의 화려한 불빛 아래 도시의 그늘은 어둡고 추웠다.

일제강점 초기에 도시로 몰려온 하층민들은 큰집의 행랑채에 기식하는 행랑살이를 하며 근근이 살았다. 행랑살이는 행랑을 가진 큰집의 행랑채에 하층 영세민이 집세 없이 들어가 살면서, 주인집에 일이 있을 때 무료 또는 약간의 급료와 음식을 제공받으면서 노동을 해주고, 나머지 시간에는 행상이나 품팔이를 하는 거주제도를 가리킨다. 행랑살이 식구의 가구주는 비상시적 머슴살이를 하고 주부는 거의 상시적 가정부 노릇을 했다. 이는 조선시대의 동거노비제도를 연상시킨다. 일제강점 초기 구직난과 주택난이 초래한 도시 하층민의 생활형태로 고정된 것이 행랑살이였다. 서울의 경우 한때는 조선인의 20% 정도가 행랑살이를 했다고 할 정도로, 행랑살이가 전국 각지에서 성행했다. 그러나 1920년대 중반부터 행랑살이는 현저하게 줄어들었다. 대신 성행한 것이 토막이었다.

토막은 나뭇가지, 가마니 등 갖은 재료를 사용해 지은 움막집을 가리킨다. 당시에는 땅에 구멍을 파고 멍석이나 가마니 같은 것으로 덮은 굴집인 토굴도 토막으로 통칭되었다. 토막은 주로 산비탈, 성벽, 하천 주변, 철로 주변, 다리 밑, 제방, 화장장 주변 등, 한마디로 사람이 살 수 없는 환경을 갖춘 곳에 자리를 잡았다. 이 토막에 사는 사람들을 토막민이라고 불렀다. 도시로 몰려든 농촌 출신 노동자, 빈민은 우선 교외에 새 거처를 마련했다. 여기에 도시 안에서 정상적인 주거 공간을 마련할 수 없는 빈민층이 새로운 거처를 찾아 도시 외곽 지역으로 진출했다. 곧 도시 하층민과 이농민이 도시 주변 지역에 퇴적되기 시작한 것이다.

물론 도시 빈민이 일제강점기에 새로 출현한 것은 아니었다. 조선 후기

문명과 야만의 주거 공간으로 분리된 문화주택촌과 토막촌
식민지 도시화와 함께 일본인과 조선인의 거주 공간은 철저히 분리되었다. 일본인은 '문화주택'이라
는 근대적인 시설을 갖춘 고급주택에 거주하면서 근대문명의 혜택을 독점했다. 반면 조선인은 도시
주변부에 개량한옥이나 토막을 짓고 살아야 했다. 위 사진은 1930년대 중반 삼판통(현 후암동)의 문
화주택촌 모습이고, 아래 사진은 가마니로 둘러친 토막이다. 토막은 산기슭, 다리 밑, 개울가 등에 나
뭇가지나 가마니로 둘러싸서 지은 움막집을 말한다.

부터 도시 빈민은 존재했다. 그렇지만 일제강점에 따른 농촌의 몰락은 도시 빈민층이 더 늘어나고 이들 도시 빈민층의 주거 공간이 도시의 특정 지역을 중심으로 뿌리를 내리는 데 결정적인 계기가 되었다. 서울의 경우 1920년 무렵부터 청계천 주변에 빈민촌이 형성되기 시작했다.

토막민은 결코 적은 숫자가 아니었다. 도시 주민 가운데 상당수가 토막민이었다. 1920년대부터 본격적으로 등장한 토막민으로 상징되는 도시 빈민은 이후 계속 늘어났다. 보기를 들어, 1926년 무렵 서울의 빈민은 약 4천 명 정도였지만 1930년 무렵에는 3만 명 정도로 늘어났다. 1930년대 초가 되면 세계대공황의 영향으로 농촌의 사회경제적 상황이 더욱 악화되고 도시에서의 노동상황도 악화됨에 따라 빈민이 더욱 증가했다. 1933년에는 서울의 토막민만 1만 명을 넘어섰다는 기록도 있고, 1935년 전라북도의 토막과 불량가옥은 5,320호이고 토막민과 빈민은 19,800명에 이른다는 기록도 있다. 빈민의 증가에 따라 토막도 점차 외곽 지역으로 확대되었다.

토막 밀집 지역에 거처를 마련한 도시 빈민층은 날품팔이 노동자, 잡역부, 지게꾼, 인력거꾼, 행상인, 넝마주이, 고물상, 목공, 점원, 청소부, 작부 등 대체로 불안정하고 비고정적인 직종에 종사했다. 토막민 내지 도시 빈민은 주로 무리를 지어 사람들이 많이 모이는 장소를 배회하면서 일자리를 찾았다. 이런 모습은 1920년대에 이미 도시의 일상적인 광경이 되었다. 일제는 남루한 행색의 토막민들이 집단적으로 도시의 중심지에서 일자리를 찾기 위해 배회한다는 사실 자체를 치안의 위협요소로 인식하게 되었다. 따라서 토막과 토막민의 문제는 1920년대 중반부터 첨예한 사회

문제로 부각되었다.

또 하나 빠뜨릴 수 없는 사실은 한 도시 안에서도 일본인의 공간과 조선인의 공간이 분리되고 있었다는 것이다. 일제는 식민지 조선을 더 효율적으로 지배하기 위해 상징적으로도 도시 공간을 철저하게 일본인 중심으로 재편성하려고 했다. 식민지 지배는 단지 군대와 경찰 같은 물리적 힘만으로 이루어질 수 있는 것이 아니었다. 식민지 지배의 효율성을 높이기 위해서는 거기에 앞장설 사회 세력을 배양·유지할 필요가 있었다. 때문에 일제는 인구구성상 다수를 차지하는 조선인에 대한 통치를 안정적으로 유지하기 위해, 많은 일본인을 조선에 이주시키고자 했다. 일제가 개항 이후 조선으로의 '식민'을 적극 모색한 이유도 바로 여기에 있었다. 그런 양상은 국망 이후 더욱 심화되었다. 일제는 더 많은 일본인을 식민자로 이주시킴으로써 피식민자인 조선인을 지배하려고 했다. 식민지의 도시 공간은 일본인 이주자를 위한 공간으로 재편될 필요가 있었고, 실제로 1910년 이후 일제의 식민지 도시 정책은 그런 방향으로 추진되었다.

일본인은 도시에 자신들만의 생활 공간을 구축했다. 조선인의 삶과는 단절된 공간 속에서 근대적인 문화생활을 영위했다. 일본인이 많이 사는 지역에는 전기와 수돗물이 일찍부터 공급되었지만, 조선인이 많이 사는 지역에는 전기도 상수도도 제대로 공급되지 않았다. 당시 일본인에게 도시는 일본과 마찬가지로 근대문명의 혜택을 누릴 수 있는 곳이었고, 따라서 이들의 일상생활에는 별다른 장애요소가 없었다. 물론 일본인이 거주하던 공간과 동떨어진 별개의 공간에 정착한 대다수의 조선인들에게는 근대문명의 혜택이 돌아가지 않았다. 일본인들의 거주 공간과 가까운 곳에 관청, 은행, 회사, 학교, 시장 등 근대적인 기능을 수행하는 각종 기관이 자리를 잡았다.

지금도 일제강점기의 흔적이 남아 있는 도시에 가보면, 시원시원하게 잘 정리된 구시가와, 집이고 도로고 어디가 어딘지 구분할 수 없을 정도로 다닥다닥 붙어 있는 구시가가 확연히 구분된다. 전자의 구시가는 일본인 거주 지역이었고, 후자의 구시가는 조선인 거주 지역이었다. 일제는 일본인 거주 지역에는 '마치町'라는 행정명칭을 사용하고, 조선인 거주 지역에는 '동'이라는 행정명칭을 사용함으로써 일본인과 조선인의 공간을 명확하게 구분했다. 그리하여 동네 이름만 들어도 조선인이 많이 사는 곳인지 일본인 거리인지 분명하게 알 수 있을 정도였다.

이런 구분은 야만의 조선과 문명의 일본을 같은 도시의 하늘 아래 극명하게 대비시킴으로써 일제의 식민지 지배를 정당화하려는 상징 조작의 일환이었다. 같은 도시 안에 야만과 문명을 극명히 대비시키는 것은 식민지 도시계획의 전형적인 수법이다. 야만의 공간과 문명의 공간으로 이원화된 도시에서, 조선인은 주로 전자의 공간에서 일본인은 주로 후자의 공간에서 살아가고 있었다.

일제의 거주지 분리는 애초에는 주로 일본인 거주 지역을 전통적인 조선인 거주 지역이 아닌 새로운 장소에 마련하는 정책을 통해 추진되었다. 개항 이후 일제강점기 초기의 도시화가 전통도시를 무시하고 새로운 일본인 거주 중심의 도시를 만드는 방향으로 이루어진 것도 같은 맥락이다. 서울의 경우 공간적으로 기준이 된 것은 청계천이었다. 일제는 일본인이 거주하는 공간을 청계천 이남으로 설정했다. 청계천 이북 지역에는 동,

청계천 이남 지역에는 마치가 집중되었다. 도시에 유입되는 일본인 인구가 급속하게 늘어나면서 지배 민족과 피지배 민족 사이에 사회적·물리적 격리 현상이 가시화되었다. 조선인이 집중적으로 거주하는 지역과 일본인이 밀집해 거주하는 지역이 명확하게 구분된 것이다.

# 서울 남산에 신사가 들어서다

목멱산이라고 불리는 서울의 남산은 예부터 개천도 많고 경치 좋은 골짜기도 많아 서울의 모산母山으로 꼽히던 곳이다. 조선왕조를 연 태조 이성계가 남산에 나라의 안녕을 비는 수호신당으로 국사당國師堂(또는 목멱신사)을 세운 데서도 알 수 있듯이, 남산은 단지 서울의 한 산에 그치지 않고 백두산과 더불어 우리 민족에게 어머니와 같은 산이었다. 애국가 가사 2절에 "남산 위의 저 소나무 철갑을 두른 듯"이라는 구절이 들어가 있는 것은 결코 우연이 아니다.

1885년 일본인의 서울 성내 거주가 허용되고 일본공사관이 남산 기슭에 들어서면서, 남산 아래 진고개 일대(지금의 충무로 3, 4, 5가)는 일본인 거류 지역으로 바뀌었다. 우리 민족의 어머니 산이 이제 일본인의 근거지로 바뀐 것이다. 일제는 한반도를 강점하면서 남산 일대에 식민지 지배를 상징하는 각종 시설물을 건설했다. 한국주차군 사령부, 통감부, 통감관저, 헌병대 사령부 등이 남산의 곳곳에 빼곡히 들어섰다.

그뿐만이 아니었다. 일제는 우리 민족을 정신적으로 지배하기 위해 남산을 일본인의 성역으로 만들려고 했다. 일본인이 처음 신사를 세운 곳은 일찍이 일본에 문을 연 부산이었다. 부산의 일본인들은 이주 초기에 용두산신사를 세웠다. 이어 원산과 인천 등 일본인들이 많이 이주한 곳에 크고 작은 신사가 세워졌다.

한반도 침략에서 가장 중요한 의미를 갖는 서울이 예외일 수는 없었다. 1892년 남산에 일본인의 신을 모시는 신사를 세운다는 계획이 입안되었다. 1894년 청일전쟁에서 일본이 이긴 뒤에는 전사한 일본군을 기리는 충혼기념탑까지 세우려고 했다. 실제로 1897년에는 일본을 상징하는 '왜성'이라는 이름을 붙인 왜성공원이 남산에 조성되었고, 다음 해에는 일본인의 조상이라는 아마테라스오미카미를 모신 남산대신궁이 건립되었다.

일본의 전통종교는 '신도'였다. 애초에 신도는 민간신앙의 성격을 강하게 갖고 있었지만, 일본은 메이지유신 이후 신도를 국가화했다. '국가신도'가 바로 그것이다. 이제 신도는 단순한 종교가 아니었다. 천황이 신의 아들인 현인신現人神으로서 대대로 일본을 통치했다는 '천황제 이데올로기'를 국민에게 심는 가장 강력한 수단으로 활용된 것이 신도였다. 그러면서 신도의 공간인 신사 가운데 일부를 국가에서 지정하고 보호하는 정책을 취했다. 일제는 한반도를 침략할 때도 당연히 신도와 신사를 적극 활용하려고 했다. 서울의 상징이자 우리 민족의 상징인 남산에 신사를 세운 것은 그런 이유 때문이었다.

남산대신궁 이후 서울 각지에 신사가 세워졌다. 그리고 일본인들은 1916년 남산대신궁을 정식 신사인 경성신사로 바꾸었다. 그러면서 경성신사의 주신은 아마테라스오미카미 외에도 개척삼신開拓三神, 곧 일본 국토를 개척한 세 신으로 알려진 오쿠니타마노미코토大國魂命, 오나무치노미코토大己貴命, 스쿠나히코나노미코토少彦名命로 확대되었다. 개척의 신을 제신으로 모신 데는 한반도가 일본제국의 영토임을 종교적으로 합리화하려는 의도가 작용하고 있었다. 1920년대 중반까지 경성신사는 단순히 일본인의 종교적 공간에 머문 것이 아니라 한반도의 중심인 서울을 일제가 통치하고 있다는 상징과도 같았다.

그러나 일제는 경성신사에 만족하지 않았다. 일본이 한반도를 통치하고 수호한다는 것을 상징하는 공간으로 경성신사보다 더 격이 높은 조선신궁을 남산에 세우려고 한 것이다. 조선총독부는 1912년부터 조선신궁 건립예산을 편성하기 시작했다. 조선신궁의 건립 예정지는 남산이었다. 그리고 1920년에 조선신궁 기공식이 열렸다.

조선신궁 공사는 조선총독부의 예산을 바탕으로 1918년부터 시작되었다. 남산에 조선신궁을 세우려고 한 데는, 단순히 서울의 전경이 훤히 내려다보인다는 이유 외에도 조선인의 성역인 국사당을 내몰고 남산을 일본인의 성역으로 만들겠다는 속내가 작용하고 있었다. 실제로 개화기에 서울의 여러 신당이 철거될 때도 국사당만은 철거되지 않았을 정도로, 국사당은 우리 민족의 성스러운 공간이었다. 그런데 일제는 조선신궁을 만들면서 무당들이 사신邪神을 섬기고 있는 국사당을 남산에 둘 수 없다는 이유를 내세워 강제로 이전시켰다.

조선신궁은 1925년 10월 완공되었다. 조선신궁에는 아마테라스오미카미와 메이지천황이 신으로 모셔졌다. 처음에는 신라인의 피가 섞였으며 삼한三韓, 곧 한반도를 정벌했다고 일본인들이 믿는 진구황후神功皇后와 임

**남산에 세워진 조선신궁**
1925년에 완공된 조선신궁은 조선인에 대한 동화 정책 및 전시 황민화 정책을 앞장서서 수행한 국사
신도의 전진기지이자 식민통치의 상징 공간이다. 일제는 강점 말기에 조선인을 천황에게 복종하는
일본인으로 만들기 위해 신사 참배를 강요했다.

진왜란을 일으킨 도요토미 히데요시豊臣秀吉가 제신으로 거론되었다는 데서도 조선신궁의 성격을 알 수 있다.

일제는 식민지 조선의 국가 제사 공간인 조선신궁에 일본 황실의 조상신인 아마테라스오미카미를 모심으로써 천황 중심의 우주적 질서가 한반도에도 적용되고 있음을 보여주려고 했다. 한편 메이지천황은 식민지 조선의 개척신으로 일제가 추진한 동화 정책에 부합하는 신이었다. 실제로 식민지 조선에서 가장 많이 제신으로 모셔진 것이 아마테라스오미카미와 메이지천황이었다. 매년 10월 17일에는 조선신궁에서 제사가 열렸다. 조선신궁은 조선인에 대한 동화 정책 및 전시 황민화 정책을 앞장서서 수행한 국가신도의 전진기지이자 식민지 조선의 대표적인 신사였다.

만주사변(1931) 이후 일제의 대륙 침략이 점점 더 노골화되고 있던 1934년에는 남산에 노기신사乃木神社가 세워졌다. 노기 마레스케乃木希典는 타이완총독, 러일전쟁 당시 제3군 사령관 등을 지낸 육군대장 출신으로, 메이지천황이 죽자 부인과 함께 자결함으로써 일본에서 충신으로 유명해진 인물이다. 노기의 죽음을 기리기 위해 메이지천황의 무덤 근처를 비롯해 여러 곳에 노기신사가 세워졌다. 그런데 서울 남산에까지 노기신사가 세워진 것이다. 1934년이라는 시점에 노기신사를 건립한 데는, 노기의 죽음을 본받아 조선인도 천황과 일본제국을 위해 기꺼이 목숨을 내놓으라는 요구가 담겨 있었던 셈이다.

일제가 만주사변에 이어 중일전쟁(1937)을 일으키면서 일본군 사망자가 기하급수적으로 늘어났다. 조선에 주둔하고 있던 나남의 제20사단은 중일전쟁에 투입되었고, 서울의 제19사단도 소련과의 전쟁에 투입되었다.

원래 일본은 국가를 위해 죽은 영령을 제사하기 위해 전국 각지에 초혼사招魂社를 세웠다. 그런데 침략전쟁의 확대 과정에서 국가신도를 관장하는 주무부서인 일본 내무성은 전사한 일본군에 대한 '국가적 차원의 위령제'를 위한 공간으로 기존의 초혼사를 도쿄의 야스쿠니신사靖國神社를 정점으로 하는 '지방호국신사'로 바꿀 것을 결정했다. 1938년의 일이다. 이어 다음 해에는 호국신사와 관련된 법까지 만들어졌다. 그러면서 식민지 조선에서는 서울과 나남에 새로 호국신사를 만든다는 방침이 세워졌다.

경성호국신사는 1943년 11월 제19사단 사령부가 있던 용산의 용산정(현재 용산중학교 뒤편)에 세워졌다. 부지는 약 2만여 평이었다. 경성호국신사의 제신은 중일전쟁과 아시아·태평양전쟁 전사자들의 영령英靈 7,447주柱였다. 영령은 메이지 정부가 신도와 천황제 이데올로기를 결합시켜 만든 것이었다. 호국신사에 영령으로 모셔진다는 것은 국가, 곧 천황을 위해 목숨을 바친 자로서 '호국의 신'이라는 상징을 부여받았음을 의미했다.

경성호국신사의 영령 가운데는 일본군 전사자뿐만 아니라 조선인 전사자도 있었다. 이미 조선인에게도 징병제를 실시하기로 결정되었기 때문에, 징병을 원활하게 하기 위해 조선인 전사자에 대한 합사조치가 이루어진 것이다. 합사는 국가신도의 중심인 야스쿠니신사에서도 이루어졌다. 이제 조선인도 천황과 일본제국을 위해 피를 흘리면 일본의 신으로 신사에 영원히 모셔진다는 것을 보여준 예가 야스쿠니신사와 호국신사의 합사였다. 호국신사에서의 전사자 영령에 대한 합사제와 위령제는 전시체제 아래 조선인 징병을 위한 선전수단으로 적극 활용되었다.

일제는 강점 말기 조선인의 정신세계마저 일본인으로 만들기 위해 신사 참배를 강요했다. 서울에서 신사 참배가 강제된 곳은 조선신궁, 경성신사, 경성호국신사, 노기신사였다. 특히 조선신궁과 경성신사에의 참배가 가장 심하게 강제되었다. 조선신궁 입구에는 거대한 '황국신민서사의 탑'까지 세웠다. 이들 신사의 침략신은 조선신궁의 아마테라스오미카미와 메이지천황, 경성신사의 아마테라스오미카미와 개척삼신, 경성호국신사의 전사자 영령, 노기신사의 노기 등이다. 이들에 대한 참배는 결국 일본 황실의 조상 및 충신을 섬기고 일제의 조선 통치를 인정한다는 의미를 함축하고 있었다. 신사 참배는 조선인을 천황의 신민으로 개조하려는 상징적 폭력이었다. 일제강점 말기 보성전문학교에서 강의하던 김병로는 한글과 일본어를 섞어 "남산니 아갔데 가만히 스왔데 장안을 나가메루토 가슴이 답답하단 말야…"라고 개탄했다고 한다. 굳이 풀어 쓰자면 "남산에 올라 가만히 앉아 서울을 바라보니 가슴이 답답하더라"라는 말이 된다. 신궁과 신사, 짓눌린 남산과 서울의 모습은 뜻있는 이들에게 개탄의 대상이 되고 있었다. 그랬기 때문에 해방 이후 서울에서 민중의 손으로 가장 먼저 철거된 것이 바로 조선신궁이었다. 경성신사, 경성호국신사, 노기신사도 조선신궁과 마찬가지의 경로를 밟아 서울에서 자취를 감추었다.

# 04

"**타향살이 몇 해던가** 손꼽아 헤어보니 고향 떠난 십여 년에 청춘만 늙어, 부평초 같은 내 신세가 혼자도 기막혀서 창문 열고 바라보니 하늘은 저쪽 ….' 1934년에 발표된 노래 〈타향〉의 1절 노랫말이다. 이 노래는 음반으로 발표되자마자 큰 인기를 끌었다. 대부분의 조선인이 '타향살이'와 '부평초'라는 표현에 공감했기 때문이다. 타향살이를 가장 절실하게 느낀 것은 해외 이주민들이었다. 본격적인 해외 이주가 시작된 것은 19세기 중반부터였다. 애초에

# 해외 이주민의 타향살이

해외 이주는 고립분산적이거나 소규모였지만, 대한제국의 외교권이 일본에게 넘어가고 일제강점이 시작되면서 국권회복운동 또는 독립운동을 위해 해외로 이주하는 '망명이민'이 급증했다. 만주, 러시아, 일본 등지로의 대규모 이주가 시작된 것은 강제병합 이후였다. 이후 해외 이주는 일상적인 현상이 되었다. 전시체제기에는 징용 등의 노무 동원, 학도병·징병 등의 병력 동원, 여자근로정신대·군위안부 등 여성 동원의 형태로 침략전쟁 수행을 위한 강제적이고 집단적인 대규모 동원이 이루어졌다.

# 러시아 연해주 이주민의 카레이스키화

함경도에서 러시아 연해주 지방으로의 이주는 1850년대에 시작된 것으로 추정된다. 애초에는 장기간 머무르는 것이 아니라 농사철에 맞추어 이동하는 형태였다. 그러다가 1860년대 후반부터 연해주로의 이주가 크게 늘어나기 시작했다. 연해주로 이주한 농민들은 주로 지리적으로 가까운 함경도 출신이었다. 1869년 통계에 따르면, 연해주에 거주하는 조선인은 6,500명 정도였다고 한다. 이렇게 이주민이 늘어난 이유 가운데 하나는 당시 러시아 정부가 이주를 장려했기 때문이다. 고향으로 돌아가지 않고 현지에 정착하는 경우도 늘어나기 시작했다.

한말에 흉년이 계속되고 정치상황도 불안해지자 연해주로의 이주는 더 늘어났다. 특히 을사늑약과 강제병합 이후에는 항일투쟁을 위해 국경을 넘는 '망명유민'이 주류를 이루게 되었다. 망명유민의 독립운동은 두 가지 형태를 띠었다. 하나는 교육과 언론 등을 통해 2세들의 애국심을 고취하는 것이었고, 다른 하나는 직접 의병을 조직해 무장투쟁을 전개하는 것이었다.

강제병합 이후 해외 이주의 행선지가 만주나 일본으로 바뀌면서 연해주로의 이주는 상대적으로 침체되었다. 그렇지만 1937년 중앙아시아로의 강제이주가 있기 직전까지 연해주에 거주하는 조선인의 수는 약 18만 명에 이를 정도로 일정한 규모를 유지하고 있었다.

애초에 농업이민이 주를 이루던 연해주로의 이주는 '가족이주'의 성격을 강하게 띠고 있었다. 광활한 토지에서 농사를 짓기 위해서는 가족노동이 절대적으로 필요했기 때문이다. 연해주의 이주민들은 농촌에 정착해 조선인 마을을 형성했다. 대부분의 이주민들은 농촌 지역에 별도의 마을을 형성하고 러시아인들과 따로 살았다. 조선인 마을에는 조선에서와 같은 형태의 집이 세워졌고 풍속이 지켜졌다. 경제적인 이유로 목숨을 걸고 월경한 함경도 농민들은 객관적으로는 고향을 버리고 러시아를 채택했지만 주관적으로는 조선의 의식, 사고방식, 관습을 유지하려고 했다. 문화적으로나 정신적으로는 조선인으로서 강한 정체성을 갖고 있었다.

　연해주의 조선인은 한편으로는 자신들이 살고 있는 러시아를 위해, 다른 한편으로는 고국의 독립과 해방을 위해 다양한 활동을 벌였다. 먼저 전자와 관련해 이주민 가운데서도 일찍이 러시아 국적을 취득한 원호原戶들은 1910년 이후 러시아 군대의 상비병으로 복무하기 시작했다. 제1차 세계대전 당시 러시아 정부는 일본을 자극하지 않기 위해 자국 영토 안에 있는 조선인단체에 해산명령을 내렸고, 그 결과 많은 독립운동가들이 만주나 상하이로 떠날 수밖에 없었다. 이런 상황에서 이주민들은 원호를 중심으로 러시아의 전쟁에 적극 참여했다. 1917년 러시아혁명이 일어난 뒤 그 여파가 동쪽으로 확산되는 것을 막기 위해 시베리아에 출병한 일본군이 1922년 연해주에서 철수할 때까지, 연해주의 조선인들은 러시아 빨치산을 도와 항일운동을 벌였다.

　그런 가운데서도 이주민들은 고국의 독립과 해방을 위한 활동을 계속 전개했다. 블라디보스토크의 교외 산기슭에 세워진 신한촌이라는 마을 입구에는 3·1운동을 기념하는 '3월 1일 문'이 세워졌다. 이는 단지 신한촌에만 국한된 현상이 아니었다. 조선인 마을에 함께 모여 사는 이주민들은 민족의식을 공유하고 있었다. 그들은 학교를 세우고 신문을 내고 단체를 만들어 민족운동을 계속 확대해가려고 했다. 대표적인 보기가 최재형, 홍범도 등의 주도로 1911년 신한촌에서 출범한 권업회이다. 이 단체는 이주민의 지위를 향상시키는 한편 항일투쟁을 위한 민족의식 고취와 실력 양성에 힘썼는데, 1914년 러시아 정부에 의해 해산명령을 받기 직전까지 무려 8,500여 명의 회원을 확보할 정도로 이주민들의 큰 지지를 받았다. 1917년 러시아에 사회주의 정권이 들어서면서 소련 정부와 소련공산당의 지원하에 사회주의 계열의 민족운동이 연해주 지역에서 시작되었다. 그리고 1923년 사회주의운동의 중심이 조선으로 이전되기 전까지, 연해주 이주민들은 러시아혁명을 지키는 한편 조선혁명을 이룬다는 이중의 과제를 실천하기 위해 활발한 활동을 벌였다.

연해주에 거주하던 조선인 이주민의 생활을 크게 바꾸어놓은 것은 1937년부터 이루어진 조선인에 대한 숙청과 중앙아시아로의 강제이주였다. 1930년대 중반 유럽에서 세계대전의 기운이 감돌고 소련과 일본 사이에서도 언젠가는 전쟁이 일어날 듯한 분위기가 고조되었다. 이에 소련 정부는 일본과의 전쟁에 대비해 소련에 거주하던 조선인들에 대한 대대적 숙청 작업을 벌였다. 한때 항일투쟁의 최전선에서 싸웠던 지도자급 인물을 포함한 2,000여 명의 조선인이 '일본 스파이' 또는 '반소 반당 분자'라는 누명을 쓰고 숙청되었다. 보기를 들어, 1920년대 초반 박헌영·임원근과 함께 '트로이카'라 불리고 20여 년 동안 반일혁명운동의 최전선에서 싸우다가 모스크바에 체류하고 있던 김단야는 일제 첩보기관의 밀정으로서 반혁명 활동을 벌인 1급 범죄자라는 혐의를 쓰고 1938년의 어느날 형장의 이슬로 사라졌다.

이뿐만 아니었다. 소련 정부는 이전부터 안보상 이유를 내세워 조선인을 국경에서 멀리 떨어진 곳으로 이주시키려는 계획을 여러 차례 세운 바 있었다. 조선인의 노동력을 활용한다는 경제적 이익보다 소련 국경을 지킨다는 정치적 목적이 먼저 고려될 때, 조선인은 언제나 추방의 대상이 될 수 있었다. 실제로 일본과의 전쟁 가능성이 고조되자 전쟁터가 될 것으로 예상되는 연해주에서 일본에 협력할 가능성이 큰 조선인을 모두 중앙아시아로 강제이주시키는 계획이 실행에 옮겨졌다. 그 숫자는 무려 18만 명에 이르렀다.

이때 중앙아시아로 이주한 '카레이스키'들은 물도 다르고 땅도 다른 곳에서 완전히 새로운 삶을 개척하기 시작했다. 강제이주의 결과가 이주민에게 미친 영향은 상상도 힘들 정도였다. 비록 식민지라 해도 가까이 있는 고국은 민족으로서 정체성을 유지하는 버팀목이었다. 그러나 이주민은 중앙아시아에서 연해주와는 비교가 되지 않을 정도로 이방인이었다. 더욱이 소련 정부는 이주민의 민족문화를 부정하고 소비에트화되기를 강요했다. 강제이주의 결과 민족적 정체성을 계속 지키는 것은 이전보다 더 힘들어졌다. 그렇지만 이주민들은 가장 자신 있는 논농사를 짓기 위해 자신들의 손으로 깊은 수로를 파는 등, 힘든 노동을 하면서도 상부상조하는 전통으로 집단농장을 만들었다. 그리고 카레이키스키 집단농장 등을 통해 우리 말글과 풍속을 지켜냄으로써 민족적 정체성을 유지하는 데 성공했다.

# 망국민에서 만주국인으로 바뀐 만주 이주민

만주로의 초기 이주민 가운데는 넓은 농토에서 농사를 짓기 위해 일시적으로 이주하는 농민이 많았다. 이때 집중적으로 이주한 곳이 두만강 대안의 개간 지역, 곧 간도였다. 간도는 오늘날의 연변 조선족자치주에 해당한다. 을사늑약 이후 대한제국 국권이 차례로 일제에 넘어가는 상황에서 국권을 되찾기 위해 만주로 망명하는 사람들도 늘어났다. 1907년 무렵 만주 이주민은 71,000명 정도에 이르렀다.

1909년 9월, 일본 정부는 청나라와 '간도협약'을 맺어 무순탄광 등의 이권과 조선인에 대한 영사재판권을 얻어낸 대가로 간도 영유권을 청나라에 넘겼다. 대한제국의 외교권을 박탈한 일제가 조선인의 치외법권을 내세워 만주를 침략한다는 장기적 전망 아래 청나라의 간도 영유권을 인정한 것이다.

간도협약 이후에도 조선인의 만주 이주는 계속 늘어났다. 특히 경술국치로 나라를 잃으면서 일제 통치하에서는 살 수 없다고 생각한 사람들이 빼앗긴 나라를 되찾기 위해 만주에 독립운동의 기지를 만들고자 집단적으로 이주를 시작했다. 대표적인 보기가 안동 유림을 대표하던 이상룡이 1911년 가족과 친족을 모두 이끌고 만주로 망명한 것이다. 그뿐만이 아니었다. 토지조사사업, 일본인 이민 등으로 토지를 빼앗기거나 살기 힘들어진 농민들도 대거 이주민 대열에 합류했다.

그리하여 만주에 거주하는 조선인은 1912년에는 238,403명으로, 1919년에는 431,198명으로 늘어났다. 1920년대에는 함경도와 평안도 등 북부 지역의 몰락농민들이 살길을 찾아 만주로 이주하는 현상이 일상화되었다. 그 결과 만주 거주 조선인은 1930년에는 60만 명으로, 1935년에는 80만 명으로 크게 늘었다.

애초에 조선인 이주민은 간도 지역에 주로 거주했다. 간도 거주민의 75~80%가 조선인일 정도였다. 그러나 조선인 이주민이 계속 늘어나면서 간도 주변을 벗어나 만주 전역으로 이주 지역이 확대되었다. 지금의 하얼빈이나 몽골 자치주로 이주한 조선인도 적지 않았다.

간도를 비롯해 만주로 이주한 조선인들은 토지를 소유할 수 없어서 중국인에게 땅을 빌려 농사를 짓거나 날품팔이 노동자로 일했다. 만주의 조선인들은 황량한 만주벌판에서 새로운 삶을 개척했다. 농사를 지을 수 있는 곳에서는 조선의 전통농법에 따라 농사를 짓고, 자녀를 학교에 보내고, 무장투쟁단체의 활동을 지원하기도 했다. 그러나 만주에서 민족운동이 성장하는 데 대해 위기감을 느낀 일제에 의해, 만주의 조선인 사회는 늘 탄압과 통제의 대상이 되었다. 대표적인 것이 1920년 가을 한 달여에 걸쳐 이루어진 '경신참변'이었다.

무장투쟁은 국망을 전후해 형성된 이주민의 망명촌을 근거지로 했다. 서북간도 지역에서만 1919년 상반기에 70여 개의 독립운동단체가 결성되었을 정도로, 독립전쟁의 분위기가 고조되고 있었다. 1920년을 전후해서는 간도의 독립군이 압록강과 두만강을 건너 국내 진공 작전을 전개하는 일이 빈번했다. 이에 일제는 일본군을 만주로 보내 독립군 소탕 작전을 벌였다. 그 과정에서 1920년 6월에는 봉오동전투, 그리고 1920년 하반기에는 청산리전투라는 대규모의 전투가 벌어졌고, 독립군은 대승을 거두었다.

이에 일제는 독립군의 근거지를 아예 없애버림으로써 무장독립운동을 약화시킨다는 전략을 세웠다. 그리고 항일무장 세력의 근거지를 파괴하기 위해 간도 각지에서 양민학살과 체포, 부녀강간, 가옥·교회·학교의 방화를 자행했다. 1920년 10월 2일 함경북도 나남에 주둔하고 있던 19사단이 간도로 출동했고, 이어 시베리아에 주둔하고 있던 일본군과 만주에 주둔하고 있던 관동군도 출동했다. 일본군은 가는 곳마다 조선인을 죽이고 마을을 불태워 없앴다. "늙은이가 됐든 어린이가 됐든 눈에 띄는 대로 사살했다. 총을 맞고도 죽지 않은 사람은 짚을 덮고 불로 태웠다. 가옥은 전부 불태워 마을은 연기로 덮였고 (…) 마을에서 불은 36시간이 지나도 타고 있었고 사람이 타는 냄새가 나고 짚이 무너지는 소리가 나고 있었다"라는 기록이 참변의 실상을 잘 보여준다. 당시 간도에 거주하는 조선인은 모두 289,000여 명이었는데 상하이에서 발간되던 『독립신문』의 조사에 따르면 3,693명이 일본군에 의해 살해되었다고 한다. 100명 가운데 한 명 이상 꼴로 피살된 셈이었다. 이재민도 5만 명에 이르렀다. 이것이 경신참변이다.

경신참변이 간도의 조선인 사회에 미친 충격은 엄청났다. 여기서 중요한 사실은 중국 관리나 군대도 일본군의 조선인 학살을 수수방관했다는 것이다. 좋은 말로 '엄정중립'이었지만 결국 일본군을 방조한 셈이었다. 심지어 중국에 귀화한 조선인을 살해해도 아무런 조치를 취하지 않았다. 이와 같이 중국인이 일제의 조선인 학살을 방조한 데는, 조선인의 만주 이주를 꺼려하는 속내가 작용하고 있었다.

**경신참변으로 폐허가 된 민가(위)와 가족과 마을을 잃고 오열하는 가족들(아래)**
청산리전투에서 패배한 일본군은 그 보복으로 북간도 일대에 거주하는 동포들을 집단학살하고 마을을 초토화시켰다.

일제가 만주 침략 야욕을 노골적으로 드러내면서 조선인 이주민은 중국과 일본이라는 두 고래 사이에서 등이 터지는 새우 신세가 되었다. 이런 현상은 1920년대 중반 만주를 장악하고 있던 장쭤린張作霖 군벌이 중국으로 귀화하지 않은 조선인에게는 권리를 인정하지 않겠다는 정책을 펼치면서 더욱 심화되었다. 중국 측이 조선인에게 귀화를 강요한 데는, 일제가 만주에 사는 조선인을 앞세워 만주를 침략하고 있다는 생각이 깔려 있었다.

그렇다고 일부 친일파를 제외하면 조선인이 일본 국민이라는 의식을 갖고 있던 것도 아니었다. 만주의 조선인은 일본 국민도 아니고 중국 국민도 아닌 사실상의 무국적 상태에 놓여 있었다. 1920년대 중반 이후 만주의 참의부, 정의부, 신민부, 조선공산당 만주총국 등은 일제히 만주에 거주하는 조선인에게 중국 국적 취득을 권유하는 귀화운동을 벌였고, 1931년 만주사변이 일어나기 전까지만 해도 적지 않은 국내의 지식인들도 이 운동을 지지했다. 이것은 모두 중국 국적 취득이 만주 거주 조선인의 권리를 보호하고 더 나아가 반일의 한 방편이 될 수 있다는 생각의 산물이었다.

일제는 만주사변을 일으키고 이듬해인 1932년 괴뢰국가인 만주국을 세운 뒤 많은 조선인을 이주시켜 중국 동북 지역을 대륙 침략의 병참기지와 식량기지로 활용하려고 했다. 조선인 보호라는 명분 아래 조선인을 집단부락이나 집단농장에 모아놓고 통제하기도 했다. 특히 조선총독부는 세계대공황의 여파로 인한 농촌실업 문제를 해결하기 위한 방안의 하나로 조선인의 만주 이주를 적극 추진했다.

일본 정부도 조선인 노동자의 일본 이주가 일본 노동시장에 영향을 미치게 되자 조선인의 일본 도항 문제를 해결하는 방안으로 조선인의 만주 이민 정책을 지지했다. 재만 조선인의 국적 문제와 관련해서는 사실상 만주국을 지배하던 관동군이 나섰다. 일본인과 조선인을 포함한 오족을 만주국 공민으로 규정함으로써 재만 조선인도 만주국 공민으로 인정한 것이다. 일제의 이주 정책과 조선인에 대한 사실상의 국적 부여는 조선에서 만주 붐이 확산되는 계기가 되었다. 이제 일확천금을 꿈꾸면서 만주를 기회의 땅으로 여기는 조선인이 늘어났다.

1936년 8월 조선총독으로 부임한 미나미는 선만일여<sup>鮮滿一如</sup>의 구호 아래 조선인의 만주 이주를 더 적극적으로 추진했다. 미나미 총독이 부임한 지 한 달 뒤인 1936년 9월, 조선인의 집단이주를 다룰 선만척식주식회사가 설립되었다. 만주 이주 조선인은 선만일여의 첨병으로 높은 평가를 받았다. 1937년에는 간도를 중심으로 한 만주 23개 현을 조선인 이주 지역으로 지정하고, 이 지역에 1만 호 이내의 조선인을 새로 이주시킨다는 계획을 세웠다. 그리하여 1937년부터 1940년 봄까지 선만척식주식회사를 통해 조선에서 만주로 이주한 조선인은 14,430호(61,761명)에 이르렀다. 회사의 손을 거치지 않고 단독으로 만주에 이주한 분산 개척민도 상당한 숫자였다. 조선총독부와 만주국은 여비, 보조금 등의 명목으로 1호당 400원 이상을 지원했다.

조선총독부는 1942년부터 제2차 개척민 5개년 계획을 세웠다. 해마다 1만 명을 이주시켜 만주 개간 외에 국방전사로서의 역할도 담당하도록 한다는 것이었다. 일제의 이주장려 정책에 따라 1930년대 후반에 이르러 만주 조선인의 수는 더욱 늘어났다. 1938년에는 100만 명을 돌파했고, 1943년에는 154만 명을 넘어섰다. 가히 폭발적인 증가였다. 사는 곳도 소련과의 접경지대인 흑룡강성 북부까지 확대되었다.

한편 1930년대 이후의 만주 이주와 관련해 한 가지 간과할 수 없는 사실이 있다. 1932년 만주국이 건립되면서 조선인, 특히 뒤늦게 만주로 이주한 조선인 사이에는 '이등공민(국민)'의 담론이 널리 퍼졌다. 만주국은 형식적으로 '오족협화'라는 구호 아래 민족 간 평등을 지향하고 있었다. 오족협화란 만주국에 거주하는 자는 종족을 초월해 모두 평등하다는 전제하에 만주국을 구성하던 다섯 종족, 곧 일본·조선·중국·만주·몽고의 오족이 일률적으로 공존공영을 도모해 나간다는 이념을 가리킨다. 그런데 이는 어디까지나 공식적인 담론이었고, 실제로는 일본인이 오족의 첫 번째를 차지하고 있었다. 그런데 조선인은 일본 국민이기 때문에 사실상 오족 가운데 일본인 다음의 자리를 차지한다는 것이 이등공민 담론의 핵심이었다.

그러나 조선인이 이등공민의 실질적 지위를 누린 것은 결코 아니었다. 객관적으로는 중국인과 조선인 사이에 특별한 제도상 혜택의 차이는 없었다. 그런데도 많은 조선인과 중국인들은 객관적 사실 여부와 무관하게 조선인이 이등공민이라고 믿고 있었다. 그리고 일제는 암암리에 이를 조장했다.

# 식민지 종주국 일본으로 건너간 '조센징'

강제병합 이전만 해도 일본으로의 이주민은 별로 많지 않았다. 공장이나 탄광에서 노동하기 위해 이주하는 경우도 있었고 제주도 해녀들이 일본으로 진출하는 경우도 있었지만, 이주형태도 개별분산적인 데다가 규모도 작았다.

그러나 국망 이후 일본으로의 이주는 크게 늘어났다. 경찰 자료에 따르면 1910년만 해도 250명에 지나지 않던 일본으로의 이주민은 1920년에는 31,720명, 1925년에는 136,809명, 1930년에는 298,091명, 1935년에는 625,678명, 1940년에는 1,190,444명, 그리고 해방 직전인 1944년에는 1,936,843명으로 폭발적으로 늘어났다. 그리하여 해방될 때에는 200만 명에 이르는 조선인이 일본에 거주하고 있었다.

일본 자본주의의 발전은 저임금 노동력을 바탕으로 이루어졌다. 그런데 1910년대 후반 이후 일본 노동시장에서는 노동력 부족 현상이 심각해졌다. 일본의 자본은 저임금 노동력을 충원하는 방안으로 조선에 주목했다. 일제가 일본의 급속한 자본주의 발전에 따라 나타난 노동력 부족 문제를 해결하기 위해 1922년부터 조선인의 자유 도항을 허용한 것을 계기로, 연평균 1만 명 이하였던 일본으로의 유출 인구가 연평균 3만 명 이상으로 급증했다. 이런 경향은 나중에 자유 도항이 철회되었음에도 불구하고 지속되었다.

일본으로의 이주민은 일본과 지리적으로 가까운 전라도, 경상도 출신이 많았다. 이들은 일본의 대표적 공업지대인 도쿄와 요코하마橫濱를 중심으로 한 간토<sup>關東</sup> 지방과 오사카<sup>大阪</sup>, 고베<sup>神戸</sup>를 중심으로 한 간사이<sup>關西</sup> 지방에서 저임금 노동시장의 최하층으로 편입되었다. 그 밖에 일본 탄광업의 중심지대인 규슈 지방에도 상당수의 조선인들이 이주했다.

그러나 살길을 찾아 대거 도일한 조선인들은 곧 민족차별과 계급차별이라는 냉혹한 현실과 직면해야 했다. 먼저 일본인들이 즐겨 쓰는 '조센징'이라는 표현 자체가 일본의 천민인 부락민, 일본의 근대화 과정에서 일찍이 식민지화된 홋카이도<sup>北海道</sup>와 오키나와<sup>沖縄</sup>의 선주민족인 아이누족, 류큐<sup>流球</sup>인과 함께 일본 내에서의 차별을 상징하는 용어였다. 일본에서 조선인은 일본인과 동일한 권리를 갖는 주체로 인정받지 못했다. 조선인은 일본의 신민이 아니라 '외지인'일 뿐이었다. 조선인들은 국내에 거주할 때보다 더 심한 민족차별을 실감하게 되었다.

일본에 건너간 조선인들은 일상적으로 일본인에 의한 멸시, 억압, 차별의 대상이 되었다. 일본인이 흔히 내뱉던 "정어리가 생선인가, 찬밥도 밥인가, 조센징이 인간인가?"라는 말은 일본에 거주하는 조선인이 겪은 차별과 억압을 단적으로 보여준다. 일부 셋집 앞에 붙어 있던 "개나 조선인 사절"이라는 글, 방적공장에서 일하는 조선인 노동자를 "방적의 조선돼지"라고 부른 것도 마찬가지였다.

차별과 억압은 때때로 극단적인 형태로도 나타났다. 대표적인 보기로, 1923년 9월 1일 간토 대지진이 일어났을 때 6,000명 이상으로 추정되는 수많은 조선인이 일본인에 의해 집단으로 학살당한 것을 들 수 있다.

조선인은 주로 일본의 최하층과 가까운 곳에 거주하고 있었다. 근현대 일본에서 사상 최대의 자연재해라고 일컬어지는 간토 대지진의 엄청난 재앙으로 민심이 동요하는 것을 우려한 일본 정부는, 하층민의 불만을 해소하는 통로로 조선인을 이용한다는 방침을 세웠다. 그리하여 일본 정부와 군부의 조장 아래 조선인이 폭행과 약탈을 자행한다는 유언비어가 일본인 사이에 빠른 속도로 퍼져 나갔다. 심지어 언론매체도 "불령선인들이 절도와 강간을 자행하고 있다"는 식의 허위보도를 함으로써 유언비어를 부추겼다. 이에 일본인들은 조선인을 학살하기 시작했다.

학살은 지진이 일어난 9월 1일 저녁부터 시작되었다. 군경이 직접 학살하는 경우도 있었고 군경의 지도하에 조직된 자경단이 살해하는 경우도 있었다. 학살방법은 잔인하기 짝이 없었다. 죽창, 몽둥이, 총칼 등으로 닥치는 대로 조선인을 죽여 강물에 던지거나 불에 태워 매장했다. 학살 사건이 문제가 되자 조선총독부는 조선인 희생자가 2명뿐이라고 발표했다. 그렇지만 이는 새빨간 거짓말이었다. 일본 정부는 희생자 숫자를 조금 늘려서 233명이라고 발표했지만 역시 거짓말이었다. 일본의 자유주의 지식인 요시노 사쿠조吉野作造는 조선인 희생자가 2,534명이라고 주장했다. 당시 상하이에서 발간되던 『독립신문』이 비밀리에 파견한 기자가 발로 뛰어다니며 조사한 바에 따르면, 간토 지방 전체에서 6,066명의 희생자가 나왔다고 한다. 아무도 당시 학살당한 조선인의 숫자를 정확히 알지 못한다. 그렇지만 대체로 6,000명 이상의 피해자가 나온 것으로 추정된다. 심지어는 10,000명 이상이 학살당했을 것으로 추정하는 경우도 있다. 6,000명이든 10,000명이든 엄청난 숫자의 조선인이 단지 '조센징'이라는 이유 하나 때문에 학살당한 사건은 당시 일본 사회에서 조선인인 겪고 있던 일상적인 차별을 그 어떤 예보다 상징적으로 보여준다.

한편 조선인 노동자는 같은 직종의 일본인 노동자에 비해 더 열악한 조건에서 일하면서도 더 적은 임금을 받았다. 심지어 집을 구하지 못해 일본인들이 살지 않는 불량주택, 가건물, 축사, 전염병 환자 수용시설 등의 열악한 공간에 모여 살았다. 부락민 거주 지역에 섞여 살면서 일본의 최하층 신분인 부락민보다 못한 대접을 받으면서 살아야 했다. 다행히 집을 구하더라도 일본인보다 많은 보증인과 보증금이 필요했고, 집주인의 횡포와 그로 인한 차가(借家)쟁의가 잇달았다.

　민족차별과 함께 계급차별도 조선인 노동자를 괴롭혔다. 저임금, 장시간 노동, 열악한 노동조건이 조선인 노동자의 현실이었다. 일제 당국이 "조선인 노동자의 생활상태는 실로 비참 그 자체"라고 인정할 정도였다. 여기에 1920년대 말부터 세계대공황의 여파로 일본 경제가 위기에 빠지자, 조선인 노동자들은 일상적인 실업의 위험에 직면해야 했다. 방적공장의 조선인 여성 노동자들이 불렀다는 다음의 노랫말은 당시 조선인 노동자의 비참한 처지를 단적으로 보여준다.

　자아 우리 여공들아 하루 생활 읊어보세
　밤이어도 한밤중에 깊은 잠에 빠져들 때
　시끄러운 기상소리 감긴 눈을 깨웠으니
　머리 빗어 올리고서 얼굴을 씻어내고
　부리나케 허둥지둥 식당으로 나가 보면
　먹지도 못할 밥에 된장국만 넹그러니
　밥을 국에 말아먹고 공장에 나갔지만

허리 펴고 살아갈 날 언제나 올 것이냐
꽁꽁 묶인 이곳에도 전등불을 밝혀 두고
태산 같은 기계뭉치 가슴에 안노라면
시간은 흘러 흘러 숙소로 돌아갈 때
친구 없는 텅 빈 방에 홀로 젖는 슬픔이여

조선인들은 출신 지역에 따라 '조선정朝鮮町', '조선촌朝鮮村'이라 불리는 특정 지역에 모여 살면서 각종 차별에 맞서 자신을 지키는 생활 공간을 만들어갔다. 오사카의 이카이노猪飼野(지금의 이쿠노生野)는 원래 돼지를 많이 키우던 동네였다. 사람이 살기 힘든 동네이니 당연히 집값도 쌌다. 당시 오사카로 이주한 제주도 출신 이주민들은 이카이노에 하나둘 모여 삶의 터전을 만들기 시작했다. 그리하여 이카이노는 '제주 사람들의 거리'라고 불릴 만큼 제주도 출신의 비율이 높은 지역이 되었다. 제주도 출신 이주민들은 각종 차별에 맞서 자신을 지키는 생활 공간으로 '작은 제주'를 만들어가고 있었던 것이다.

일본 사회 그 자체가 적대적 차별구조를 가지고 있는 가운데 조선인의 집단거주 지역은 안식의 장소였다. "막걸리가 있고, 무당의 신명나는 푸닥거리가 있는 곳, 명절에는 마을 광장에서 고국 연예인들의 공연을 볼 수 있는 곳. 소박하면서도 갑자기 싸움이 일어나거나 거칠게 달려들기도 하고, 울부짖는 여자 소리, 떠들썩한 웃음소리, 무너지는 소리, 고함지르는 남자들 소리가 울려 퍼지는 별세계"였던 것이다.

한편 조선인의 집주화는 정주화와 아울러 진행되었다. 당초 조선인의 도항은 생산연령층에 의한 일시적인 단신 출가의 성격이 강했다. 많은 이들이 일본에 처음 왔을 때는 고향에서 논밭이라도 살 정도의 돈만 모으면 돌아간다는 생각을 갖고 있었다. 그러나 시간이 흐르면서 단신 출가자들도 일본에 머물러 사는 정주를 지향하기 시작했다. 이와 관련해, 처음에는 얼마 되지 않던 여성 인구가 급증하기 시작했다. 오사카의 경우 1916년만 해도 조선인 남성 100에 대한 조선인 여성의 비율이 2에 불과했지만, 1921년에는 20, 1926년에는 31, 1931년에는 47로 계속 증가했다. 고향에서 처자를 불러들이는 경우도 늘어났고, 일본에서 결혼해 자식을 낳고 가정을 이루는 경우도 늘어났다.

조선인의 정주화는 자녀교육 문제와 직결되었다. 조선인들은 일제의 끊임없는 탄압 속에서도 야학과 강습소를 통해 민족의 언어를 가르침으로써 민족정체성을 유지하는 데 힘을 기울였다. 아울러 어려운 여건에도 불구하고 신문과 잡지의 발간을 통해 조선인 사회의 의사소통망을 확립하는 한편 민족의식을 고취하려고 했다.

이런 교육 활동과 언론·출판 활동이 있었기 때문에 조선인들의 집단적 거주지는 그 자체로 민족운동의 근거지가 될 수 있었다. 조선인들은 자신들의 거주공동체를 바탕으로 메이데이 행사 참가, 파업지원, 민족기념일 행사 참가, 식민통치 규탄대회 참가 등 다양한 활동을 벌였다. 조선인들은 계, 친목회 등 다양한 이름을 가진 자신들만의 단체를 만들고, 학교를 세우고, 출판 활동을 벌임으로써 민족정체성을 유지하는 가운데 민족운동에 이바지한 것이다. 한편 청년층을 중심으로 사회주의라는 새로운 사상을 받아들이는 양상도 나타났다. 이들은 국내를 드나들면서 새로운 사상의 매개자 역할을 하는가 하면, 스스로 사회주의를 바탕으로 직접 일본에서 민족운동에 참여하기도 했다.


## 전시체제 아래 강제로 끌려간 사람들

　전시동원체제 아래 일제는 물자뿐만 아니라 인력까지 수탈했다. 일제의 강제동원 정책은 국민총동원령이 공포된 1938년부터 시작되었다. 모집, 관 알선, 징용의 방식을 거친 노무 동원, 지원병·학도병·징병 등의 병력 동원, 군속 등의 군 관련 동원, 여자근로정신대·군'위안부'·종군간호부·근로보국대 등의 여성 동원 형태로 침략전쟁 수행을 위한 강제적·집단적인 대규모 동원이 이루어졌다. 조선인이 강제동원된 지역도 조선은 물론이고 일본, 사할린, 만주, 중국, 남방 등 일제의 제국 판도 전역에 산재했다. 이 가운데 해외로 강제동원된 조선인 노동자만 최소 70만 명에서 150만 명 정도에 이르고, 군인·군속도 30만 명 이상으로 추정된다.

　강제동원에서 규모가 가장 큰 것은 노무 동원이었다. 노무 동원은 처음에는 자유모집의 형태로 이루어졌다. 그러나 글자 그대로 자유로운 모집과 응모는 아니었다. 노무 동원을 원하는 사업자가 모집 희망인원을 일본의 관할 부현府縣에 신청하고 후생성 심사를 받은 뒤 조선총독부에서 모집 지역을 할당받아 모집했는데, 이때 동행한 면사무소 직원과 경찰관이 모집에 응하도록 강제력을 행사했다는 점에서 사실상 강제모집이었다. 그나마 1942년부터는 자유모집을 관 알선으로 바꾸어 아예 번거로운 모집

절차를 생략해버렸다. 곧 모집의 주체를 사업자에서 조선총독부 외곽단체인 조선노무회로 이관해, 관이 직접 노동력의 모집·전형·송출을 담당하도록 한 것이다. 관이 공식적으로 개입했으니 강제력이 작용한 것은 당연했다. 일정한 숫자를 할당받은 하부 행정기관은 사실상 강제모집을 자행했다.

1944년부터는 국민징용령에 의해 징용이 실시되었다. 국민징용령은 만 16세 이상 40세까지의 모든 청장년 중 현재 총동원 업무에 종사하지 않는 사람에게 무차별적으로 적용되었다. 징용은 개인의 의사와는 무관하게 국가의 힘으로 직업전환을 강제하는 것이었다. 징용은 도지사가 징용영장을 받은 사람들을 모아 항구로 데려오면 조선총독부가 직접 사업자에게 인계하는 방식이었다. 징용은 신규징용(직업이나 직장을 강제적으로 전환 배치시키는 것)과 현원現員징용(종래의 직장에 계속 근무하도록 한 것)으로 구분되었다. 특히 문제가 된 것은 신규징용이었다. 길을 지나가는 청장년을 마구잡이로 연행하는 경우도 있었고, 마을을 습격해 청장년을 연행하는 경우도 있었다. 한마디로 원시적 폭력이 동반된 노동력 동원방식이었다.

강제동원된 노동자의 숫자는 알려져 있지 않다. 단지 추산치만 존재할 뿐이다. 일본만 72만 명이라는 추산도 있고 150만 명이라는 추산도 있다. 동남아시아, 남양군도 등 일본의 점령지로 동원된 숫자까지 합하면 그 수는 더 늘어난다. 심지어 강제로 끌려갔다가 죽거나 부상을 당한 사람들의 숫자는 전혀 알 수 없다.

자유모집이든 관 알선이든 징용이든, 강제로 동원된 노동자들은 일본 현지에 도착한 뒤 바로 군대식 훈련을 받고 혹독한 착취의 대상이 되었다. 무지막지한 폭력이 일상적으로 가해졌으며 쉬는 날도 없이 강제노동을 해야 했다. 제대로 된 휴식을 취할 수 없었기 때문에 체력도 정신력도 다 고갈되었고, 재해의 위험이 상존하는 작업장에 주로 배치되었기 때문에 다치거나 죽는 경우도 많았다.

억압은 작업장에만 국한되지 않았다. 강제동원된 노동자들의 생활 공간은 외부와 완전히 차단되었다. 기업의 노무과 직원과 경찰이 밤낮을 가리지 않고 노동자들을 감시했다. 당시 노동자들이 기숙하는 곳을 '문어방'이라는 뜻의 '다코베야'라고 불렀다. 문어의 발을 자르는 것처럼 노동자들의 수족을 마구 자르며 일을 시킬 수 있는 곳이라는 뜻이었다고 한다. 워낙 일이 힘들다 보니 감시를 뚫고 탈주하는 노동자도 적지 않았다. 그렇지만 도망하다가 발각되면 즉결처분이 가해졌다. 즉결처분으로 사망한 조선인 노동자는 상당수에 이르렀다. 여기에 재해와 과로로 사망한 경우까지 합하면, 강제동원되었다가 고향에 돌아오지 못하고 이국 땅에 묻힌 조선인 노동자는 꽤 많았을 것으로 보인다.

조선인 노동자들이 많이 끌려갔던 홋카이도 지방을 비롯한 여러 곳에서는 현재도 이때 죽어 아무렇게나 방치된 시신의 유골 발굴 작업과 송환 작업이 진행되고 있다. 일반에게도 공개된 한 탄광의 벽에 적힌 '어머니 보고 싶어요'라고 쓰인 한글 문구는 어두컴컴한 탄광 안에서 죽음에 이르는 열악한 노동을 강요받던 조선인 노동자의 모습을 생생하게 보여준다.

일찍이 일본 정부는 신성한 천황의 군대에 조선인이 입대하는 것을 꺼렸다. 그러나 침략전쟁이 확대됨에 따라 군인이 부족해지자, 조선인을 군대에 동원한다는 방침이 세워졌다. 1938년 '육군특별지원령'을 공포한 것

**탄광 강제동원**
일본 홋카이도 구시로시 샤쿠베쓰 탄광 입구에서 찍은 징용자 단체사진. 일제강점하강제동원피해진
상규명위원회 소장.

이 그 시초였다. 일제는 다가올 징병제에 대비해 지원병을 황민의 모델로 삼으려고 했다. 곧 지원병제도는 조선 민족의 완전한 황민화를 달성하기 위한 과도적 방법으로 도입되었던 것이다. 말로는 지원이었지만 실제로는 할당에 따른 강제모집이었다. 조선총독부가 지방행정기관에 지원병 지원자 수를 할당하면 지방행정기관은 경찰을 앞세워 강제적으로 지원병을 모집했다. 당시 친일의 길을 걷고 있던 지도자급 조선인들은 신문과 잡지에 기고한 글과 강연회를 통해 천황의 군인이 되는 것이 얼마나 영광스러운 일인가를 강변했다. 지원병은 여섯 달 동안 사상교육을 포함한 훈련을 받은 뒤 전선에 투입되었다.

지원병제도를 시행할 당시만 하더라도 일제는 조선인의 황민화 정도로 보아 징병제 시행이 앞으로 20년 내지 30년 뒤의 일일 것이라고 예상했다. 그러나 전쟁상황이 점차 악화되고 중일전쟁이 아시아·태평양전쟁으로 확대되면서 당초의 예상보다 빨리 징병제를 시행할 수밖에 없게 되었다. 만주사변 이후 10년 이상 계속된 침략전쟁으로 일본의 병력자원이 이미 고갈상태에 빠졌기 때문이다.

이에 일제는 1942년 5월 징병제 시행을 공포했다. 1944년부터 조선인에게도 병역의무를 부과해 징집을 실시한다는 것이었다. 그리하여 사전준비로 조선인 호적의 일제정비를 실시하는 한편, 1942년 10월에는 징집 대상자를 사전에 교육시키기 위해 '조선청년특별연성령'을 제정했다. 특별연성의 내용은 국민학교 교육을 이수하지 않은 17세부터 21세 미만의 남자를 대상으로 각 읍면 단위로 일본어와 정신교육을 강제시행한다는 것이었다. 1944년 징병제 시행을 앞두고는 친일파를 앞세운 대대적인 선전 활동이 다시 한 번 펼쳐졌다.

그러나 징병제는 일제의 의도대로 순탄하게 이루어지지 않았다. 1944년 4월 첫 번째 징병검사가 실시되었지만, 조선인이 실제로 입영하기 시작한 1944년 9월 이후 전황 악화에 따른 패전 분위기가 급속하게 확산되면서, 언어와 생활양식의 차이를 절감하고 있던 조선인 입영자의 탈주가 계속되었다. 일제는 징병제가 제국과의 운명공동체 속에서 황민에게만 주어지는 특권이라고 선전했지만, 상당수의 조선인은 그런 미사여구에도 불구하고 황민으로서의 정체성을 끝내 가질 수 없었다.

한편 징병제 실시에 앞서 1943년에는 '대학생육군특별지원령 임시채용 규칙'이 공포되었다. 17세 이상의 학생들을 '학도병'이라는 이름으로 강제연행하겠다는 것이었다. 이미 모든 학교에서 군사교육을 실시 중이었기 때문에, 전문학교 이상의 학교 재학생들을 전쟁터로 끌고 가기가 매우 편리하게 되어 있었다. 그러나 총알받이용 징집을 피해 도주하거나 잠적하는 학생들이 속출했다. 훈련을 받다가 도주하거나 군부대에 배속된 뒤 탈주해 독립운동에 가담하는 학도병도 많았다.

군대에 동원된 조선인의 규모가 어느 정도였는지도 정확하게 알려져 있지 않다. 일본 정부의 공식 발표에 따르면 현역 군인이던 조선인은 육군 186,980명, 해군 22,299명, 합계 209,279명이었다고 하지만 이 수치를 그대로 믿는 사람은 별로 없다.

강제동원의 마지막 유형은 최악의 전쟁범죄인 여성 동원이다. 일제는 1930년대 말부터 군수산업에서 여성 노동력을 체계적으로 착취하기 시작했고 1944년에는 여자정신근로령을 공포했다. 근로정신대와 관 알선방식으로 강제동원된 조선인 여성 노동자는 배고픔과 강도 높은 노동에 시달렸다. 노란무와 밥, 그리고 된장국이 전부인 하루 두 끼 식사와 하루종일 계속되는 노동, 무서운 감시가 그들의 일상이었다.

여성 노동보다 더 심각한 것은 일본군 '위안부'로의 강제동원에 따른 성의 착취였다. 일제는 침략전쟁 과정에서 군인들의 정서안정을 위해 성적 서비스를 제공할 '위안부'가 필요하다고 결정했다. 만주에서 1930년대 초부터 설립되기 시작한 일본군 위안소가 일본군 전체로 확산된 것은 1937년 무렵으로 추정된다. 위안소의 설치·경영, '위안부'의 모집·수송에 이르는 모든 과정을 주도한 것은 군이었다.

보기를 들어, 1941년 7월 만주의 관동군은 소련과의 개전을 예상하고 '관동군특별연습'이라는 이름의 대규모 전투훈련을 벌였는데, 이때 훈련에 참가한 일본군에게 '위안'을 제공하기 위해 2만 명의 조선 여성을 동원하겠다는 계획을 세웠다. 현실적인 여건 때문에 실제로는 그 규모가 축소되었다. 동원된 '위안부' 숫자는 설이 분분하지만 조선총독부가 나서서 적어도 3,000명 이상의 조선 여성을 동원했다.

관동군특별연습의 경우에서 알 수 있듯이, 일본 정부와 조선총독부는 군 '위안부' 동원과 관련된 군의 결정에 적극 협력하고 있었다. 일본 군부는 침략전쟁의 확대 과정에서 조선 여성을 군 '위안부'로 동원할 것을 결정했다. 때로는 민간인을 앞세워, 때로는 관리·경찰·군인을 내세워 '위안부'를 연행했다. 민간인은 대개 일본의 좋은 직장에 취직시켜준다는 사기로 여성을 꾀어갔고, 관리·경찰·군인은 폭력을 사용해 주로 가난한 농촌에서 여성을 끌고 갔다. 당시 조선에서 해외로 나가기 위해서는 도항 중명서가 필요했다. 그런데도 대규모의 성노예가 해외로 나갈 수 있었던 것은 조선총독부의 개입 없이는 불가능한 일이었다.

강제연행이든 취업사기이든, 군 '위안부'로 끌려간 여성들은 모두 자신이 성노예가 될 것이라는 사실을 전혀 모르고 있었다. 더욱이 연행 도중에도 도주할 수 없도록 늘 엄중한 감시를 받았다. 따라서 무엇이라고 이름붙이든 성노예 동원은 실제로는 모두 강제연행이었다. 성노예들은 일본군의 수송수단을 이용해 만주, 타이완, 중국, 동남아시아, 남양군도 등 일본군이 주둔하던 모든 곳으로 끌려갔다.

이들은 하루에 많은 경우 40~50명, 보통 20~30명, 적을 때도 5~6명 정도의 일본군을 상대로 성적 서비스를 제공해야 했다. 이를 거절하면 뭇매를 맞거나 타살당하기도 했다. 군 작전 지역 안에서 성노예가 되었기 때문에 사실상 감금상태였다. 물건보다 못한 취급을 받으면서 우리말도 쓸 수 없었고 본래의 이름 대신에 일본식 이름을 써야 했다.

성노예로 끌려간 조선인 여성의 정확한 숫자를 알려주는 자료는 현재 공개되지 않고 있다. 다만 여러 자료를 통해 볼 때 그 숫자는 15만 명 내외로 추산되고 있다. 군 '위안부'의 절대다수가 조선인 여성이었다. 일본인은 소수의 매춘여성 외에는 동원의 대상이 되지 않았다. 성노예 동원에도 민족차별이 작용하고 있었던 것이다. 조선 여성들은 전쟁터에서 성노예로 인권을 유린당하고 전쟁이 끝난 뒤에도 고향에 돌아오지 못했으며, 설령 돌아왔더라도 침묵을 강요받은 한국 근대사의 최대 희생자였다.

# 05

일제강점 이전부터 우리 사회에는 서구의 다양한 사조가 수입되었다. 처음에는 사회진화론이 당대의 지식인들에게 큰 영향을 미쳤다. 그러나 강제병합을 전후해 사회진화론의 한계를 극복하려는 움직임이 나타나기 시작했다. 그 움직임은 1910년대 중반부터 국가 주권이 인민에게 있다고 보는 민주공화주의로 귀결되었다. 3·1운동을 계기로 1919년 4월 상하이에서 한국 역사상 처음으로 인민의 평등과 자유를 보장하는 주권재민의 근대국가로서 대한민

# 새로운 사상과 계층의 출현

국임시정부가 출범한 이후 민주공화주의는 거스를 수 없는 대세가 되었다. 3·1운동 이후에는 사회주의도 청년층을 중심으로 빠르게 확산되면서 민족해방운동의 유력한 이념적 토대가 되었다. 민주공화주의, 사회주의 등 새로운 사상의 확산은 새로운 계층의 출현과도 밀접한 관련이 있었다. 전통사회에서 제대로 대접받지 못하던 소년층과 청년층이 근대로의 변화를 이룰 주역으로 각광받기 시작했다. 이중·삼중의 차별을 당하던 여성도 하나의 계층으로 새로이 등장했다. 전시체제기에 청소년과 여성은 일제에 의한 전쟁 동원의 가장 중요한 대상이기도 했다.

# 근대로의 다양한 사상적 모색

## 사회진화론에서 공화주의로

개항 이후 서구의 다양한 사조가 수입되었고 전통 사상도 자기혁신을 도모했다. 특히 사회진화론은 당대 지식인의 세계관에 엄청난 영향을 미쳤다. 한말 주요 학회와 단체들은 대부분 사회진화론을 수용했다. 한말의 대표적인 계몽주의 지식인인 장지연, 안창호, 박은식, 신채호 등이 모두 한때 사회진화론의 경향을 보였다. 『대한매일신보』나 『황성신문』 같은 대표적인 신문에도 사회진화론의 논설이 수시로 실렸다. 그런 가운데 민족주의의 뿌리가 싹트기 시작했다. 특히 독립협회운동과 애국계몽운동은 백성을 깨우치고 민권의 신장을 기함으로써 민족주의의 목표를 달성하려고 했다. 그렇지만 군주주권론을 완전히 극복하지 못했다는 점에서 한말의 민족주의는 한계를 보였다.

사회진화론은 원래 전형적인 제국주의의 논리였다. 그러나 한말 이래 수입된 사회진화론은 오히려 반제국주의의 이념, 곧 민족주의의 토양이 되었다. 각종 신문과 잡지에 생존경쟁, 우승열패, 진화와 같은 용어가 자주 등장했다. 생존경쟁을 모르면 개인이나 국가가 불행을 당한다며 모두가 생존경쟁의 뜻을 알아야 한다고 할 정도였다. 일본의 국권침탈이 대한제국의 실력이 부족한 데서 비롯되었다고 본 사회진화론자들은, 다른 민족국가와의 경쟁에서 살아남고 국권을 회복하기 위해서는 부족한 실력을 양성해 부국강병을 이루어야 한다고 주장했다. 그 방안으로 제시된 것이 교육과 식산이었다.

그러나 한말에 수용된 사회진화론은 국가를 중심으로 한 이론이었다. 더욱이 대부분의 당대 지식인들은 반제국주의를 위해 사회진화론을 받아들였으면서도 부국강병을 통해 위기를 극복한 대한제국이 다른 열강과 마찬가지로 제국주의 국가가 되어야 한다고 봄으로써 결국 제국주의의 논리를 극복하지 못했다. 특히 사회진화론에서 말하는 자연도태 사상은 반인간적인 논리이기도 했다. 열등한 인종이나 민족은 지구상에서 사라진다는 주장을 진리로 받아들이면, 인도주의나 정의가 설 자리는 없어지기 마련이다. 더 심각한 문제는 국가를 사회진화의 주체로 설정하는 것이었다. 한말 국가가 멸망 위기에 처해 있을 때는 국가를 진화의 주체로 설정하는 것이 나름의 현실성을 갖고 있었다. 그렇지만 경술국치로 국가가 사라지자 사회진화론은 이론적 위기에 직면할 수밖에 없었다.

이에 몇몇 지식인은 국가가 아닌 민족을 진화의 주체로 보기 시작했다. 민족을 주체로 보면 국가가 멸망해도 민족은 존재하기 때문에 진화를 위해 다시 싸워야 한다는 논리가 성립될 수 있었다. 신채호, 박은식 등이 이러한 논리로 사회진화론의 패배주의를 극복하고 민족의 언어, 문화, 역사에 깊은 관심을 보였다. 특히 박은식의 경우 경술국치 직후에 쓴 『몽배금태조夢拜金太祖』를 통해 평등주의를 내세우면서 제국주의를 극복하려고 한 점이 주목된다.

국망 이후에도 사회진화론은 한동안 그대로 통용되었다. 사회진화론을 바탕으로 한 실력양성론은 나라를 잃은 지식인들이 미래를 위한 준비를 강조할 때 이론적 밑바탕이 되었다. 특히 1910년대의 일본 유학생들은 약육강식과 우승열패의 사회진화론을 20세기 인류사회의 법칙으로 이해하면서 강력주의를 주장하기도 했다. 그러나 사회진화론의 틀에 계속 갇혀 있는 한 일제의 침략에 불만을 가지면서도 제국의 우월성을 선망할 수밖에 없는 모순에서 헤어나지 못한다. 이런 모순에서 벗어나려면 사회진화론이 아닌 새로운 사회발전의 원리를 찾아야 했다.

그리하여 새로운 움직임이 1910년대 초부터 일부 민족주의자 사이에서 나타났다. 경술국치 이후 조선인들은 망국민으로 지내야 했다. 초기에는 대한제국의 회복을 염원하는 복벽주의적 흐름도 없지 않았지만, 1910년대 후반이 되면 새로운 형태의 나라, 곧 주권재민의 신국가 건설이라는 공화주의가 민족운동에서 주된 흐름이 되었다. 1917년에 신규식, 박은식, 신채호, 조소앙 등 14인의 이름으로 발표된 「대동단결선언」은 국민주권의 공화주의 이념을 처음으로 공식 문서화한 것이었다. 공화주의란 법과 공공선에 기반을 두고 주권자인 시민들이 자율적인 정치공동체를 형성하려는 이념으로, 자유와 평등, 그리고 이를 국민 모두에게 보장할 법치를 중시한다.

공화주의의 단초는 한말 신민회의 일부 성원들 사이에서 나타났다가 구체적인 결실을 맺지 못한 채 유야무야된 바 있었다. 그런데 1917년에는 당대의 대표적인 민족주의자들이 연명해 앞으로 새로 세워질 나라가 국민주권에 바탕을 두어야 한다는 점을 명백히 밝힌 것이다. 이 선언의 목적은 '주권상속의 대의'와 '대동단결의 원칙'을 분명히 하는 데 있었다. 그런데 '주권상속의 대의'란 대한제국의 마지막 황제인 융희황제가 삼보, 곧 토지와 국민과 주권을 포기한 1910년 8월 29일은 곧 "오인 동지가 삼보를 계승한 날"이며 "오인 동지는 완전한 상속자"라는 것이었다. 또 이

선언은 저 "제권帝權 소멸의 때가 곧 민권 발생의 때"이며 "구한舊韓 최후의 날이 신한 최초의 날"이라고 주장했다. 이제 군주주권의 제국을 대신해 주권재민의 공화국이 등장했다는 것이다. 이 선언을 계기로 공화주의가 민족운동의 주된 흐름으로 자리를 잡게 되었다.

「대동단결선언」을 통해 봇물을 튼 공화주의, 평등주의의 흐름은 1919년에 조소앙이 기초하고 신채호, 박은식 등의 이름으로 발표된 「대한독립선언서」(일명 무오독립선언)를 통해 더욱 구체화되었다. 이 선언서는 민족독립이 민족평등, 동양평화 보장, 인류평등을 위한 길이라는 점을 분명히 함으로써 사해동포주의를 이상으로 하는 열린 민족주의의 사고를 보여주었다. 동시에 민족독립을 정의와 인도에 입각한 민주, 자유, 인간(개인)·민족평등의 실현을 통해 모든 민족과 사람이 평화롭게 공존하는 대동사회 건설의 한 과정으로 규정한 것도 주목된다. 그렇게 함으로써 민족독립의 의미를 잃어버린 주권의 회복과 독립국가의 건설이라는 좁은 틀에 가두지 않고, 민주주의의 실현, 민족구성원 개개인의 해방과 평등 실현으로까지 확대했기 때문이다.

3·1운동은 주권재민의 근대국가 이념이 정립되는 결정적 계기가 되었다. 국망 당시만 하더라도 대한제국은 군주제국가였다. 그런데 그로부터 10년 뒤에 일어난 3·1운동에서 대한제국을 되찾겠다는 이야기가 거의 등장하지 않았다는 것은 놀라운 일이다. 3·1운동 과정에서 여러 독립선언서가 발표되었지만, 그 가운데 대한제국으로의 복귀를 주장한 것은 하나도 없었다. 3·1운동 당시 추진되던 국민대회 약법에는 "국체는 민주제를 채용함"(제1조), "정체는 대의제를 채용함"(제2조)이라는 조항이 들어 있었

다. 이 밖에도 나라 안팎에서 여러 정부안이 만들어졌지만 모두 공화제를 지향했다. 1910년대에도 계속된 의병운동으로 명맥을 유지하던 복벽주의는 사실상 대중에 대한 영향력을 상실했음이 3·1운동을 통해 증명되었다. 3·1운동은 어떤 의미에서는 민족 내부의 공화주의와 복벽주의의 투쟁에 종지부를 찍은 사건이었다. 3·1운동이 전개되는 동안, 독립을 하면 다시 왕정으로 돌아가야 한다는 생각을 드러낸 사람이 없었던 것은 아니다. 그러나 대세는 왕이나 황제가 없는 나라를 세워야 한다고 생각하는 쪽이었다.

3·1운동에서 확고하게 자리 잡은 주권재민의 근대국가 이념은 그 뒤 민족주의 이념의 중심축으로 기능하게 되었다. 이를 상징적으로 보여주는 것이 1919년 상하이에서 수립된 대한민국임시정부(이하 임정)였다. 임정의 수립을 통해 한국 역사상 처음으로 인민의 평등과 자유를 보장하는 주권재민의 근대국가가 출범했다. 1919년 4월 대한민국 임시의정원에서 채택된 「대한민국임시헌장」은 대한민국이 민주공화제 국가라는 점을 분명히 했다. 동시에 대한민국 인민은 종교·언론·저작·출판·결사·집회·통신·주소이전·신체·소유의 자유를 누리는 한편, 남녀·귀천·빈부의 차이 없이 일체 평등하다고 규정함으로써, 자유·민주·평등을 대한민국의 핵심 가치로 설정했다. 흥미로운 사실은 1919년 3월부터 4월 사이에 임정 구성을 논의하는 과정에서 공화제로 할 것인가의 여부는 거의 거론조차 되지 않았다는 점이다. 이는 이미 공화제가 상하이의 독립운동가들에게 하나의 상식이 되어 있었기 때문일 것이다. 1880년대부터 논란이 되어온 근대 국가체제를 둘러싼 논쟁, 곧 입헌군주제냐 민주공화제냐의 논쟁은 임정

수립을 통해 일단락된 셈이었다.

이후 임정의 헌법 구상은 몇 차례 수정(1919년 9월 대한민국임시헌법 제정, 1925년 4월 대한민국임시헌법 개정, 1927년 4월 대한민국임시약헌 제정, 1940년 10월 대한민국임시약헌 개정, 1944년 4월 대한민국임시헌장 제정)을 거쳤다. 그러나 마지막까지 군주정치의 허울을 파괴하고 민주제도를 수립한다는 것, 대한민국의 인민은 남녀, 귀천 및 빈부를 떠나 평등하다는 것, 인민은 권리와 자유를 가지며 평등한 의무를 진다는 것, 인민이 대표자를 선출하고 그 대표체가 통치한다는 것은 바뀌지 않았다.

임정이 구상한 민주공화제에서 '공화'는 '균등' 내지 '평등'과 이어진다. 인민은 일체 평등하다는 규정이 이를 잘 보여준다. 모든 인민이 평등하게 자유를 누리고 의무를 지며 정부구성에 참여한다는 규정도 마찬가지이다. 인간의 존엄과 가치에 대한 존중은 생명형, 신체형, 공창제 등을 모두 인간의 존엄과 가치에 반하는 것으로 전폐되어야 한다고 본 데서 잘 드러났다.

이후 공화주의는 독립운동에서 보편적인 것이 되었다. 일부 복벽주의자들이 왕정으로의 복귀를 꿈꾸기도 했지만, 민주공화국 수립이라는 시대의 흐름을 거스를 수는 없었다. 좌우를 막론하고 해방 이후 세워질 새로운 나라의 체제가 민주공화국이라는 데 대해서는 대체적인 합의가 이루어지고 있었던 것이다.

보기를 들어, 1930년대 후반 중국 관내 지역의 양대 독립운동단체인 임정 고수파 한국국민당과 임정 반대파 민족혁명당은 각각 "정치·경제 및 교육의 균등을 기초로 한 신민주공화국 건설"과 "봉건 세력과 일체 반혁명 세력을 숙청하고 민주 집권의 정권을 수립한다, 국민은 일체의 선거권 및 피선거권을 가진다"라는 방침을 밝혔다. 민주공화국 수립이라는 점에서 한국국민당과 민족혁명당의 방침에는 별 차이가 없었던 것이다.

공화주의는 독립운동 진영의 건국 구상에서 대세를 이루었다. 이는 이념적 지향성의 차이에도 불구하고 민족주의 계열과 사회주의 계열 사이에서 합의를 이루어 나간 것이기도 했다. 실제로 1930년대 중반 이후 임정을 비롯해 각 독립운동 세력이 밝힌 새로운 국가 건설 구상은 거의 비슷했다. 민주공화제 국가를 만들어 국민(또는 인민)의 자유와 평등을 최대한 보장한다는 데 대해서는 모든 독립운동 세력이 같은 생각을 갖고 있었다.

1948년 7월에 제정된 제헌헌법과 1987년에 개정된 현행 헌법은 모두 국가의 형태 및 주권의 소유자에 대한 규정을 본문의 가장 앞에 두고 있다. 그런데 제헌헌법 제1조(대한민국은 민주공화국이다)와 제2조(대한민국의 주권은 국민에게 있고, 모든 권력은 국민으로부터 나온다), 그리고 현행 헌법 제1조 제1항(대한민국은 민주공화국이다)과 제2항(대한민국의 주권은 국민에게 있고, 모든 권력은 국민으로부터 나온다)이 토씨 하나 틀리지 않고 똑같다는 점이 눈길을 끈다. 대한민국이 민주공화국이며 주권이 국민에게 있다는 것이 대한민국 헌법의 출발점이다. 헌법상 국민은 정치적 측면에서 주권의 소유자일 뿐만 아니라 경제적·사회적 측면에서도 모든 권리를 누리는 주체이다. 당연히 이러한 헌법상의 규정은 독립운동 진영에서 1910년대 후반부터 제기하기 시작한, 그리고 1919년 임정의 헌법문서를 거쳐 확고하게 정립된 민주공화제 구상의 연장선에서 파악되어야 한다.

## 사회개조론에서 사회주의로

제1차 세계대전이 끝나고 3·1운동이 일어날 무렵에는 세계적으로 정의와 인도, 자유와 평등을 내세운 사조가 유행하기 시작했다. 조선에서도 3·1운동 이후 일제가 내건 문화정치 아래 새로운 사상의 유입이 가속화되었다. 그 핵심은 사회개조 사상 및 사회주의였다.

먼저 3·1운동을 전후해 사회개조에 대한 관심이 높아졌다. 3·1운동 직후인 1919년 4월 일본에서 『개조』라는 이름의 잡지가 창간된 데서도 알 수 있듯이, 1910년대 말과 1920년대 초에는 세계적으로 사회개조 사상이 유행하고 있었다. 1918년 1차 세계대전이 끝나면서 전쟁의 원인으로 지목된 군국주의, 침략주의에 대한 비판의 소리가 높아졌으며, 아울러 제국주의 열강에 의한 세계 지배체제에 대한 비판도 거세졌다. 그러면서 잘못된 세계를 바로잡을 원리로서의 개조(사회개조, 세계개조)가 많은 지식인들의 공감을 얻었다. 이 사회개조 사상은 3·1운동을 전후한 시기에 식민지 조선에도 적지 않은 영향을 미쳤다. 1920년대 초에 발간되던 각종 신문과 잡지에 '개조'라는 말이 널리 쓰인 것이 이를 잘 보여준다.

3·1운동으로 식민지 지배체제를 유지하는 데 위기의식을 갖게 된 일제는 부분적으로나마 식민지 지배방식의 전환을 모색하게 되었다. 이른바 '문화정치'가 바로 그것이다. 일제는 문화정치의 일환으로 조선인에 의한 조선어 신문·잡지의 발간을 허가하고, 각종 단체의 결성을 허용했다. 문화정치의 공간 속에서 『동아일보』나 『개벽』 같은 신문·잡지가 나오기 시작했고, 일본 등지에서 새로운 근대 사상을 접한 새로운 지식층에 의해 전국 각지에서 수많은 사회단체가 출범했다.

『동아일보』와 『개벽』은 당시 조선의 지식인들 사이에서 가장 인기 있는 신문과 잡지였다. 이 두 매체를 통해 사회개조론이 급속하게 확산되었다. 또한 이 시기 대부분의 사회단체도 사회개조를 표방했다. 실제로 '개조'는 1920년대 초반의 최대 유행어였다. 이제 바야흐로 '개조의 시대'라고 해도 좋을 정도로, 개조라는 말이 사람들의 입에 자주 오르내렸다. 각종 단체의 조직, 교육열, 신문과 잡지 발행, 여성해방 등이 모두 당시 개조의 유행을 보여주는 구체적인 지표였다.

이 무렵 식민지 조선에서 사회개조가 유행하기 시작한 데는 분명히 외부 사조가 큰 영향을 미쳤다. 그러나 당시 지식인들이 갑자기 사회개조를 들고 나온 데는 또 다른 이유가 있었다. 그것은 일제가 내세운 문화정치 아래에서도 정치적 의사를 표현하는 데는 여전히 큰 한계가 있었다는 것과 관련이 있다. 조선인에게 정치란 궁극적으로 새로운 국가의 건설, 곧 일제로부터의 독립을 의미했다. 따라서 일제는 조선인의 정치 활동을 여전히 규제했다. 심지어 조선의회 설립을 목표로 내건 친일단체 유민회維民會조차 일제의 공식 통치 방침인 내지연장주의와 어긋난다는 이유로 조선총독부의 견제를 받아 침체상태에 빠질 정도였으니, 독립을 전망하는 합법적인 정치 활동이란 아예 불가능했다. 독립을 지향하는 정치 활동은 모두 금지되었다. 따라서 합법 영역에서 활동하는 한 정치를 우회할 수밖에 없었다. 그것이 바로 사회개조에의 경사로 나타난 것이다. 이때 사회개조란 실제로는 정치를 대신하는 말이었다.

여기에는 두 가지 경향이 섞여 있었다. 하나는 먼저 정치적 독립이나 경제적 자립이 불가능하다고 보고, 그 대안으로 사회개조가 필요하다고 보는 입장이었다. 이런 경향은 '민족개조론'을 주장한 이광수에게서 단적으로 드러났다. 이광수가 말하는 민족개조는 독립 불가능을 전제로 했다는 점에서 당시 조선총독부가 내세우던 문화정치와 일맥상통했다.

다른 하나는 민족운동의 일환으로 사회개조를 제기한 흐름이었다. 당시 사회개조론을 퍼뜨리는 데 앞장섰던 『개벽』은 1922년에 나온 창간호의 첫 논설에서 독일혁명을 통해 세계평화를 설명하는 영국 노동당 선언을 소개한 데 이어, 부인 문제, 인종 문제, 노동 문제, 농촌 문제 등에 관한 기사를 자주 실었다. 심지어 사회주의를 소개하는 글도 자주 실었다. 그러면서 민중 지향적 성격을 분명히 드러냈다.

사회개조론자들이 사회개조라는 이름 아래 민중의 생존권을 거론하고 조선인 본위의 산업 정책과 교육기관 설립을 언급한 것도 이와 무관하지 않았다. 당시 사회개조와 한 쌍을 이루던 문화주의 또는 문화운동이 내세운 인격수양이나 신문화 건설이라는 말에도 민족적 색채가 덧붙여졌다. 민족과 관련해 사회개조나 문화를 이야기하는 것은 일본이나 서구에서는 나타나지 않았던 새로운 현상이었다. 실제로 사회개조론자들은 개조를 받아들이면서도 사회와 민족에 중점을 두었다. 서구나 일본에서는 개조의 주체로 개인을 설정하는 경향이 강했던 데 비해, 식민지 조선의 사회개조론자들은 개인을 개인으로 보지 않고 사회와 민족의 일원으로 보았다. 사회개조론자 가운데 일부는 개조가 정신적 개조뿐만 아니라 물질적 개조까지 아울러야 한다고 주장했다.

그러나 사회개조론이 새로운 사상의 주류를 이룬 시기는 극히 짧았다. 원래 개조라는 말 속에는 사회주의와 부르주아 민주주의 사상이 혼재되어 있었다. 1920년대 초반 주도권을 장악한 것은 정치 참여의 기회가 막혀 있으므로 문화라는 비정치 영역에서의 계몽을 통해 근대화를 이루려고 한 문화운동이었다. 문화운동의 주체로 설정된 것이 청년이었고, 문화운동의 전략으로 강조된 것이 바로 사회개조였다. 그러나 1920년대 초의 짧은 기간이 지나면서 문화운동은 주도권을 상실했다. 그리고 사회주의가 새로운 민족해방의 이념으로 널리 수용되면서 문화운동론적인 개조의 시대가 사회주의의 시대로 넘어갔다.

실제로 1920년대에 가장 인기가 있던 문화상품 가운데 하나가 사회주의였다. 3·1운동 이전에 이미 서구에서 진행되고 있던 노동운동의 동향이나 러시아에서의 볼셰비키혁명이 일부 지식인의 관심을 끈 바 있었다. 3·1운동 과정에서도 사회주의와 러시아혁명에 호의적 태도를 보인 지식인이 적지 않았다. 보기를 들어, 재일본 유학생단체인 조선청년독립단이 선포한 2·8독립선언서에는 "러시아는 이미 군국주의적 야심을 포기하고 정의와 자유를 기초로 한 신국가의 건설에 종사하는 중"이라는 구절이 있다. 러시아의 볼셰비키혁명이 조선 독립을 원호하는 자유롭고 정의로운 국제적 현상으로 간주된 데서도 알 수 있듯이, 일본 유학생들은 사회주의에 대해 호의적인 인식을 갖고 있었다. 민족대표 33인 가운데 한 사람인 한용운은 옥중에서 쓴 「조선 독립의 서」에서 사회주의에 대한 호의적 인식을 더욱 체계적으로 개진했다. 한용운은 사회주의자들의 러시아혁명이 세계 사상계에 커다란 교훈을 주었다고 썼다. 한용운에 따르면 러시아혁명과 사회주의운동은 세계평화를 개척하는 원동력이자 조선 독립을 지원하는 정의와 인도의 세력이었다. 나중에 임정 대통령까지 지내게 되는 박은식은 1917년의 러시아혁명을 가리켜 여러 민족의 자유와 자결권을 약속하고 민중에게 자유와 평등을 준 '세계개조의 최초의 신호탄'이라고 불렀다.

이와 관련해 3·1운동 당시에 "조선 독립의 그날에는 재산이 평등하게 배분되기 때문에 빈곤자는 무상의 행복이다", 또는 "조선이 독립하면 국유지는 소작인 소유로 된다"라는 자각이 이미 민중 사이에서도 나타나고 있었다. 비록 일부이기는 했지만 민중이 재산균분, 토지분배 등 민중적 이해관계에 기초한 민족국가의 건설을 전망하고 있었음을 보여준다. 한편 3월 5일 시위에는 적기가 등장하기도 했으며, 조선민국 정부구성을 발표한 일부 천도교도들은 중요산업의 국영화, 국민균산주의를 채택하기도 했다. 이를 통해 3·1운동의 주체 가운데 일부가 사회주의의 영향을 일정하게 받고 있었음을 알 수 있다. 그렇다고 해서 러시아혁명이나 사회주의가 3·1운동의 직접적인 계기였다고 볼 수는 없다. 다만 3·1운동을 통해 조선 후기 이래 내재되어 있던 균산주의 이념이 외부로부터 수입된 사회주의와 결합할 수 있는 가능성을 보였고, 그 가능성이 이후 사회주의가 폭넓게 확산되는 데 영향을 미쳤다는 것만은 분명하다.

3·1운동이 일어난 1919년 무렵만 해도 국내에서 사회주의에 대한 인식은 관심 수준을 넘어서지 않았다. 사회주의를 민족해방의 이념으로 생각하는 현상이 정착된 것은, 상대적으로 새로운 사상의 수용 가능성이 열려 있던 해외가 먼저였다. 1918년 최초의 사회주의정당인 한인사회당이 러시아 영토인 하바롭스크에서 출범한 것을 비롯해, 러시아·일본·중국의 여러 지역에서 사회주의를 내건 단체가 꾸려졌다. 이 지역에서 활동하던

조선인 혁명가들이 처음 받아들인 사회주의는 1920년대에 접어들어 빠른 속도로 국내에 확산되었다. 당시 국내에서 활동하던 한 사회주의자가 쓴 것처럼 "3·1운동의 급격한 퇴조 속에 민족운동에 용약하였던 진보적 사상가, 혈기의 청년들은 그들의 새로운 감격을 사회운동의 이념" 곧 사회주의에서 찾게 된 것이다.

그리하여 "수년 전만 하여도 맑스 등록상표 아닌 사상상품은 조선 사상 시장에 가격이 적었고 맑스 신도가 아니면 시대의 낙오자라는 불미한 칭호를 얻게 되었다. 억지로라도 맑스 도금술과 맑스 염색술을 발명하여 사상적 낙오자 됨을 면하기에 노력하였다"라는 기사가 나올 정도로, 사회주의는 시대의 흐름을 대표하는 사조가 되었다. 당시 일제가 문화정치 아래 허용한 『동아일보』 같은 신문이나 『개벽』 같은 잡지에는 사회주의를 소개하는 글이 빈번하게 실렸다.

그뿐만이 아니었다. 『신사회』, 『신생활』 같은 사회주의를 선전하는 잡지가 창간되었고, 1920년부터 일본에서 번역되기 시작한 맑스 전집도 일본 유학생을 중심으로 널리 읽히기 시작했다. 보기를 들어, 일제강점기 대표적인 맑스주의 경제사학자 백남운이 쓴 여러 글에는 맑스의 『도이치 이데올로기』, 『포이에르바하론』, 『자본론』, 『경제학 비판』, 『임노동과 자본』, 엥겔스의 『반듀링론』, 『가족, 사유재산 및 국가의 기원』, 그리고 레닌의 『유물론과 경험비판론』, 『국가와 혁명』, 『제국주의론』, 『러시아 농업 문제』 등 맑스·레닌주의의 고전은 물론 유럽과 일본의 사회주의 저작이 빈번하게 인용되었다. 특히 조선보다는 상대적으로 출판 공간이 열려 있던 일본에서 출간된 사회주의 서적이 많이 읽혔다.

그러면서 스스로 사회주의자를 자처하는 젊은이들이 하나의 사회 집단으로 등장했다. '맑스 보이', '맑스 걸'이 바로 그것이다. 맑스 보이, 맑스 걸에는 여러 층위가 존재했다. 사회주의를 자신의 세계관으로 삼고 사회주의를 실천하려 했던 사람들은 흔히 운동가, 활동가라고 불렸다. 한편 사회주의를 일종의 유행상품처럼 소비하기만 한 이들도 있었다. 겉으로는 사회주의자인데 실제로는 아니라는 점에서 '사과 맑스주의자'라고 불렸다. 어쨌거나 사회주의가 유행하는 시대가 열린 것이다.

사회주의가 젊은이들을 중심으로 빠른 속도로 받아들여지면서 '신사회'라는 말이 유행했다. 보기를 들어, 1924년 전국적 청년단체로 출범한 조선청년총동맹이 내건 두 개의 강령 가운데 하나가 "대중을 본위로 한 신사회 건설을 기도함"이었다. 사회주의를 정식으로 내건 활동이 합법적으로는 불가능한 상황에서, 신사회란 "빈부의 차이가 없는 사회, 계급의 알력이 없는 사회, 모든 인간이 노동하고 최고의 문화적 향락생활을 누리게 되는 사회", 곧 사회주의 사회의 완곡한 표현이었다. 1920년대 중반 이후에는 전국의 청년·노동·농민·소년·여성단체 가운데 다수가 사회주의 계열이었다. 일부 지식인에 의해 받아들여졌던 사회주의가 이제 대중으로 확산되고 있었다.

일제의 경찰문서에 따르면 1930년대 초 함경남도의 정평농민조합에 속한 농민들의 독서목록에는 『맑스·엥겔스전집』, 『무엇을 할 것인가』(레닌), 『유물사관 해설』, 『맑스 경제학』, 『사회주의와 철학』 등이 포함되어 있었다. 물론 모든 농민이 이 책들을 읽었고 그 결과 사회주의를 제대로 이해했다고 볼 수는 없을 것이다. 그러나 제목만으로도 내용을 짐작할 수 있는 책을 농민들이 접하고 있었다는 사실은, 일제의 탄압에도 불구하고 사회주의를 이해할 수 있는 통로가 열려 있었으며 이 통로를 통해 사회주의가 민중에게도 광범위하게 퍼져 나가고 있었음을 의미한다. 1930년대 초 사회주의를 바탕으로 한 대중투쟁이 전국의 농촌과 공장에서 활발하게 전개된 것도 바로 이런 이유 때문이었다.

오죽하면 일제는 1925년부터 치안유지법을 내세워 "국체의 변혁이나 사유재산의 부정을 목적으로 하는 일체의 행위를 금지"했다. 이 법의 목표는 조선에서 민족해방과 계급해방을 추구하는 사회주의운동의 뿌리를 뽑아버리는 데 있었다. 이 법은 여러 차례 개악을 거듭했다. 1928년에는 결사 조직자를 사형에 처할 수 있다는 조항까지 들어갔다. 치안유지법에 의해 민족해방을 지향하는 일체의 행위가 최고 사형에 이르는 처벌의 대상이 된 것이다.

그럼에도 1910년대 말 이후 1945년 해방에 이르기까지, 사회주의는 민족해방을 위한 움직임의 한가운데에 위치하고 있었다. 중일전쟁과 아시아·태평양전쟁 기간 동안에 사회주의에 대한 일제의 탄압이 극에 달해, 공개적으로는 사회주의를 말할 수 없는 상황이 계속되는 가운데서도, 많은 사회주의자들이 지하에서 해방의 날을 준비하면서 사회주의를 포기하지 않았다. 그렇지만 사회주의와 일반 민중이 만날 수 있는 접점은 날로 줄어들었다.

그 자리를 메운 것이 일제의 국가주의였다. 중일전쟁으로 본격적인 전시동원체제를 구축하는 것이 식민통치의 기본 방향이 되면서부터, 천황제 이데올로기에 기반한 일본의 독특한 국가주의 외에 다른 어떤 형태의 사상도 용납되지 않았다. 국가주의는 미나미 지로가 조선총독으로 부임한 뒤 내선융화 단계를 넘어 내선일체라는 슬로건을 표방하는 가운데 조선인에 대한 황민화 정책의 강화로 구체화되었다.

# 사회주의운동을 막기 위해 치안유지법이 제정되다

『상록수』라는 소설로 유명한 작가 심훈은 소설만 쓴 것이 아니라 시도 쓰고 영화대본도 썼다. 그가 쓴 시 가운데 「박군의 얼굴」이라는 작품이 있다.

이게 자네의 얼굴인가?
여보게 박군, 이게 정말 자네의 얼굴인가?
알코올 병에 담가논 죽은 사람의 얼굴처럼
마르다 못해 해면같이 부풀어 오른 두 뺨
두개골이 드러나도록 바싹 말라버린 머리털
아아 이것이 과연 자네의 얼굴이던가?
(…)
4년 동안이나 같은 책상에서
벤또 반찬을 다투던 한 사람의 박은
교수대 곁에서 목숨을 생으로 말리고 있고

C사에서 마주 앉아 붓을 잡을 때

황소처럼 튼튼하던 한 사람의 박은

모진 매에 창자가 꿰어져 까마귀밥이 되었거니,

이제 또 한 사람의 박은

음습한 비바람이 스며드는 상해의 깊은 밤

어느 지하실에서 함께 주먹을 부르쥐던 이 박군은

눈을 뜬 채 등골을 뽑히고 나서

산송장이 되어 옥문을 나섰구나

(…)

박아 박군아 XX(헌영−인용자)아!

사랑하는 네 아내가 너의 잔해를 안았다

아직도 목숨이 붙어 있는 동지들이 네 손을 잡는다

이빨을 악물고 하늘을 저주하듯

모로 흘긴 저 눈동자

오! 나는 너의 표정을 읽을 수 있다

오냐 박군아

눈은 눈을 빼어서 갚고

이는 이를 뽑아서 갚아주마!

너와 같이 모든 X을 잊을 때까지

우리들의 심장의 고동이 끊칠 때까지


이 시는 심훈이 1927년 11월 이른바 제1차 조선공산당 탄압 사건으로 재판을 받던 도중 정신이상에 따른 병보석으로 풀려나는 친구 '박군'의 처참한 모습을 보고 분노에 차서 쓴 것이다. '박군'은 1925년 4월 서울에서 출범한 조선공산당의 당원이자 고려공산청년회의 책임비서이던 박헌영을 가리킨다. 시에 나오는 또 다른 두 명의 '박'은 천황 암살 음모 사건으로 일본 법원에서 이미 사형판결을 받았던 아나키스트 박열, 그리고 박헌영과 함께 고려공산청년회에서 활동하다가 경찰에 체포되어 모진 고문 끝에 재판도 받기 전에 사망한 박순병이다. 심훈과 세 명의 '박'은 모두 경성고등보통학교(현재 경기고등학교) 동창으로 당대 최고 엘리트였다. 그런데 한 명은 이미 옥중고혼獄中孤魂이 되었고, 또 한 명은 사형집행을 기다리고 있으며, 또 한 명은 '산송장'으로 풀려나는 현실을 심훈은 비통하게 바라보았던 것이다.

박헌영과 박순병의 경우에서 알 수 있듯이, 일제강점기에 사회주의자가 된다는 것은 일신의 안녕은 물론이고 목숨까지 내놓아야 하는 위험한 일이었다. 그런데도 사회주의를 바탕으로 민족해방과 계급해방을 위해 활동한 사람은 일일이 헤아릴 수 없을 만큼 많았다. 그러자 일제는 사회주의가 조선 민중 사이에 퍼지는 것을 막기 위해 사회주의와 관련된 일체의 행위에 대해 폭력적인 탄압을 가했다. 대표적인 것이 '악법 중의 악법'이라 불리던 치안유지법이었다.

일제는 문화정치 아래 언론, 집회, 결사, 출판의 자유를 형식적으로 허용하면서도 그것이 식민지 지배체제에 위협이 되지 못하도록 '치안유지법'이라는 안전정치를 만들었다. 1925년 일본에서 제정된 치안유지법이 처음으로 적용된 곳이 바로 식민지 조선이었다. 치안유지법의 실시는

**치안유지법 풍자만화 〈오늘부터 새 칼 한 개를 더 차볼까〉**
『조선일보』 1925. 5. 13. 치안유지법은 민족해방과 계급해방을 추구하는 사회주의운동의 뿌리를 뽑아버리기 위해 만들어진 악법이었다.

1920년대 초반에 제한적으로 허용했던 언론, 집회, 결사, 출판의 자유에 다시 재갈을 물린다는 것을 의미했다.

실제로 치안유지법에 따라 "국체의 변혁이나 사유재산의 부정을 목적으로 하는" 결사를 조직한 사람 이외에 결사 조직을 협의했거나 선동한 사람, 이를 알고도 신고하지 않은 사람들까지 처벌 대상이 되었다. 따라서 치안유지법은 처음부터 사상과 표현의 자유, 민족적 양심을 유린하는 악법이었다.

치안유지법을 적용하는 강도에서 일본과 조선 사이에는 현격한 차이가 나타났다. 일본에서는 1945년까지 치안유지법에 의해 사형판결을 받은 사람이 단 1명뿐이었는데, 조선에서는 많은 활동가들이 사형판결을 받았다. 1933년 12월에는 제5차 간도공산당 사건 재판에서 치안유지법 등 위반(살인죄, 강도죄 등 형법 위반 포함) 혐의로 22명의 활동가에게 사형이 언도되었다. 사형까지는 아니더라도 일단 치안유지법 위반으로 재판에 회부되면 민족적 양심을 포기하고 일제에 협력하겠다는 의사를 밝히지 않는 한 중형이 언도되었다. 보기를 들어, 1930년대 초 함경남도 영흥에서 농민조합 지도자로 활동하던 채수철이라는 농민은 1심에서 무기징역, 2심에서 20년의 징역형을 언도받고 해방이 될 때까지 감옥에 갇혀 있어야 했다.

치안유지법에 따라 수많은 사상범이 양산되었다. 1928년부터 1938년 사이에만 무려 28,000여 명이 치안유지법 위반으로 경찰에 검거되었다. 이는 당시 전체 조선 인구의 1/1,000 이상에 해당했다. 곧 조선인 1,000명 가운데 한 사람은 사상범 혐의자였던 것이다.

일제는 혐의가 인정될 경우 닥치는 대로 검거했다. 검거 뒤에는 경찰과 검찰의 취조를 받아야 했다. 자백이 유일한 증거로 쓰이던 시절이니 만큼 그것은 단순한 취조가 아니었다. 길면 2~3년에 이르는 취조 과정에는 상상을 초월한 고문이 따랐다. 실제로 박헌영은 경찰의 취조 과정에서 자행된 고문에 대해 다음과 같이 생생한 증언을 남겼다.

우리들 중 누군가가 체포되기만 하면 그는 곧바로 예비심문이 이루어지는 경찰서의 비밀장소로 끌려가게 된다. 일제 경찰은 연행된 사람으로부터 증거를 수집하기 위해 냉수나 고춧가루를 탄 뜨거운 물을 입과 코에 들이붓거나 손가락을 묶어 천장에 매달고 가죽채찍으로 때리거나 긴 의자에 무릎을 꿇어앉힌 다음 막대기로 관절을 때리거나 한다. 7~8명의 경찰들이 큰 방에서 벌이는 축구공 놀이라는 고문도 있다. 이들 중 한 명이 먼저 '희생양'을 주먹으로 후려치면 다른 경찰이 이를 받아 다시 또 그를 주먹으로 갈겨댄다. 이 고문은 가련한 '희생양'이 피범벅이 되어 의식을 잃고 바닥에 쓰러질 때까지 계속된다.

사상범에 대한 고문이 가장 효율적인 수사기법처럼 여겨지던 시절이었다. 그러니 경찰의 고문이 어느 정도였는지 짐작할 수 있다. 가혹한 고문 때문에 검찰에 송치되기 전이나 재판 과정, 혹은 출옥 이후 목숨을 잃는 활동가도 적지 않았다.

조선공산당의 5대 책임비서였던 김세연은 두 차례에 걸친 옥중생활로 악화된 폐결핵 때문에 사망했다. 마지막 책임비서였던 차금봉도 고문후

유증으로 옥사했다. 당시 발간되던 신문 기사에는 차금봉의 마지막 모습이 "기자가 찾아갔을 때는 마침 서대문형무소에서 시체를 운반하여 들어오는데 그로부터 부모는 물론이요 그의 부인의 애곡은 차마 듣지 못할 만큼 애를 끊었다. 그의 어린 아들과 딸은 관 속에 들어 있는 아버지를 보고 눈물을 흘리고 있었는데 (…) [부인의] 부르짖는 모양은 뜰 앞에 모여 있는 사람으로 하여금 눈물을 짓게 하였다"고 적혀 있다.

더 비극적인 경우도 있었다. 고려공산청년회 4대 책임비서를 지낸 고광수는 경찰의 탄압을 피해 해외로 망명했지만 활동을 재개하기 위해 다시 입국했다가 1929년 9월 함경남도 북청에서 체포되었다. 그 과정에서 면도칼로 목을 베어 자살하려고 했지만 실패로 끝났다. 자살미수 때 입은 상처가 채 아물지도 않은 상태에서 모진 고문을 받아 고광수는 이미 '산송장' 상태가 되었고, 결국 병보석으로 풀려난 뒤 곧 사망했다. 1930년 2월 영결식은 동지장으로 예정되었지만 경찰은 동지들이 마지막 죽음을 애도하는 것조차 금지했다. 그리하여 그의 주검은 친척 두 사람과 동지 서너 사람이 지켜보는 가운데 한줌 재가 되고 말았다. 나중의 일이지만 고광수가 관련된 사건으로 붙잡힌 동지들은 서울로 압송되던 도중 북청 벌판을 지나면서 고광수가 자살을 기도한 곳을 향해 방성대곡을 했다고 한다. 그의 비극적인 최후에 바치는 동지들의 최대의 경의였던 셈이다.

고문으로 목숨을 잃은 것은 조선공산당과 고려공산청년회의 거물급 사회주의자만이 아니었다. 1931년 9월에 일어난 함경북도 성진농민조합 검거 사건의 재판은 3년도 더 지난 1934년 10월에야 열렸는데 기소 전에 3명, 예심과 공판 진행 중에 각각 3명, 2명의 활동가가 옥중에서 사망했다.

경상북도 울진(일제강점기에는 강원도)에서 1930년대 말에 꾸려진 준향계와 창유계라는 비밀결사 사건 관련자 가운데 취조 과정에서 6명, 예심 과정에서 6명, 그리고 복역 중에 4명이 사망하기도 했다. 고문후유증으로 사경을 헤맨 활동가는 부지기수였다.

다행히 일제의 고문 과정에서 살아남으면 장기간의 형이 기다리고 있었다. 여기에 치안유지법이라는 악법으로도 민족해방의 의지를 막을 수 없게 되자 일제는 사상 전향 정책을 실시했다. 경찰, 검찰, 감옥에서 '주의'를 포기하고 천황에 충성하겠다는 뜻을 밝히면 석방과 감형의 조치가 취해졌다. 그러면서도 일제는 전향하지 않는 활동가에게는 일벌백계의 엄벌주의를 적용했다.

일제강점기 사회주의자 가운데는 민족이나 계급에 대한 고민만 접었다면 남들보다 편안한 삶을 살 수 있었을 엘리트가 많았다. 무엇이 그들을 죽음까지 무릅쓰고 민족운동에 헌신하게 했을까? 그들이 바란 것은 결국 인간해방이었다. 그들 가운데 대다수는 일제의 모진 탄압 아래에서도 민족해방과 계급해방의 신념을 잃지 않았다. 언제 경찰에 체포될지 모르는 불안 속에서도 그들을 지탱해준 것은 민족이나 계급에 따른 차별·억압·착취를 없앤 사회, 모든 인간이 자유롭고 평등하게 사는 사회에 대한 희망이었다.

# 새로운 계층의 출현

일제강점기에는 새로운 사상이 출현하고 새로운 문화가 꽃을 피우기 시작했다. 새로운 사상과 문화의 중심에는 전통사회에서 존재가치를 인정받지 못하던 소년, 청년, 여성이 자리 잡고 있었다.

## 소년과 청년의 발견

전통사회에서 '소년'은 훈육과 통제의 대상일 뿐이었다. 역사를 담당할 주체로 '소년'이 처음 주목받은 것은 19세기 말이었다. 구시대를 마감하고 신시대를 열어가던 상황에서, 전통사회를 상징하는 기성세대인 '노년'을 대신할 주체로 근대적 '소년'이 부상한 것이다. 그랬기 때문에 당시 소년이란 요즈음 말하는 어린이뿐 아니라 20대와 30대의 젊은이까지 아우르는 명칭이었다. 애초에 '소년'이란 말에는 시대적 전환기에 신시대를 살아갈 사람이라는 의미가 담겨 있었던 것이다. 그리하여 '소년'을 내건 단체가 만들어지고 잡지가 발행되었다. 그러나 국망을 전후해 '소년'은 청년과의 분화 과정을 거치게 되었다. 일본에서 들어온 '청년'이라는 말이 쓰이기 시작하면서 '소년'을 대치하기 시작했다. 청년의 사회적 역할이 확산되면서 소년은 10대 연령층으로 고정되어갔다.

1920년대 이전에는 소년을 단지 자연연령을 기준으로 '아직 어른이 되지 않은' 존재, 곧 '작은 성인' 세대로 보는 경향이 강했다. 그런데 1920년대에 들어서면서 소년은 나름대로 독자적인 속성을 지닌 하나의 집단으로 인식되기 시작했다.

그 시작은 '소년' 대신에 '어린이'라는 말을 쓴 방정환에게서 비롯되었다. 천도교 출신인 방정환은 때 묻지 않고 자연에 가장 가까운 존재가 어린이라고 생각했다. 심지어 어린이는 '한울님'과 같다고까지 했다. 방정환은 천도교단의 힘을 빌려 1921년 천도교소년회를 조직하고 1922년 5월 1일을 어린이날로 선포하는 한편 1923년에는 어린이를 위한 잡지로『어린이』를 창간하는 등 활발한 활동을 펼쳤다.

그러나 방정환이 상정한 '티 없이 맑고 순수하며 마음껏 놀고 걱정 없이 지내는 어린이'상은 실제와 동떨어진 것이었다. 식민지 현실은 소년들을 교육도 제대로 받지 못한 채 일찍부터 농업노동에 종사하거나 도시에 나가 공장노동자가 되도록 몰아가고 있었기 때문이다. 따라서 방정환 식의 어린이운동을 비판하는 움직임이 나타났다. 당시 국내 민족운동을 주도하던 사회주의 계열에서는 동화 속에나 등장할 듯한 어린이가 아니라 현실을 살아가는 소년, 곧 무산소년, 노동소년을 새로운 소년운동의 주체로 내세웠다. 이런 움직임은 1923년부터 나타났고, 1925년에는 사회주의 운동의 성격을 띤 오월회가 조직되었다. 오월회에는 방정환도 참여했다. 그는 비록 사회주의자는 아니었지만 1921년에 목성이라는 필명으로『개벽』에 천민자본주의의 모순을 비판하는 글을 연재하는가 하면, 당시 일본의 대표적인 사회주의 이론가이던 사카이 도시히코堺利彦의 글을 직접 번역해 싣기도 할 정도로 사회주의에 친화성을 지니고 있었다.

오월회의 주도 아래 1928년에는 조선소년총연맹이 조직되어 농촌이나 도시의 노동소년을 대상으로 야학, 강습회 활동을 벌였다. 그러나 소년의 보호에 초점을 맞출 것인가, 아니면 사회운동의 한 부문운동으로서 소년

**잡지 『어린이』(위)와 어린이날 표어(아래)**
방정환은 1922년 5월 1일을 어린이날로 선포하고 이듬해 어린이를 위한 잡지로 『어린이』를 창간했다.

운동에 초점을 맞출 것인가를 둘러싸고 이견이 드러나면서, 전자의 입장을 취한 방정환 등이 조선소년총연맹에서 탈퇴했다. 이후 소년단체의 성향은 급격하게 사회주의 쪽으로 기울어졌다. 1930년대 초에는 신문사 급사, 조선총독부 급사, 인쇄소 사무원 등의 소년단체 지도자들이 주도한 '노농소년위원회' 같은 비밀결사도 등장했다.

그러자 조선총독부도 어린이운동에 대한 대응책을 마련하기 시작했다. 일제는 어린이날 대신 '젖먹이(乳幼兒) 애호주간'을 만들어 선전 삐라, 선전탑, 라디오를 통해 행사를 알리고 점포마다 유아용품을 진열하도록 했다. 아울러 유아, 아동, 임산부의 건강상담, 아동의 기생충 무료검사 등의 행사도 벌였다. 이는 기본적으로 조선총독부의 아동구호사업을 선전하기 위한 것으로서, 실제로 어린이 건강증진에 도움이 되는 사업은 거의 없었다.

조선총독부는 우량아 선발대회라는 이름 아래 체중, 신장 등을 기준으로 우량아를 뽑아 상품도 주고, 뽑힌 아기는 광고에 나가도록 하는 행사를 벌이기도 했다. 여기에는 일제 나름의 속뜻이 있었다. 바로 조선의 전통적 양육법을 부정하고 대신에 서구의 새로운 양육법을 선전하려는 것이었다. 선발의 기준은 전문가들이 수치화한 표준이었다. 그러나 절대다수의 조선인 어린이가 젖먹이 때부터 충분한 영양을 섭취하지 못하는 상태에서 그런 표준을 만족시키기란 애초부터 불가능했다. 결국 우량아 선발대회는 일부 중상층 조선인을 내세워 식민통치의 효과를 과시하는 행사에 그쳤다.

나아가 1937년 전시체제가 시작되면서 일제는 소년운동단체를 해산시키고 어린이날 행사를 금지했다. 중일전쟁 이후 일제의 관심은 어린이 그 자체보다 앞으로 군인으로 끌고 갈 청년에게 집중되었다. 이는 어린이를 어린이가 아닌 '군인이 될 예비적 존재'로 보게 되었음을 의미한다.

일제는 "아동은 제2국민으로서 전시체제에서 국가의 미래를 책임질 존재가 되어야 하기 때문에 그들에 대한 교육이 중요하다"며 아동의 속마음까지 철저하게 군국주의 교육의 대상으로 삼았다. 조선인 아동은 자라서 천황의 충실한 군인이 될 사람이기 때문에 강한 체력과 굳센 정신력을 갖추어야 한다는 것이었다. 학교교육에 체육과 교련을 합친 '체련' 과목을 도입하는가 하면, 보통학교를 '황국신민학교'라는 뜻의 '국민학교'로 바꾼 것도 모두 이런 이유 때문이었다.

'청년'은 수입된 용어이다. 일본에서 1880년 무렵 영어의 'Young Man'을 청년이라고 번역했는데, 1896년 도쿄에 유학하고 있던 관비 유학생들이 대조선유학생친목회를 만들고 『친목회회보』를 내면서 이 말을 사용했다. 이어 국내에서도 1897년 기독교회가 청년회를 만들면서 청년이라는 말을 쓰기 시작했다.

1905년 을사늑약으로 대한제국이 보호국의 처지로 전락하면서부터 '청년'이라는 말이 더 널리 퍼졌다. 청년은 애국계몽운동에서 자주 쓰이는 말이 되었다. 1905년 무렵 뜻있는 사람들이 학교를 세우고 청년을 교육해 나라를 구해야 한다는 취지에서 펼친 교육구국운동이 절정에 다다랐다. 그러나 이때만 해도 청년은 아직 교육을 받아야 할 학생일 뿐이었다. 청년을 근대적인 개혁의 주체로 인정하는 단계까지 나아가지는 못했다.

일제가 이 땅을 강점한 뒤 애국계몽운동도 사라졌다. 그런데 1910년대에 들어서면서 일본 유학생 출신 지식인을 중심으로 청년이 역사의 중심이 되어야 한다는 주장이 제기되기 시작했다. 보기를 들어, 이광수는 근대화에 실패한 우리 사회의 선배 세대들은 "앎도 없고 함도 없으니" 청년들이 "선조도 없는 사람, 부모도 없는 사람"처럼 사회의 모든 근대적 개혁을 직접 이끌어야 한다고 주장했다. 갑자기 청년이 사회의 주역이 되어야 한다는 주장은 물론 너무 극단적이었다. 따라서 이광수의 청년론은 그다지 큰 호응을 받지 못했다. 다만 1910년대 후반에 이광수의 소설이 베스트셀러가 되었다는 데서 알 수 있듯이, 일부 청년들에게는 이광수가 주장한 청년론이 일정한 파급력을 가지고 있었다.

하나의 집단으로서 청년이 처음으로 역사의 전면에 등장한 것은 3·1운동 때였다. 3·1운동 당시 거리의 만세시위에 청년이 적극적으로 참가하면서, 청년은 변화하는 사회의 한 상징이 되었다. 3·1운동은 청년이 역사의 주체로 등장하는 결정적 계기였다. 3·1운동은 분명 거족적인 독립운동이었지만, 독립선언서를 배포하고 만세시위를 조직하는 데 가장 적극적인 역할을 한 것은 청년들이었다. 이제 청년이야말로 빼앗긴 나라의 주권을 되찾고 민족의 앞날을 밝힐 주역으로 인식되기 시작했다.

1920년대 이후 청년의 권익 향상과 역사적 임무 수행을 내건 청년단체가 전국 각지에서 조직되었다. 주로 '○○청년회'라는 이름으로 마을 단위로 조직되었던 청년단체는 새로운 사상이 더 널리 확산되고 새로운 사상에 입각한 민족운동이 활성화되는 데 중요한 역할을 했다. 신문과 잡지에 청년 관련 기사가 수없이 실린 것이라든지, '청년'이라는 이름을 내건 대중잡지가 창간된 것도 청년문화가 1920년대 이후 우리 사회에 정착되고 있었음을 잘 보여준다.

그런데 애초에 '청년'은 조선을 근대화하기 위해 여러 사람을 계몽할 힘을 가진 존재, 교육을 통해 상당한 수준의 교양과 지식을 갖춘 존재로 간주되었다. 이른바 문화운동론자들이 이런 생각을 갖고 있었다. 하지만 당시 조선 인구의 대다수를 차지하고 있던 농민이나 새롭게 형성되고 있던 노동자의 상황에 비추어볼 때 이런 청년상은 현실과 동떨어진 것이었다. 거의 모든 청년이 교육의 사각지대에 놓여 있는 상황에서, 문화운동론자들이 내세운 청년상은 한계를 가질 수밖에 없었다.

그리하여 사회주의자들은 문화운동론자들을 비판하고 나섰다. 사회주의운동이 정착하면서 청년이란 "혁명운동의 본진이며 별동대의 핵심이 되고 지도자"여야 한다는 생각도 널리 퍼졌다. 노동자와 농민을 중심으로 하는 일반적인 사회주의운동의 원리에서 본다면, 청년을 지나치게 강조하는 것이 이상할 수도 있다. 그럼에도 '청년 선봉주의'라는 말이 나올 정도로 사회주의자들이 청년의 역할을 중시한 데는 까닭이 있었다. 사회주의자들은 혁명의 주체여야 할 노동자계급의 형성이 아직 미진하고 농민운동도 조직화되지 못한 상황에서, 자연연령상 10대 후반부터 20대에 해당하는 청년이야말로 가장 순수하고 열정적인 세대로 혁명을 이끄는 존재라고 보았다.

물론 이처럼 청년의 역할을 부풀려 강조하는 경향은 1920년대 후반이 되면 점차 약화되었다. 이 시기에 노동자의 파업투쟁과 농민의 대중투쟁이 활발하게 전개되면서, 여전히 청년을 중시하던 천도교 등 일부를 제외하고는 청년이 민족운동에 앞장서야 한다는 생각은 극복되기 시작했다.

사회주의자들은 노동자와 농민을 중심으로 조직을 만들어야 한다고 보았으며 자본과 노동, 지주와 소작인 등의 계급 문제에 더 신경을 썼다. 그리고 청년 문제를 계급의 틀 안에서 해결하려고 했다.

식민지 조선에서 청년을 둘러싼 인식은 1930년대 중반부터 중대한 변화를 겪게 되었다. 가장 두드러진 현상은 청년이 문제해결의 주체에서 문제 그 자체로, 사회를 이끌어갈 존재에서 사회가 해결해야 할 고민거리로 역전되어버린 것이었다. 이 무렵에는 그나마 민족 문제와 계급 문제의 해결에서 청년의 역할을 중시하던 사회주의 계열의 청년운동은 일제의 탄압 아래 완전히 지하로 들어갔다. 특히 1930년대 중반 이후에는 합법 영역에서 공개적으로 민족운동의 주체로서 청년을 논할 수 있는 여지가 더욱 축소되었다.

이미 계몽적 지식인으로서의 청년상을 포기한 나머지 청년층은 자본주의적 대중문화의 생산과 소비구조가 확립되는 상황에서 소비문화의 주체가 되는 길을 택했다. 이들은 당시 '모던 보이', '모던 걸'이라 불렀다. 모던 세대는 이제 딱딱한 내용의 신문, 잡지보다는 '취미 독물讀物'이라 불리는 신문, 잡지를 선호했다. 모던 세대의 관심은 유행, 영화, 스포츠, 음악, 이성異性 등에 쏠렸다. 모던 세대의 문화는 계몽, 민족, 계급 등에 대한 관심에서 벗어나 있었다.

한편 입신출세의 열풍이 식민지 조선 사회를 휩쓸면서 이제 고상한 이념을 지닌 선각자가 아니라 세속적인 입신출세에 성공한 영웅이 청년층의 이상적인 모델이 되었다. 이런 경향은 1930년대 초반부터 파시즘을 수용하기 시작한 일부 지식인들에 의해 더욱 강화되었다. 보기를 들어, "차

라리 이태리의 파시스트를 배우고 싶다"고 노골적으로 선언한 이광수는 젊은이들에게 "강건한 실질한 청년 남녀들이 굳고 큰 단결을 모아서" "순결하고 건전한 봉사의 생활로 대중을 이끄는 지도자"가 될 것을 당부했다. 이광수에 따르면 무솔리니는 "큰 단결의 지도자로 전 민족의 숭앙을 받는 자"였고 히틀러도 "젊은 독일의 기백"이었다. 이광수류의 영웅론이 대중적으로 확산되면서 이상적 청년상도 변화했다. 이런 경향은 세속적인 입신출세주의와 맥락을 같이하고 있었다. 무솔리니나 히틀러는 입신 성공의 대표적인 인물로 받아들여졌다. 이와 같이 1930년대 중반 이후 조선 사회의 청년론은 정치성과 운동성을 상실하게 되었다. 전시체제기에 일제가 추진한 청년단, 청년훈련소 등이 청년층의 별다른 저항 없이 실현될 수 있었던 데는 청년층의 성향 변화가 일정하게 작용했던 것이다.

## 여성의 발견

근대 이전까지 여성에게는 이름이 없었다. 이름 대신 누구 딸, 누구 아내 식으로 불렸다. 여성은 하나의 인격적 주체로 인정을 받지 못했던 것이다. 1909년 민적법이 시행되면서 누구나 자기 이름을 신고해야 했는데, 이 과정에서 여성은 비로소 자신의 이름을 갖게 되었다.

그리고 얼마 지나지 않아 여성의 자각을 바탕으로 사회적 실천에 적극적인 여성이 등장했다. 1895년 을미의병 당시 의병장의 며느리인 윤희순은 의병운동에 동참하려고 했지만, 여성은 가사와 자녀양육에 힘써야 한다는 시아버지의 반대에 부딪혀 뜻을 이루지 못했다. 그로부터 20년이 조금 더 지난 1919년에 발표된 「대한독립여자선언서」는 여성이 남성과 마찬가지로 상무정신을 가지고 독립을 위해 투쟁해야 한다고 강조했다. 독립을 위한 투쟁에 남성과 여성의 차이가 있을 수 없다는 것이었다. 실제로 3·1운동의 전개 과정에서 적지 않은 여성들이 죽음을 두려워하지 않고 만세시위에 참여했다. 여성의 사회적 역할이 바뀌기 시작한 것이다.

3·1운동 과정에서 여성은 남성과 동일한 방식으로 만세시위운동을 전개했다. 3·1운동에서는 각 지역의 만세시위에 남녀가 함께 참여하는 것이 보편적인 현상이었다. 여러 지역에서 계획 단계부터 남녀가 함께 참여해 성공적인 만세시위가 벌어졌다. 임정 기관지 『독립신문』에도 여성, 특히 여학생이 3·1운동에 광범위하게 참여했다는 사실이 계속 보도되었다. "대한독립을 위한 첫 피는 대한 여자에게서 흘렀다"는 기사가 실릴 정도로, 임정은 여성의 독립운동 참여를 긍정적으로 보고 있었다. 당연히 이런 인식은 임정의 여성 정책에도 큰 영향을 미쳤다.

임정의 독립운동가들이 여성에 대해 갖고 있던 인식은 헌법 구상에서 단적으로 드러났다. 임정은 1919년 4월 「대한민국임시헌장」을 제정했는데, 여기서 성, 신분, 재산에 따른 불평등을 타파하겠다는 뜻을 밝혔다. 오랫동안 여성의 삶을 속박해온 차별과 억압의 철폐가 이제 '임시'이기는 하지만 정부의 이름으로 공식 선언된 것이다. 「대한민국임시헌장」은 총 10개 조밖에 되지 않는 간단한 것이었다. 그런데 그 가운데 눈에 띠는 조항이 있다. "대한민국의 인민은 남녀귀천 및 빈부의 계급이 없고 일체 평등임"(제3조), "대한민국의 인민으로 공민 자격이 있는 자는 선거권 및 피선거권이 있음"(제5조), 그리고 "대한민국의 인민은 교육 납세 및 병역의 의무가 있음"(제6조)이라는 조항이 바로 그것이다. 이 세 조항에 따르면 남녀 사이의 불평등은 더 이상 인정되지 않고, 여성도 남성과 같이 국민으로서 동등한 권리와 의무(대표적으로는 참정권과 병역의무)를 갖게 되는 것이었다.

이후 임정이 채택한 헌법 문서는 모두 대한민국의 주권이 인민 전체에 있다는 대원칙을 밝혔다. 그리고 그러한 대원칙 아래 인민은 기본권과 의무를 동등하게 갖는 것으로 규정되었다. 인민의 범주 안에 여성이 포함되는 것은 당연한 일이었다. 따라서 여성은 남성과 같은 권리와 의무를 갖는 주체로 간주되었다. 남녀평등은 임정의 확고한 방침으로 자리를 잡았다.

1940년 출범한 임정 산하 한국광복군에 여성이 적극적으로 참여한 것도 이런 맥락에서 이해될 수 있다. 한국광복군은 1941년 말에 제정된 한국광복군 공약 제1조를 통해 "무장적 행동으로써 적의 침탈 세력을 박멸하려는 한국 남녀는 그 주의 사상의 여하를 물론하고 한국광복군의 군인될 의무와 권리가 있음"이라고 밝힘으로써, 한국광복군에 여성도 포함된다는 점을 분명히 했다. 한편 한국광복군에 입대한 여성들도 국민의 의무를 다함으로써 남녀평등을 이루겠다는 의지를 밝혔다.

여성이 민족운동에 적극 참여하는 양상은 국내 민족운동에서도 나타났다. 1920년대 전국 각지에서 활발하게 조직된 여성청년회나 1927년에 전국적 여성단체로 출범한 근우회는 모두 여성 문제와 민족 문제를 해결하기 위해 다양한 활동을 벌였다. 이보다 더 좋은 보기는 1930년 1월 서울에서 일어난 학생시위였다. 이 시위는 1929년 11월 광주에서 시작된 광주학생운동이 전국적으로 확산되는 가운데 일어났다. 1929년 12월에 일어난 서울의 1차 학생시위에 이은 두 번째의 시위여서 흔히 서울의 2차 학생시위라고 하지만, 서울의 여학생들이 중심이 되어 일으킨 시위여서 '여학생 만세시위'라고도 불린다. 그렇다. 흔히 일제강점기 국내에서 일어난 3대 민족운동의 하나로 꼽히는 광주학생운동 당시 서울의 시위투쟁을 주도한 것은 근우회와 연결된 여학생들이었다. 이제 여성은 스스로의 힘으로 대규모 시위투쟁을 벌일 정도의 역량을 축적하고 있었다. 물론 그 밑바탕에는 민족해방, 여성해방을 향한 여성의 주체적 자각이 자리 잡고 있었다.

나라 안팎에서 여성의 활동이 활발해지자 민족운동 진영 내부에서도 원칙적으로 남녀평등을 인정하는 흐름이 주류가 되었다. 그러나 식민지 여성이 처한 현실은 냉혹했다. 여성에 대한 불평등이 사회 곳곳에 상존하고 있었다. 특히 여성 노동자와 여성 농민이 겪는 불평등이 심각했다. 여성 노동자는 봉건적 성차별, 식민지 민족차별, 자본의 노동착취라는 삼중의 고통 속에서 살아야 했다.

또한 여성 농민은 남성과 마찬가지로 힘든 농사일을 해야 했다. 당시 일제가 강제로 장려하고 있던 양잠은 여성 노동이 70% 이상을 차지할 정도였다. 목화 재배도 밭갈이는 남성, 씨뿌리기와 거름주기는 남성과 여성이 같이 작업하고, 나머지는 모두 여성의 차지였다. 밭농사도 거의 전적으로 여성이 담당했다. 여성은 농사일이 끝나고 집에 돌아와서는 가사노동을 전담했다. 가정에도 일상적인 불평등이 존재했다. 여성은 '자식을 낳는 기구', '부려먹는 기계', '남자의 노리개' 등으로만 존재했다. 여성에게는 의무만 있었지 아무런 권리가 없었다.

여성 노동자는 남성과 같은 일을 해도 더 적은 임금을 받았다. 보기를 들어, 1929년 조선의 공장노동자 평균임금은 일본인 성인 남성 노동자 2원 32전, 일본인 여성 노동자 1원 1전이었는데, 조선인 남성 노동자는 1원, 여성 노동자는 59전이었다. 조선인 여성 노동자는 일본인 남성 노동자의 1/4, 조선인 남성 노동자의 1/2에 해당하는 임금을 받을 뿐이었다. 게다가 여성 노동자의 노동조건도 열악하기 짝이 없었다. 여성 노동자는 인간으로서의 대우를 받지 못했다. 미혼 여성 노동자들은 회사가 마련한 기숙사 생활을 하는 경우가 많았는데, 회사 측의 엄격한 통제에 의해 사생활을 보장받지 못하는 경우가 많았다. 여성 노동자는 작업장 안의 강압적 분위기와 전근대적 관계로 인해 인격을 보장받지 못했을 뿐만 아니라 공장주와 남성 감독의 폭언, 구타에 시달려야 했다.

3·1운동 이후의 민중교육운동은 여성교육을 중시했다. 그러나 그것만으로는 한계가 있었다. 여성이 공교육을 받을 기회는 원천적으로 제한되었다. 취학률이 높아진 1935년에 와서도 전국 아동의 취학률이 25.8%일 때 도시 여아는 43.4%(도시 남아 79.8%), 농촌 여아는 9.1%(농촌 남아는 38.3%) 정도의 취학률을 보였다. 농촌의 여자 어린이들은 10명에 1명꼴로 취학하고 있던 셈이니 거의 학교를 다니지 못했다는 이야기가 된다. 민족차별에 지역차별, 성차별이 중첩되고 있었던 것이다.

일제강점 말기에 보통교육의 기회가 상대적으로 늘어났다고 할 때도 교육에서의 남녀차별은 궁극적으로 해소되지 않았다. 이런 상황이니 중등교육이나 고등교육의 기회를 누릴 수 있는 여성은 극소수였다. 그나마 그런 교육을 받고 나서 사회에 진출할 때도 남성에 비해 불이익을 받았다. 여성이 취업할 수 있는 직종이라고는 여학교 교사 정도였기 때문이다.

그런 가운데 국내에서 여성의 역할 및 인식 변화를 가장 빨리 행동에 옮긴 것은 '신여성'이라고 불리던 여성들이었다. 특히 고등교육을 받고 해외 유학을 거친 새로운 지식층이 등장해 시대의 흐름을 주도했다. 1912년에는 여자고등보통학교가 3개(학생 수 264명)에 불과했지만 1925년에는 9개(학생 수 2,021명)로 늘어났다. 여성 중등교육의 확대와 더불어 일본이나 구미로 건너가는 유학생도 늘어났다 1920년대 초에 신여성의 상징적 인물로 사람들의 입에 오르내리던 김명순, 김원주, 나혜석 등은 모두 일본 유학생 출신이었다.

1920년대가 되면 도시의 지식인 사회에서 '신여성'이라는 말이 일반적인 용어가 되었다. 신문과 잡지에도 신여성 관련 기사가 많이 실렸다. 뾰족구두, 양장, 양산, 모자, 안경 등이 신여성의 상징이 되었다. 그러나 무엇보다도 신여성이 하나의 계층으로 새로 등장했음을 보여주는 상징적인 모습은 단발이었다.

신여성들은 합리적인 생활을 위해서이건, 아니면 여성 해방과 반봉건을 이루기 위해서이건, 사회에 대한 하나의 도전으로 머리털을 잘랐다. '모던'이라는 말이 머리털을 잘랐다는 뜻의 모단<sup>毛斷</sup>이라는 말로 통할 만큼, 신여성의 단발은 새로운 풍조를 대표하는 상징이 되었다. 물론 신여성의 단발 행위는 보수적인 남성들에 의해 조롱거리가 되기도 했다. 그러나 처음에는 몇몇 여성들에 의해 이루어진 단발이 1930년대 중반에는 흔히 볼 수 있는 사회 현상이 되었다. 심지어 머리털을 자르는 데서 한 걸음 더 나아가 파마를 하는 것도 젊은 여성들 사이에서 유행이 되었다.

신여성에는 크게 세 부류가 있었다. 첫 번째는 "정조는 도덕도 법률도 아무것도 아니요 오직 취미다. 밥 먹고 싶을 때 밥 먹고, 떡 먹고 싶을 때 떡 먹는 것과 같은 것"이라고 선언한 나혜석처럼 자유연애를 중시하고 여성의 정조 문제를 쟁점화하려 한 급진적 자유주의 신여성이다. 두 번째는 "계급이 있는 한 참 연애는 없다"고 주장하면서 여성 그 자체보다는 민족과 계급을 중시하고 그런 맥락에서 여성을 반봉건 계급투쟁의 주체로 자리매김하려 한 사회주의 신여성(허정숙, 주세죽 등)이다. 세 번째는 일부일처제를 강조하고 축첩제도 같은 봉건질서에 대해 비판적이면서도 유교적 가부장제 자체는 묵인한 기독교 계열 신여성(김활란 등)이다.

그렇지만 이런 차이에도 불구하고 신여성은 여성의 자각을 바탕으로 한 여성해방을 지향하면서 이를 위한 계몽 활동을 중시한다는 공통점을 아울러 갖고 있었다. 때문에 신여성은 여성청년회 등의 단체를 만들고 여성의 권익 향상, 나아가 여성해방과 민족해방을 위해 다양한 활동을 벌일 수 있었다. 그리고 그 정점이 1927년 5월 "조선 여자의 공고한 단결을 도모함, 조선 여자의 지위 향상을 도모함"이라는 강령을 내걸고 여성계의 통일전선체로 출범한 근우회였다.

그러나 1930년대 초 근우회가 해산된 이후 신여성은 더 이상 민족운동이나 여성운동의 주체가 되지 못했다. 신여성의 자리는 '모던 걸'이 대신했다. 모던 걸은 소비자본주의의 주체였다. 신여성에서 모던 걸로의 변화는 계몽적 지식인으로서의 여성이 백화점으로 상징되는 자본주의 소비, 그리고 영화로 상징되는 대중문화에 집착하는 여성으로 바뀌어가고 있음

**거리를 활보하는 신여성들**
짧은 치마, 단발, 뾰족구두, 양장, 양산, 안경 등은 신여성의 상징이었다.

을 보여주는 것이었다.

모던 걸에 자리를 내준 신여성은 전시동원체제 아래에서 친일의 길을
걷기 시작했다. 해외의 여성들이 남성과 함께 독립운동의 최전선에서 싸
우기 위해 군입대까지 나아간 반면, 국내 신여성들은 일제의 식민통치와
침략전쟁에 적극 협력하는 모습을 보였다. 일제가 내세운 '총후여성銃後女
性', '군국의 어머니'상에 발맞추어 젊은 남성들에게 지원병 및 징병에 적
극 나설 것을 선전하는 한편, 다른 여성들에게도 자식을 전쟁터로 기꺼이
내보내고 전쟁 수행을 위한 생산의 일선에 나설 것을 촉구하는 일련의 활
동을 벌였다. 특히 여학교를 운영하고 있던 지도층 여성의 친일행위가 두
드러졌다. 김활란, 고황경, 배상명, 송금선, 박인덕, 이숙종 등이 대표적인
보기이다.

전시동원체제에서 일제는 국가에 충성하고 전쟁터에 나갈 충성스런 2
세를 길러야 한다는 모성애 논리를 강조했다. 또 여성 노동력을 동원할
필요를 느껴 아들을 전쟁터에 보내는 '군국의 어머니'야말로 올바른 여성
상이라고 떠받들었다. 조선의 지식인 여성들은 일제의 여성론에 따라 '군
국의 어머니'가 되어 남편과 아들을 전쟁터로 보내라고 이 땅의 여성들을
부추겼다. 전쟁 동원의 대상은 남성에 국한되지 않았다. 여성 교육자들은
여학생들에게도 '총후여성'으로서 천황과 일본을 위해 자기 직분을 다할
것을 요구했다. 여성의 직분 가운데는 근로정신대는 물론 일본군 '위안
부'도 포함되었다. 여성 교육자들은 자기가 가르치는 여학생들을 일본군
의 성노예로 내모는 것도 서슴지 않았다.

# 06

**강제병합 이전에도** 우리 사회를 근대화하기 위한 자생적인 노력은 존재했다. 서울에서는 국권회복을 지향하는 여러 신문과 잡지가 발간되었고 전국 각지에 근대교육을 표방하는 학교가 세워졌다. 그러나 강제병합 이후 교육도 언론도 일제 식민지 지배 방침과 관련해 굴곡을 겪었다. 1910년대에는 무단통치 아래 우민화 정책이 시행되면서 언론과 교육이 크게 위축되었다. 민간의 한글신문 발간이 허용된 것은 3·1운동 이후인 1920년부터였다. 이때 시사

# 교육과 언론매체의 굴곡

잡지를 비롯한 많은 잡지도 발간되었다. 같은 무렵 근대교육에 대한 열망이 높아지면서 학교에 들어가기 위한 경쟁이 벌어지기 시작했다. 1920년대는 민족언론과 민족교육이 가장 활발하던 시기였다. 그러나 1930년대에 들어서면서 언론은 상업화되기 시작했고 교육도 일제의 통제 아래 입신출세의 장으로 전락했다. 중일전쟁을 전후해 제도권 언론은 모두 일제가 벌인 침략전쟁의 도구로 바뀌었고, 학교에서는 학생들을 침략전쟁에 동원하기 위한 황민화 교육이 강화되었다.

# 우민화 교육에서 황민화 교육까지

19세기 후반 이후 국권이 위기에 처한 상황에서 교육을 통해 국권을 회복하려는 운동이 요원의 불길처럼 전국에 퍼져 나간 적이 있었다. 그 결과 전국 각지에 초등교육 수준의 사립학교가 설립되었다.

그러자 일제는 강점 직전부터 사립학교에 대한 통제를 시작했고, 강점 이후에는 사립학교의 설립을 조선총독의 인가사항으로 하는 한편 설립요건을 더욱 강화해 사실상 사립학교체계를 붕괴시키려고 했다. 실제로 일제의 이런 정책에 따라 전국 각지에 설립되었던 수많은 사립학교가 정식 인가를 받지 못하고 문을 닫거나 서당 등 비공식적 교육기관으로 운영될 수밖에 없었다. 1908년 당시 사립학교가 4~5천여 교에 달했지만 대부분 시설이나 재정에서 제대로 된 수준을 갖추지 못했다는 약점에 주목해 합법적으로 사립학교를 탄압한 것이다.

중등교육기관과 고등교육기관에 대한 규제는 더욱 까다로웠다. 애초에 대학은 염두에 두지 않았을 뿐만 아니라 중등학교와 전문학교의 경우 반드시 재단이 설립의 주체가 되어야 한다고 규정함으로써 조선인에 의한 교육기관 설립을 막으려고 했다. 원래 근대 학제의 기본은 초등–중등–고등으로 이어지는 것이었다. 그런데 일제는 이를 부정하고 초등 수준에만 교육을 한정해 낮은 수준의 실용교육을 실시한다는 발상 아래 식민지 교육체제를 짜려고 했다.

일제는 조선에서 교육을 확대하는 데 대해, 특히 고등교육기관을 설치하는 데 대해 극도로 부정적인 인식을 갖고 있었다. 보기를 들어, 초대 총독인 데라우치 마사타케寺內正毅는 "세계에서 그 어느 나라도 식민지 교육을 정치, 법률 기타 고상한 학리적 과목으로 하는 것보다는 우선 새로 편입된 영토의 국민에 대해 생활상 직접 필요한 실용적 학예를 가르치는 일이 급한 일이라 할 것이니, 나의 조선인 교육 방침도 이에 있다"라고 말했다. 곧 식민지 조선인에게는 식민통치에 필요한 최소한의 교육만 실시한다는 것이 애초에 일제가 갖고 있던 교육 방침이었던 것이다. 그런 의미에서 일제강점기 조선인 교육의 현실은 '교육의 보급'이라기보다 '상시적 불취학'으로 보는 것이 맞을 수도 있다.

조선총독부는 식민지 교육의 기본 법제로 1911년에 '조선교육령'을 공포했는데 그 기본 원리는 교육을 통해 일상생활에 필수적인 사항을 습득시킬 것, 학교교육의 주안을 유교도덕·규율·절제·청결·공덕 등의 덕목을 가르치는 덕육에 둘 것, 정치와 교육의 혼동을 경계하고 근면하게 자신의 일에 종사하도록 할 것 등이었다. 한마디로 조선인에 대한 교육에서 민족적·정치적 요소를 탈각시키고 조선인을 식민지 지배질서에 순응하도록 만드는 교육을 시켜야 한다는 것이었다.

일제강점기의 대표적인 초등교육기관으로는 전통적인 서당, 각종 사립학교, 그리고 관·공·사립 보통학교의 세 종류가 있었다. 여기에 1934년부터는 2년제 간이학교가 설립되기 시작했다. 이 가운데 서당과 각종 사립학교는 각기 전통적 교육과 근대적 교육을 담당했다는 점에는 차이가 있었지만, 조선총독부로부터 정식으로 초등교육의 학력을 인정받지 못하는 기관이라는 점에서는 공통점도 갖고 있었다. 서당이나 각종 사립학교를 졸업해 갖고는 중등학교 입학자격이 주어지지 않았다. 중등교육기관으로의 입학자격을 얻을 수 있는 교육기관은 관·공·사립 보통학교뿐이었다.

일제의 우민화 정책에 따라 1910년대까지만 해도 보통학교 취학률은 5% 미만이었다. 보통학교 자체가 많지 않기도 했지만, 조선인 가운데 상당수가 일제의 식민지 교육을 거부한 것도 크게 작용했다. 학교의 공적 제도화가 지체되거나 왜곡되다 보니, 보통학교에 대한 사람들의 관심도 그만큼 줄어들었다. 아니, 정확하게 말하면 일제의 공적 교육을 거부하려는 경향이 컸다. 그리하여 식민지 교육은 1919년의 보통학교 취학률(전체 4.4%, 남자 7.4%, 여자 1.2%)에서 단적으로 드러나듯이 조선인에게 받아들여지지 않고 있었다. 일제 스스로도 그나마 식민지 교육의 핵심을 이루던 보통학교의 증설에 적극적이지 않았다. 세 개의 면에 하나의 보통학교를 세운다는 이른바 '3면 1교' 정책이 1918년에야 겨우 발표될 정도였으니 그 이전에야 보통교육 자체가 일종의 특별교육인 셈이었다.

1921년 서당 학생이 29만 8천 명이었는데 보통학교 학생은 1919년까지도 채 10만 명을 넘지 못했다. 그러나 1920년대 이후부터 보통학교 학생이 급증하기 시작했다. 보통학교 자체가 늘기도 했지만, 보통학교를 배척하던 1910년대와는 달리 보통학교에 자녀를 보내려는 조선인 학부형이 크게 늘어난 것이다. 여기에는 단서가 필요하다. 보통학교에 보내려고 하는 자녀는 주로 아들이었다는 것이다. 실제로 일제강점기 보통학교 취학률을 따질 때 평균은 큰 의미가 없다. 남자와 여자의 취학률이 너무 차이가 나기 때문이다.

1920년대 이후 시간이 지날수록 취학률은 더 높아졌다. 그 결과 1937년 무렵이면 취학률이 25% 정도에 이르렀다. 대체로 1920년대 이후에는 누구라도 보통학교 정도는 다녀야 한다는 생각이 널리 퍼지고 있었다. 특히 도시에서는 더 그랬다. 입학철이 되면 신문과 잡지마다 보통학교 입학난이 논란이 될 정도였다. 1920년대 이후 초등교육이 하층 조선인까지 점차 확산되고 있었던 것만은 분명하다. 제한된 형태이기는 하지만 교육의 기회가 이전보다 확대된 것은 조선인 사이에 퍼지고 있던 교육에 대한 열망, 그리고 거기에 대응하려고 한 일제의 식민지 교육 정책이 상호작용한 결과였다.

교육이 근대국가를 만드는 데 초석이 되며, 더 나아가 근대사회에서 개인의 출세를 좌우하는 가장 좋은 길이라는 인식이 조선인 사이에서 널리 확산되던 상황과도 관련해, 일제도 더 좋은 교육에 대한 강한 열망을 갖고 있던 조선인 청소년들에게 그런 열망을 해결할 기회를 열어줄 수밖에 없었던 것이다. 이미 보통학교와 중등학교, 그리고 다시 전문학교나 대학으로의 진학은, 젊은이들에게 개인과 민족을 위한 최선의 길로 인식되고 있었다. 더욱이 시간이 지나면서 입신출세라는 개인적 동기에서 근대교육을 선망하는 조선인도 늘어났다.

실제로 식민지 조선에서 지도층으로 입신출세하는 데는 보통학교 이상의 학력과 일본어 능력이 필수적인 항목이었다. 흔히 하는 말로, 면사무소 급사가 되는 데도 일본어 능력이 필요했고 일본어를 배울 수 있는 가장 확실한 곳은 보통학교였다. 1932년 조선에서 프롤레타리아 교육운동을 벌이던 한 일본인이 지적했듯이, 조선 사회 자체가 "공장이든 점포든 관공서 급사든 뭐든 상관없이 일자리를 얻으려면 일본어를 잘해야 하고, 쓸 줄 알아야만 취직할 수 있"는 세상으로 바뀌고 있었기 때문에, 웬만한 조선인은 무조건 근대교육에 등을 돌릴 수 없었다. 1930년대에는 이미 보통학교가 일본어를 배우고 사회적으로 상승이동할 수 있는 가장 기본적인 공식 통로로 굳어졌다. 때문에 조선인은 보통학교를 선택할 수밖에 없었다.

1920년대 후반과 1930년대 초반에 잠시 주춤하기는 하지만, 보통학교 학생은 이후 일제강점 말기까지 지속적으로 늘어나 1942년에는 178만 명 정도에 이르렀다. 반면에 서당 학생은 점차 감소 추세를 보여 1942년에는 15만 명 정도에 지나지 않았다. 불과 20년 사이에 보통학교 학생과 서당 학생 사이에 일대 반전이 일어난 것이다. 한편 각종 사립학교 학생은 가장 많았을 때도 8만 명을 조금 넘을 정도로 보통학교나 서당에 비해 적은 규모였다.

1920년대 이후 양적인 면에서 지배적인 초등교육기관은 보통학교였다. 그런데 일제강점기 초등교육은 의무교육이 아니었다. 당연히 보통학교에 자녀를 보내는 학부형은 월사금이라는 이름의 수업료를 납부해야만 했다. 그것도 1920년대만 해도 50전 이하를 내는 일본인보다 더 많은 1원 이하를 내야 했다. 그런데도 보통학교에 취학하는 조선인 학생이 급증한 데는 근대교육에 대한 조선인의 적극적인 선택이 작용하고 있었다. 조선인 학부형은 우리 민족의 실력을 기르겠다는 정치적 동기에서건, 민족차별을 이겨내고 사회적으로 상승이동하겠다는 개인적 동기에서건, 자녀를 보통학교에 보내 근대교육을 받도록 한다는 적극적인 선택을 한 것이다.

조선인들 사이에 불어 닥친 교육열은 각 지방에서의 보통학교 설립 움직임에서도 확인된다. 3·1운동 이후 전국 각지에서 보통학교를 설립하려는 운동이 일어났다. 주로 보통학교를 만드는 데 필요한 경비를 지역주민들이 모아 조선총독부에 학교 설립 인가를 신청한 뒤, 인가가 나오면 도 지방비 보조를 받아 학교를 설립하는 방식이었다. 1918년에 이미 '3면 1교' 정책을 세우고 1929년에는 이를 확대해 '1면 1교' 정책을 실시하려던 일제로서도, 지역주민들의 모금에 의한 보통학교 설립은 반대할 이유가 없었다.

그렇지만 초등교육을 중심으로 일제의 공교육이 확대되었다는 것은 학교가 식민지 지배의 한 도구로 쓰일 가능성도 더 커졌음을 의미한다. 공교육에서는 동화주의 이데올로기가 담겨 있는 일본어 교과서를 통해 일본정신을 주입시키고 일본 문화의 우수성을 가르치는 교육이 이루어졌다.

보기를 들어, 공립 보통학교에서는 일본 역사교육이 강조되었다. 보통학교용 역사 교과서에 등장하는 일본의 위인이란 대부분 진구황후, 메이지천황 같은 일본 왕실의 인물이거나, 일곱 번 태어나도 변함없이 천황에게 충성을 다하겠다는 칠생보국七生報國을 이야기한 구스노기 마사시게楠木正成, 천황 친정의 이론적 토대를 마련한 모토오리 노리나가本居宣長 같은 존황尊皇주의자였다. 임진왜란의 주역인 도요토미 히데요시나 정한론을 주장함으로써 일제가 한반도를 강점하는 데 이론적 토대를 마련한 사이고 다카모리西鄕隆盛 같은 이들도 존황주의와 동아일체의 이상적 인물로 그려졌다. 이런 교과서를 가지고 일본 역사를 배우는 학생들이 늘어났다는 것은, 그만큼 식민지 지배 이데올로기의 저변이 넓어졌음을 의미하기도 했다.

실제로 강점 초기만 해도 일본어를 약간이라도 이해하는 조선인이 6만 명 정도에 불과했지만, 1934년 무렵에는 일본어 구사능력이 있는 조선인이 85만 명 정도로 크게 늘어났다. 학교 안에서 교사나 학생이 모두 일본어만 써야 하고 "교실에 들어간 학생은 송장처럼, 나무로 만든 통처럼 가만히 앉아서" 배우는 상황이었으니, 식민지 교육을 통한 일본어 보급과 일본정신의 주입은 어느 정도 성과를 거둘 수 있었다.

그러나 보통교육에 대한 열기가 높아졌음에도 현실적으로는 보통학교에 취학하는 학생보다 더 많은 아동들이 아예 학교 문턱에도 가보지 못했다. 초등교육의 문호가 넓어졌다고 하는 1942년만 해도 남성 3명 가운데 1명, 여성 3명 가운데 2명이 미취학상태였다. 일제가 전시동원을 위해 교육보급을 그렇게 강조했음에도, 식민지 조선 전체를 놓고 보면 여전히 조선인 아동, 특히 여성은 초등교육의 사각지대에 놓여 있었던 것이다.

1920년대 중반 이후에는 적어도 보통학교는 나오는 것이 정상으로 간주되면서 보통학교조차 다닐 수 없는 훨씬 더 많은 아동이 이제 정상이 아니라 비정상으로 인식되기 시작했다. 당시 보통학교는 대부분 공립이었다. 그러나 공립이라 해도 오늘날과 같은 의무교육이 아니어서, 달마다 내는 수업료 부담 때문에 자녀를 학교에 보내지 못하는 집안이 더 많았다. 가난한 집안의 아이들 가운데는 수업료 부담을 견디지 못해 학교를 다니다가 그만두는 경우도 많았다.

어쨌거나 1920년대 이후 보통학교에 들어가고 상급학교에 진학하는 것은 돌이킬 수 없는 흐름이 되었다. 교육을 통해 사회적 지위를 높이려는 열망도 더 커졌다. 그러나 사람들이 꿈꿨던 대로 교육을 받아 지위를 높일 수 있는 기회는 많지 않았다. 하층의 조선인이 보통교육을 받아 지위가 높은 집단으로 옮겨가기는 어려웠다. 보통학교를 졸업한 학생 가운데 일부가 상급학교에 진학하기도 했지만 이는 말 그대로 일부에 지나지 않았다. 거의 모든 보통학교 졸업생이 상급학교 진학을 포기했다. 보통학교에 다니는 것조차 경제적으로 큰 부담이 되는 상황에서 상급학교 진학은 결코 쉬운 일이 아니었다.

더욱이 일제강점기에는 중등학교의 수 자체가 절대적으로 적었다. 주로 일본인이 다니던 중학교와 고등여학교를 제외하면 그 수는 더 줄어든다. 국망 당시 고등보통학교는 5개(공립 3, 사립 2)뿐이었다. 이후 고등보통학교의 수는 계속 늘어나지만, 1919년 18개(공립 7, 사립 11), 1925년 33개(공립 17, 사립 16), 1930년 40개(공립 21, 사립 19), 1935년 45개(공립 24, 사립 21)에 지나지 않았다. 여기에 1935년 당시 65개였던 실업학교와 4개의 사범학교를 합하더라도, 보통학교 졸업생이 진학할 수 있는 중등교육기관이 워낙 적었기 때문에 중등학교에 입학하는 것 자체가 일종의 사회적 특권으로 간주되었다. 당시 신문과 잡지에 중등학교 교복을 입은 학생에 대한 부러움의 글이 자주 실린 것은 바로 이런 이유 때문이었다. 동시에 중등학교 학생들이 조금이라도 일탈의 모습을 보일 때는 바로 조롱거리가 되기도 했다.

보통학교 졸업생 가운데 중등학교에 진학하는 비율은 10% 안팎에 지나지 않았다. 1930년을 기준으로 중등학교 입학연령에 해당하는 인구 가운데 실제로 중등학교에 입학한 학생의 비율은 1.9%(남자 2.9%, 여자 0.9%) 정도였다. 중등 이상의 교육기관으로 진학하더라도 노동과 학업을 병행해야 했던 '고학생'들은 학비 문제 등으로 학교를 그만두는 경우가 많았다.

식민지 교육의 성격은 중일전쟁 이후 전시동원체제가 본격화되면서 다시 크게 바뀌었다. 이제 본격적인 군국주의 교육이 이루어지기 시작한 것이다. 미나미 총독이 1938년 '국체명징國體明徵, 내선일체, 인고단련'의 3대 교육 방침을 천명한 것이야말로 이 시기 교육의 특징을 단적으로 보여준다. 국체명징이란 천황을 현인신으로 여겨 군신일체·충효일본의 국체 관념을 모든 국민에게 배양시키겠다는 의미였다. 그리고 내선일체는 조선인도 일본인과 마찬가지로 천황과 일본제국을 위해 몸과 마음을 다 바쳐 헌신하도록 만들겠다는 뜻이었다. 점점 가시화되고 있는 조선인의 전쟁 동원과 관련해 황민화 교육을 더 강화하겠다는 것이 국체명징과 내선일체라는 교육 방침에 담겨 있던 속내였다.

이를 위해 조선총독부는 1938년 3월 제3차 조선교육령을 발표했다. 그 핵심은 보통교육에서 조선인과 일본인의 차별을 없앤다는 것이었다. 그러나 교육에서의 내선일체 구현이라는 조선총독부의 선전과는 달리, 그 뼈대는 천황제 이데올로기를 조선인 아동들에게 주입시켜 전쟁에 동원하려는 데 있었다.

학교에서는 「황국신민서사」를 외우고 제창해야 했다. 일제는 전선이 점차 확대되자 황민화 교육을 더욱 강화하려고 1941년 들어 국민학교제도를 일본과 조선에서 한꺼번에 실시했다. 이 시기 교육의 성격은 초등교육에 해당하는 보통학교를 국민학교로 고친 데서 단적으로 드러난다.

일제가 바라는 '국민'은 기꺼이 전쟁터에 나가 천황을 위해 목숨을 바치는 황국신민이었다. 일제는 전쟁터에 나갈 의지를 키우기 위해 국민학교 교과서에서도 전쟁을 자세하고 생생하게 설명했다. 또 전쟁터에서 죽은 젊은이를 호국영령이니 사쿠라니 하면서 떠받들어 어린 학생들에게 죽음의 대열에 나서라고 부추겼다.

전시체제의 교육은 천황과 국가를 위해 헌신적으로 봉사하는 국민을 기르는 것을 목표로 했다. 당시 학교교육이란 궁성요배 및 신사 참배, 「교육칙어」 및 「황국신민서사」 암송, 군사훈련, 조서 봉독, 일장기 게양식, 시국 강화, 무도, 황국신민체조, 국어(일본어) 사용의 일상화 등을 주요 내용으로 하고 있었다.

일제의 공식적인 식민지 지배 담론은 동화주의 또는 내지연장주의였다. 그러나 내지연장주의는 식민지 교육에 실제로 적용되지 않았다. 의무교육제는 고사하고 학제상 동일성조차 지켜지지 않았다. 보통학교의 교육연한은 일본과 달리 4년제로 축소되었다. 식민지 지배체제 유지에 필요한 수준 이상의 중등 및 고등교육은 허용되지 않았다. 일본인 중학교가 5년제, 고등여학교가 4~5년제인 데 비해 조선인이 다니는 고등보통학교는 4년제, 여자고등보통학교는 3년제였다. 고등보통학교는 중등학교에 해당했지만 축소된 학제로 운영되었기 때문에 졸업한 뒤 바로 일본의 대학으로 진학할 수도 없었다.

식민지 조선에 처음으로 대학이 설립된 것은 일제강점이 시작되고 나서 15년이 지난 1924년이었다. 강점 초기 식민지 교육 정책은 '동화'가 아닌 '분리'와 '차별'로 특징지어졌다. 국망을 전후한 시기에 이미 선교사나 조선인 유력자에 의해 대학을 지향하는 학교가 설립된 바 있었다. 보기를 들어, 평양의 숭실학교가 1907년부터 '대학부'를 운용하고 있었으며, 서울의 이화학당, 배재학당, 경신학교도 '대학부'를 개설하고 있었다. 그 밖에 세브란스의학교와 보성전문학교도 사실상 대학의 성격을 갖고 이미 상당수의 졸업생을 배출한 바 있었다. 물론 강점 이후 일제는 이들 대학 수준의 고등교육기관을 인정하지 않았다. 애초에는 전문학교로도 인정하지 않았다.

일제는 사립학교규칙과 전문학교규칙으로 사립 전문학교의 설립을 최대한 억제하는 한편, 대한제국시대에 설립된 실업 계통의 각종학교만 관립 전문학교로 승격시켰다. 관립 전문학교는 모두 법률, 농업, 공업, 의학 등 실용적인 전문지식을 가르치는 학교였다. 실용주의라는 미명하에 "부림을 잘 받을 인물을 기르려는" 일제의 교육 정책이 고등교육에도 관철되고 있었다.

그러나 일제강점기 내내 조선인 스스로 대학을 설립하려는 움직임은 끊이지 않고 계속되었다. 1920년대의 민립대학 설립운동은 그 대표적인 보기일 것이다. 일제강점기의 대표적인 사립 전문학교들도 모두 대학으로의 승격에 대비해 기금을 모으거나 건물을 짓는 등 다양한 움직임을 보였다.

일제는 3·1운동을 통해 식민지 지배의 위기를 느끼면서 조선인에 대한 교육의 기회를 어쩔 수 없이 확대하게 되었다. 고등교육에 대한 조선인의 열망이 어느 정도 강력한지를 안 일제로서는 무한정 우민화 교육을 밀고 나가기 힘들었다. 일제의 교육 정책이 바뀐 것을 단적으로 보여준 것이 경성제국대학의 설립이다. 일제는 3·1운동과 그 이후 민족해방운동의 흐름에서 드러났듯이, 조선인 사이에 반제 반일 사상이 고조되는 상황을 제압하고 식민지 지배를 학문적으로 정당화하는 이론체계를 수립하기 위해 1924년 식민지 조선의 최고 교육기관이자 일본제국 판도 내의 여섯 번째 제국대학으로 경성제국대학을 설립했다.

일제는 이전의 우민화 정책 기조를 계속 유지하면서도 고등교육 기회를 부분적으로 확대하는 정책을 실시했다. 일제강점기 고등교육은 기본적으로 전문학교에 대한 (제국)대학의 우위, 사학에 대한 관학의 우위로 특징지어지는 이중구조였다. (제국)대학－관립 전문학교－사립 전문학교라는 위계체계가 형성되었다. 이 위계체계는 중등교육에서도 마찬가지로 나타났다. 공립 중등학교와 사립 중등학교 사이에도 위계체계가 있었다. 확대된 교육 기회를 통해 중등교육 이상의 교육을 받은 사람들 가운데 일부는 일제의 지배체제에 포섭되는 모습(이데올로기나 관료로서, 아니면 지역정치의 동반자로서)을 보였지만 일부는 민족해방의 길에 투신했다.

경성제국대학의 설립에는 두 가지 목적이 있었다. 하나는 동양학을 중심으로 한 관학 아카데미즘의 담당기관이 되어 일제의 식민지 지배와 대외 침략을 정당화하는 이데올로기를 만들어내는 것이었다. 3·1운동과 그 이후 민족운동의 흐름에서 드러났듯이, 조선인 사이에서는 반제 반일 사상이 고조되고 있었다. 이에 일제는 식민지 지배를 학문적으로 정당화하는 이론체계를 조선 현지에서 수립해야 할 필요성을 절감하게 되었다. 더욱이 일제는 19세기 말 이후 내내 조선을 거점으로 만주와 중국대륙을 침략하는 꿈을 포기하지 않고 있었다. 이런 야망을 실현하기 위해서는 해당 지역의 역사, 문화, 언어에 대한 연구가 반드시 필요했다. 경성제국대학이 처음에는 조선의 문화와 현실을 분석하는 작업을 중시하다가, 만주사

**경성제국대학**
1924년에 설립된 경성제국대학은 식민지 조선의 최고 교육기관이자 일본제국 판도 내에 세워진 여섯 번째 제국대학이다. 사진은 현재의 종로구 대학로 마로니에공원 자리에 있었던 법문학부 건물이다.

변 이후 만주와 몽고 지역 연구라는 정책적 학술과제를 적극 추진한 것은 바로 이런 이유 때문이었다.

다른 하나의 목적은 식민지 지배체제를 유지하는 데 필요한 조선인 엘리트를 육성하는 것이었다. 일제 스스로 인정했듯이 수천 년의 역사를 갖고 있고 인구도 2천만 명에 가까운 조선을 식민지로 지배하는 것은 결코 쉬운 일이 아니었다. 더욱이 일본인 관료, 경찰, 군대만으로 제대로 식민지 민중을 통치할 수 없다는 사실은 3·1운동을 통해 여실히 입증된 셈이었다. 나라와 민족을 팔아먹는 데 앞장선 일부 친일파는 이미 '매국노'라는 낙인이 찍혀 민중으로부터 배척되었기 때문에 더 이상 활용가치가 없었다. 실제로 3·1운동이 일어나자 이완용 등의 친일파가 민중을 회유하기 위해 나섰지만 아무런 효과를 거두지 못했다.

이에 일제는 기존의 친일파와는 다른 새로운 협력 세력을 육성하기 위한 일련의 정책을 펴 나갔는데, 경성제국대학의 설립도 그 가운데 하나였다. 곧 '제국'대학의 이름 아래 젊은 조선인 엘리트에게 식민지의 고위관료가 되는 데 필요한 최고의 교육을 시킨 뒤 이들을 제국주의 지배체제 내로 끌어들이려고 한 것이다. 경성제국대학에 설치된 의학부와 법문학부의 두 학부 가운데 식민통치에 직접적인 영향을 미치는 법문학부 졸업생의 진로를 보면 이 점이 명백히 드러난다. 일본인 졸업생의 진로가 학교-은행·회사-관공서의 차례였던 데 비해, 조선인 졸업생의 진로는 관공서-학교-은행·회사의 순서였다. 경성제국대학 법문학부에서 법학교육을 받은 조선인 학생들이 가장 선호한 직업은 조선총독부의 고위관리, 판사, 검사였다.

경성제국대학은 1942년까지 모두 1,710명의 졸업생을 배출했는데, 그 가운데 조선에 적을 둔 학생은 582명으로 3할을 조금 넘는 데 그쳤다. 이는 식민지 조선의 중심인 서울에 세워진 경성제국대학에서 실질적으로 교육을 받을 기회는 일본인에게 더 많이 돌아가고 있었다는 이야기이다. 어쨌거나 매우 제한된 기회를 누릴 수 있었던 조선인 엘리트에게는 경성제국대학 입학과 졸업은 이른바 출세를 보장하는 길이었다. 이들에게는 늘 수재니 천재니 하는 이름이 따라 붙었다. 비록 식민지에 설치되었지만 엄연히 '제국'대학의 하나인 경성제국대학에 다니는 동안, 조선인 엘리트들은 제국대학 특유의 학생문화를 만들었다. 경성제국대학은 식민지 조선의 최고 엘리트를 식민지 지배체제 안으로 끌어들였을 뿐만 아니라 그들을 매개로 조선인 민중을 식민지체제에 순응시키는 데 기여했다.

문화정치 아래에서 식민지 교육 정책의 변화는 고등교육뿐만 아니라 초등·중등교육에서도 나타났다. 이전에는 일본인과 조선인의 교육연한 자체가 달랐는데, 1922년 조선교육령을 개정하면서 그것을 일치시키는 등 외견상 민족차별을 완화하는 시늉을 냈다. 조선인을 대상으로 한 실업교육 강화 방침에 따라 다수의 실업교육기관이 새로 설립된 것도 1920년대 이후 교육의 중요한 변화양상 가운데 하나였다.

그러나 식민지 교육의 본질이 바뀐 것은 아니었다. 조선인은 보통학교 –고등보통학교–전문학교(또는 대학)로 이어지는 교육체계를 따라야 했지만, 일본인에게는 소학교–중학교–대학으로 이어지는 교육체계가 적용되었다. 민족을 차별하는 이원적 교육제도 자체는 바뀌지 않았던 것이다. 일본인과 같은 공교육을 받을 수 있는 기회는 극소수의 조선인, 친일파의 자제이거나 나중에 스스로 친일파가 되는 조선인에게만 주어졌다. 더 큰 문제는 동화주의 원칙에 따라 일본 역사·지리·문학교육이 대폭 강화되고 일본어 과목이 필수가 된 반면, 조선 역사·지리·문학교육은 주변화되고 한글 과목은 왜소화되었다는 것이다.

## 근대 언론매체의 등장과 변화

### 민족신문에서 친일신문으로

19세기 말 개화의 바람을 타고 여러 신문이 창간되었다. 초기 신문은 주로 계몽적이고 비판적인 역할을 수행했다. 대표적인 보기가 독립협회에서 발간한 『독립신문』이다. 그러나 신문의 실질적인 영향력은 그다지 크지 않았다. 19세기 말만 해도 신문 독자가 3,000여 명에 지나지 않았기 때문이다.

그런데 20세기가 되자 더 많은 사람들에게 신문이 읽히기 시작했다. 국망 직전에는 2만 명에 가까울 정도로 신문 독자가 늘어났다. 이전에는 양반과 개화 지식인이 주로 신문을 봤지만, 이제 새로운 읽을거리를 갈망하는 부유한 여성들이 새롭게 독자층에 합류하면서 독자층이 크게 확대된 것이다. 실제로 『대한매일신보』, 『제국신문』, 『황성신문』 등 당시 주요 신문들은 신소설을 연재하고 있었는데, 이는 여성 독자층을 끌어들이기 위함이었다. 그렇다고 이들 신문이 애국과 계몽이라는 시대적 요구를 외면한 것은 아니었다. 특히 양반과 지식인을 주요 독자층으로 하던 『황성신문』이 한문과 한글을 같이 쓴 데 비해 『대한매일신보』와 『제국신문』
은 서민과 부녀자의 계몽이라는 신문 발간의 목적을 위해 아예 한글 전용
을 고수했다. 이들 신문은 한말 애국계몽운동이 전국적으로 퍼져 나가는
데 큰 역할을 했다.

그러자 한일의정서(1904), 을사늑약(1905) 등을 통해 사실상 한반도를 강
점하고 있던 일제는 자주 독립 사상을 고취하는 신문을 통제하기 위한 일
련의 조치를 취했다. 일제는 1909년 7월 '신문지법'을 공포했다. 이 법은
대한제국의 이름으로 나오기는 했지만 실제로는 통감부에서 만든 것이었
다.

이 법은 제1조에서 "신문지를 발행코자 하는 자는 발행지를 관할하는
관찰사(한성에서는 경무사)를 경유하여 내부대신에게 청원하여 허가를 받음
이 가함"이라고 규정했다. 곧 정부의 허가를 받지 않고는 신문을 발행할
수 없다는 뜻이었다. 명목상으로는 대한제국 내부대신이 신문 발행을 허
가하는 것처럼 되어 있지만, 사실상 허가권을 쥔 것은 통감부였다.

이보다 더 중요한 것은 검열과 관련된 조항이다. 이 법 제10조에 따르
면 신문사는 신문을 발행하기에 앞서 내부 및 관할관청에 두 부씩을 납부
해야 했다. 이는 결국 일제가 사전에 신문을 검열하겠다는 뜻이었다. 검
열의 기준은 "황실의 존엄을 모독하거나 국헌을 문란하거나 국제 교의를
저해할 사항"(제11조), "기밀에 관한 관청의 문서 또는 의사議事"(제12조), "죄
범罪犯을 곡비曲庇하거나 형사 피고인 또는 범죄인을 구호하거나 상휼賞恤하
는 사항"(제13조), "공판에 넘기기 이전에 공개하지 않은 재판 사건"(제14
조), "남을 비방하기 위한 허위의 사실"(제15조) 등이었다. 한마디로 일제의

침략을 비판하는 일체의 기사, 당시 전국적으로 일어나고 있던 의병운동과 관련된 일체의 기사는 검열의 대상이 된다는 의미였다.

그리고 신문사가 위의 조항을 지키지 않고 문제가 되는 기사를 실을 경우에 대비해 제21조에서는 "발매·반포를 금지하여 이를 압수하며 또는 발행을 정지 혹 금할 수 있다"고 규정했다. 이로써 민족신문에 대해 발매·반포금지, 압수, 발행정지, 발행금지 등의 강력한 행정조치를 취할 수 있는 법적 근거가 마련되었다.

실제로 신문지법의 제정을 통해 일제는 신문에 대해 강력한 통제를 가할 수 있었다. 그렇지만 이런 통제로도 신문의 애국 논조 자체를 막을 수는 없었다. 이에 일제는 1910년 대한제국을 강제병합하면서 조선에 어떤 민간언론도 남겨놓지 않는 정책을 취했다. 이를 위해 대한제국 시기에 제정된 신문지법이 그대로 활용되었다. 신문을 통제하는 주체가 조선총독부로 바뀌었을 뿐 신문지법은 여전히 한글신문을 통제하는 강력한 수단이었다.

우선 당시 항일 기사를 빈번하게 실어 통감부를 괴롭히던 『대한매일신보』를 강제병합 몇 달을 앞두고 매수해 강제병합 다음 날인 1910년 8월 30일부터 '대한' 두 자를 떼고 『매일신보』라는 이름을 붙여 조선총독부의 기관지로 만들어버렸다. 그리고 강제병합 얼마 전에 휴간상태에 들어갔던 『제국신문』에는 압력을 가해 폐간을 유도했으며, 강제병합 이후에도 한동안 『한성신문』으로 이름을 바꿔 발간되던 『황성신문』도 폐간시켜버렸다. 이로써 한글신문은 조선총독부의 기관지인 『매일신보』만 남았다.

『매일신보』는 조선인을 일제의 충량한 신민으로 만드는 데 일조하는 것을 목적으로 삼고 있었다. 신문 발행 허가권을 쥐고 있던 조선총독부는 무단통치기인 1910년대 내내 『매일신보』 외에는 한글신문의 발행을 하나도 허가하지 않았다.

이런 상황에서도 민족의 이해관계를 대변할 언론매체에 대한 민중의 열망은 끊이지 않았다. 3·1운동이 일어났을 때 국내에 등장한 여러 전단이 이를 잘 보여준다. 그 가운데는 신문의 형태를 띤 전단, 곧 지하신문만 해도 『조선독립신문』, 『국민회보』, 『반도의 목탁』, 『자유민보』, 『국민신보』 등 20여 종에 이르렀다.

특히 천도교계의 『조선독립신문』은 3월 1일 첫 호를 발간한 이후 4월 26일자의 27호까지 발간한 것이 확인된다. 이 신문은 만세시위운동의 상황을 널리 알리는 보도의 기능을 수행하는 한편, 독립선언문을 실어 조선민족이 얼마나 독립을 원하는지 보여줌으로써 민족의 의사를 대변하는 언론기관의 역할을 했다. 『조선독립신문』이 전국에 유포되면서 이를 모방한 『광주신문』, 『강화독립회보』 등의 지역신문이 등장하기도 했다. 이런 측면에서 볼 때 지하신문의 발행은 그 자체가 언론의 자유를 획득하기 위한 대안언론운동의 성격도 갖고 있었다.

이에 3·1운동 이후 새로 조선총독으로 부임한 사이토 마코토齋藤實는 조선인의 요구를 일정 부분 반영한 언론 정책으로 전환을 모색했다. 2~3개의 한글신문 간행을 허가한 뒤 이를 이용해 민심을 파악하고 통치 방침선전에 이용한다는 계획이었다. 그리하여 국망 이후 10년 만에 다시 새로운 한글신문이 등장했다. 『동아일보』(1920. 4), 『조선일보』(1920. 3), 『시사신문』(1920. 4)이 바로 그것이다. 그리고 1921년 『시사신문』이 폐간된 뒤

1924년에는 『시대일보』(나중에 『중외일보』, 『조선중앙일보』로 개제)가 창간되면서 조선총독부 기관지 『매일신보』를 제외한 '민간 3대 신문'의 시대가 열렸다.

물론 한글신문 허가가 식민지 지배 정책의 근본적인 전환을 의미하는 것은 아니었다. 특히 친일단체인 국민협회와 대정친목회에게 각각 『시사신문』과 『조선일보』의 발간을 허용한 데서 단적으로 드러나듯이, 일제의 의도는 어디까지나 친일적인 한글신문을 통해 조선인의 민심을 회유하는 것이었다. 그러나 당시 한글로 발간되던 중앙지가 『매일신보』밖에 없었다는 점을 감안할 때 새로운 한글신문의 발간은 중요한 의미를 갖는다.

이 무렵 가장 대표적인 친일단체이던 국민협회의 기관지로 출범한 『시사신문』이 이내 문을 닫았고, 1924년에는 친일신문으로 출발한 『조선일보』의 경영권이 민족운동에 관여한 적이 있던 신석우에게 넘어갔다. 이는 한글신문에 대한 조선인들의 기대가 일제의 예상을 뛰어넘는 것이었음을 보여준다.

사회개조와 사회주의라는 새로운 사상을 받아들인 지식인들은 한글신문을 통해 더 많은 이들에게 자신의 생각을 펼칠 수 있는 합법적인 통로를 마련하고자 했다. 1925년 무렵 『동아일보』, 『시대일보』, 『조선일보』를 '3개의 정부'라고 부를 정도로, 당시 지식인들은 한글신문이 민족적 과제를 토론하고 실천하는 장이 되기를 바라는 기대를 품고 있었다. 그 기대는 독자의 증가에 반영되어 나타났다. 보기를 들어, 『동아일보』는 창간 당시 1만 부를 발행했는데 1924년에는 배로 늘어나 2만 부 정도가 되었다. 세 신문도 한때는 조선인의 민족적 기대에 부응하는 모습을 보였다.

『동아일보』는 초창기에 식민지 조선과 비슷한 처지에 놓여 있던 체코슬로바키아, 아일랜드 등의 약소민족운동에 관한 기사를 여러 차례 실었다. 그런가 하면 조선인에 대한 교육 용어를 조선어로 할 것을 주장하는 등, 조선총독부의 지배 정책을 비판하는 기사도 자주 실었다. 보수적인 유학자들을 비판하고 우후죽순처럼 일어나는 청년회운동의 진로를 제시한 것도 『동아일보』의 초기 기사에서 눈길을 끈다.

한편 신석우에게 경영권이 넘어간 뒤의 『조선일보』는 민족주의자인 사장 이상재와 이사 안재홍 등의 주도로 민족적 색채를 강하게 띤 기사를 자주 실었다. 특히 1920년대 중반에는 당시 '사회주의 청년운동의 트로이카'로 알려진 박헌영, 김단야, 임원근이 조선일보 기자로 활약하고 있었던 만큼, 『조선일보』는 사회주의운동에 가장 우호적인 신문이었다.

『조선일보』는 이 무렵 『동아일보』를 중심으로 일어나고 있던 자치론을 반대하고 사회주의 색채의 논조를 펴서 한때 '사회주의 신문'이라는 평가를 받았다. 1925년 9월 서울에 소련영사관이 설치되는 것을 기회로 '조선혁명이 소련혁명과 궤를 같이해야 한다'는 내용의 사설을 실은 것이 문제가 되어 정간처분을 받았을 정도였다. 이 사건을 계기로 조선총독부의 요구에 따라 '반일' 기자들을 해임한 뒤에도 『조선일보』는 민족주의 계열과 사회주의 계열의 연합으로 출범한 신간회를 적극 지지하고 더 나아가 신간회의 기관지 역할을 하는 등 민족운동에 깊숙이 관여했다.

세 신문 가운데 가장 늦게 출범했고 자금도 부족했던 『시대일보』는 처음부터 경영난에 부딪혔다. 이 무렵 친일종교단체로 전환하고 있던 보천교가 『시대일보』를 인수하려는 움직임을 보이자, 민족운동 진영에서 반대의 목소리가 높았다. 결국 보천교는 인수를 포기했고, 『시대일보』는 1926년 11월부터 『중외일보』라는 이름으로 바뀌게 되었다. 『중외일보』는 창간 이래 여러 차례 필화 사건을 겪은 데서도 알 수 있듯이, 조선총독부의 언론통제에 순순히 따라가지만은 않았다.

이 무렵 한글신문이 지사 또는 지국이라는 이름으로 확보하고 있던 전국적인 배포망 가운데 상당수는 1920년대 각 지역에서의 민족운동이 활성화되는 데 크게 이바지했다. 이 무렵만 해도 지역에서 신문에 관여하던 인물 가운데는 민족운동에 직·간접적으로 관여하는 인물들이 많았고, 따라서 이들의 노력에 의해 새로운 사상도 더 빠르게 그리고 더 광범위하게 확산될 수 있었다.

그렇지만 일제의 엄중한 통제 아래 놓여 있던 한글신문의 활동범위는 극히 제한적이었다. 식민지 지배체제의 근간을 건드리는 일은 일체 허용되지 않았다. 일제는 세 신문의 보도가 조금이라도 선을 넘어서면 탄압을 가했다. 탄압의 방법에는 정간, 압수, 삭제 등이 있었다. 특히 1920년대까지만 해도 발행부수가 가장 많은 『동아일보』조차 4만 부를 간신히 넘길 정도로 독자가 제한되어 있었기 때문에, 신문사 운영에 어려움을 겪고 있던 상황에서 정간조치는 엄청난 타격이었다.

그리하여, 먼저 『동아일보』의 논조가 바뀌기 시작했다. 대표적인 보기로, 조선총독부의 회유에 넘어가 상하이에서 귀국한 뒤 『동아일보』 편집국장으로 있던 이광수가 1924년 1월 「민족적 경륜」이라는 사설을 쓴 것을 들 수 있다. 이 사설은 일제의 식민지 지배를 인정하면서 자치권 확보를 위한 운동을 펼쳐야 한다고 주장했다. 이는 김성수, 송진우 등 『동아

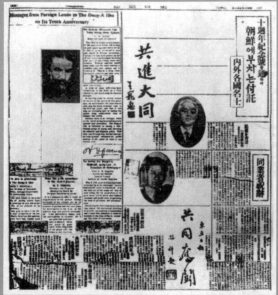

동아일보, 조선일보, 중외일보(조선중앙일보)의 제호(위)와 검열로 삭제된 기사(아래)
조선총독부는 조선인의 민심을 회유하기 위해 한글신문의 발행을 허가했으나 세 신문의 보도가 조금
이라도 선을 넘으면 정간, 압수, 삭제 등 다양한 방식으로 탄압했다. 『조선중앙일보』는 손기정 일장
기 말소 사건으로 1937년 11월 폐간되었고, 『동아일보』와 『조선일보』는 중일전쟁 이후 친일언론의
길을 밟다가 조선총독부의 압력으로 1940년 8월 자진 폐간했다.

일보』계열이 주동이 되어 독립운동은 불가능하니 일제가 허용하는 합법적인 정치단체를 만들자고 결성했던 '연정회'의 취지를 그대로 반영한 것이었다. 이 사설에 대해『동아일보』불매운동이 광범위하게 일어났다. 경영진은 변명을 늘어놓았지만 자치운동 파문은 1926년에도 되풀이되었다.

『동아일보』보다 조금 뒤늦기는 하지만 1920년대 말이 되면『조선일보』에도 논조의 변화가 나타나기 시작했다.『동아일보』와는 달리 신간회운동의 일익을 담당하면서 민족운동에 적극적인 자세를 보이던『조선일보』도 1920년대 말부터는 "정치적 색채를 거세"하기 시작한 것이다. 두 신문의 논조 변화는 1929년 11월부터 광주학생운동이 전국적으로 확산되는 가운데 학생들에게 시위를 자제하고 학교로 돌아가라고 권유하는 사설을 실은 데서 단적으로 드러났다.

『조선일보』는 1929년 3월부터 색의色衣 착용, 단발, 건강증진, 상식 보급, 소비절약, 허례 폐지 등을 주요 내용으로 하는 생활개선운동을 제창한 데 이어, 같은 해 여름부터는 도시의 전문학교와 중등학교에 재학 중인 학생들이 방학을 이용해 고향에 돌아가 농민들에게 한글을 가르치자는 취지의 귀향남녀학생 문자보급운동을 벌였다. 이보다 조금 늦게『동아일보』는 1930년대 전반기부터 역시 도시에 유학 중인 학생들이 농촌으로 돌아가 한글 보급 등을 통해 농민들을 계몽시켜야 한다는 브나로드운동을 시작했고, 같은 해에 민족의 문화전통을 지켜야 한다는 취지에서 이충무공 유적 보존운동을 벌였다.

두 신문이 거의 비슷한 시기에 직접적인 독립의 요구를 담지 않은, 그리하여 상대적으로 일제의 탄압을 받을 가능성이 적은 문화 분야에 활동의 초점을 맞춘 것이 눈길을 끈다. 어떻게 보면 이런 활동은 경영난에 처해 있던 두 신문이 새로운 독자층을 확보하려는 전략과도 맞물려 있었다. 여기에 1930년대 이후 일제의 언론통제가 대폭 강화되면서 신문지면에서 일제를 비판하는 기사를 찾아보기는 점점 힘들어졌다.

그리하여 두 신문은 1930년대 이후에는 뜻있는 사람들로부터 "없기보다는 낫다"는 비아냥거림의 대상이 되었다. 신문들이 일제에 타협적인 성향을 드러내자 비타협적 민족주의자들이나 사회주의자들이 이를 비판하고 나섰지만, 이미 신문을 민족운동의 수단이 아니라 이윤을 낳는 상품으로 보고 있던 두 신문의 경영진(김성수, 방응모)에 의해 기업으로서의 신문이라는 측면이 나날이 강화되었다. 특히 1933년 방응모에게 경영권이 넘어간 뒤부터 『조선일보』의 반일 논조는 현저하게 약화되었고, 오히려 일제의 대륙 침략 정책을 지지하고 파시즘에 기울어지는 경향을 드러내기 시작했다.

그런데 지식인들의 비판에도 불구하고, 논조를 바꾼 뒤 두 신문의 독자는 줄지 않았다. 오히려 『조선일보』의 독자는 크게 늘어났다. 논조가 바뀌었어도 독자가 늘어났다는 것은 이 무렵 한글신문에 대한 독자들의 기대가 바뀌었음을 의미한다. 이는 1930년대에 들어서면서부터 일본에서 발간되던 일본어 신문의 조선인 독자가 크게 늘어난 것과도 무관하지 않다. 중등교육과 고등교육이 확대되면서 일본어를 아는 사람들이 늘어나고, 이들 사이에서 일본어 신문을 읽는 행위가 근대의 향유처럼 여겨지는 경향이 확대되었으며, 마찬가지로 한글신문에서도 '민족적인 것' 못지않게 '근대적인 것'을 요구하는 분위기가 무르익고 있었다.

이제 더 이상 일제에 대한 비판적 논조가 구독의 결정적 이유가 되지 못했다. 오히려 근대적 소비문화를 다루는 다양한 기사가 독자들의 호응을 얻었다. 신문의 연재소설도 통속 작가들의 차지가 되었다. 1930년대에 들어서면서 전반적으로 문화면의 비중이 크게 늘어났다. 이는 일제의 언론통제가 강화되면서 정치적·사회적인 문제를 다루기 어려워진 한글신문이 영화, 패션 등의 자본주의 소비문화를 중시하게 된 결과인 동시에, 1920년대와는 달라진 대중의 욕구를 수용한 결과이기도 했다.

1930년대 중반 이후 한글신문에는 또 한 번의 격랑이 몰아쳤다. 경영난을 겪던 『중외일보』는 『중앙일보』를 거쳐 1933년 3월부터 『조선중앙일보』로 이름을 바꾸면서 신문 역사상 처음으로 1일 8면 발행을 단행하는 등 사세를 확장해 나가고 있었다. 이 무렵 논조를 바꾸고 있던 다른 두 한글신문과는 달리 『조선중앙일보』는 비교적 꿋꿋하게 비판언론, 계몽언론의 사명을 다함으로써 1936년에는 『동아일보』보다 더 많은 독자를 확보하기도 했다.

그러나 『조선중앙일보』는 1936년 8월 13일자 신문에 베를린 올림픽 우승자 손기정의 사진을 실으면서 일장기를 말소한 사건으로 결정적 위기를 맞았다. 일제로부터 무기정간이라는 철퇴를 맞은 『조선중앙일보』는 끝내 1937년 11월 발행허가의 효력상실로 폐간되고 말았다. 그리고 일제에 맞선 『조선중앙일보』의 무기정간과 뒤이은 폐간은 다른 두 한글신문에 반면교사의 역할을 했다.

『동아일보』와 『조선일보』는 중일전쟁 이후 앞을 다투어 본격적인 친일언론의 길을 밟기 시작했다. 중일전쟁이 발발하자 처음에는 조선 민중에게 유언비어에 흔들리지 말 것을 경고하는 정도의 논조를 취하던 두 신문은, 이내 일제의 침략전쟁을 지지하는 내용의 기사를 싣기 시작했다. 그리고 1938년에 접어들면서 두 신문에는 아예 중일전쟁을 '성전'으로 묘사하는 기사가 대거 등장했다. 나아가 일제가 침략전쟁에 조선인을 동원하기 위한 각종 정책을 내놓을 때마다 이를 지지하는 기사와 논설도 실렸다. 심지어 지원병제도 실시에 대해서는 "병역의 의무" 운운하면서 차별로부터의 탈출이라는 논리로 내선일체론을 수용하는 모습도 보였다.

예외가 있다면 일제가 한글교육을 폐지하겠다는 방침을 밝혔을 때 반대 입장을 취한 것이다. 그러나 이는 기본적으로 한글신문이라는 스스로의 성격에서 비롯된 것이었다. 한글사용의 폐지는 독자 확보와 직결된 문제였기 때문에 처음에는 조선총독부의 한글 말살 정책을 반대했지만, 1939년 이후에는 한글교육 폐지에 대한 반대 주장도 사라졌다. 조선 민중에게 일본정신의 수용을 통해 철저하게 황민화할 것을 요구하고, 내선일체 방침에 호응해 적극적으로 전쟁 동원에 응할 것을 촉구하는 사설이 등장하고, '팔굉일우'니 '굉원한 제국의 이상'이니 하는 일제의 침략전쟁 이데올로기를 답습하는 언술이 지면을 메우는 지경에 이르렀을 때, 민족언론의 모습은 다 사라지고 오직 친일언론의 모습만 남게 된 것이다.

그리하여 1930년대 말의 『동아일보』와 『조선일보』는 조선총독부 기관지인 『매일신보』와 별다른 차이가 없다는 평가를 받게 되었다. 조선 민중에게 황민화와 전쟁 동원을 강요했다는 점에서, 1930년대 말 이후 두 신문이 보인 행태는 반민족일 뿐만 아니라 반인륜적이었다. 그럼에도 일제는 전쟁확대로 인한 물자난으로 신문의 통폐합을 추진하던 일본의 상황에 비추어 조선에서도 한글신문의 통폐합이 필요하며, 더욱이 일본어 상용 정책에 따라 『매일신보』 이외의 다른 한글신문은 필요하지 않다는 논리를 내세워 1940년 8월 『동아일보』와 『조선일보』의 자진 폐간을 유도했다.

## 잡지의 대중화와 친일화

잡지라는 새로운 매체가 처음 등장한 것은 1896년이다. 그해에 국외에서는 일본 유학생들이 『친목회회보』를, 국내에서는 독립협회가 『대조선독립협회회보』를 발간하기 시작했다. 이로써 잡지의 역사가 시작된 것이다. 이때부터 1910년까지 애국계몽운동을 펼치던 여러 협회, 학회, 그리고 종교단체에서 계몽적 성향의 잡지를 활발하게 발간했다.

그러자 일제는 애국 독립 사상을 고취하는 잡지를 통제하기 위해 1909년 대한제국 정부의 이름으로 출판법을 공포했다. 이 법은 1년 전부터 시행되고 있던 신문지법과 마찬가지로 잡지를 발간하기 위해서는 정부의 허가를 받아야 한다고 규정했다. 잡지를 출판하기 전에 반드시 원고를 사전에 제출하도록 하는 사전검열제도도 이 법의 중요한 내용이었다. 만약 허가제와 사전검열제를 위반했을 때는 발매 또는 반포금지, 압수 등의 엄벌조치를 취할 수 있다는 규정도 들어 있었다.

국망 이후 일제가 출판법을 무기로 잡지통제에 나서자, 한말에 활발하던 잡지 출간이 극도로 위축되었다. 무단통치가 이루어지던 1910년대에 발간된 한글잡지는 『천도교월보』(나중에 『천도교회월보』로 개제), 『경향잡지』, 『경학원잡지』, 『학지광學之光』, 『조선문예』, 『청춘』, 『태서문예신보』, 『유심』 등 모두 40여 종에 지나지 않았다. 그 가운데 가장 큰 비중을 차지한 것은 종교계에서 발행하는 잡지로 기독교 7종, 천도교 7종, 시천교 3종, 유교 1종을 합해 모두 24종이었다. 이 밖에도 교양종합잡지, 학술잡지, 문예잡지, 여성잡지, 청년잡지, 소년잡지가 극소수 발행되고 있었지만 시사잡지는 전혀 발행되지 않았다. 교양종합잡지라고 할 만한 것도 『청춘』, 『공도公道』, 『신문세계新文世界』, 『신문계新文界』, 『우리의 가정』, 『반도시론』 정도에 지나지 않았고, 그나마 조선인이 발행한 것은 『청춘』과 『공도』뿐이었다.

그러나 3·1운동 이후 새로운 잡지 출간이 유행하기 시작했다. 여기에는 통치 방침의 변화가 큰 영향을 미쳤다. 문화정치 아래 일제는 잡지 발간에 대한 통제를 완화했다. 조선총독부가 조선인이 발간하는 잡지를 허가할 때 택한 방법에는 두 가지가 있었다. 그 하나는 신문지법 제36조의 "본 법의 규정은 정기 발행하는 잡지류에 이를 준용함"이라는 조항에 의해 시사잡지 발간을 허가하는 것이었다. 1922년 6월 『개벽』, 『신천지』, 『신생활』, 『조선지광朝鮮之光』에게 시사 문제를 다룰 수 있도록 허가한 것이 대표적인 보기이다. 다른 하나는 출판법에 의해 시사잡지 이외의 다른 잡지 발간을 허가하는 것이었다. 이 시기 발간된 대부분의 잡지가 여기에 해당된다.

그러나 3·1운동 이후의 잡지 발간 열기를 단지 통치 방침과만 관련시켜 이해하는 것은 일면적이다. 3·1운동으로 한껏 고조된 독립 의지는 일제의 탄압으로 일단 좌절되었지만, 그 열기가 곧 다른 형태로 바뀌는 가운데 수많은 잡지가 새로 발간될 수 있었다는 사실이 중요하다. 3·1운동

이전인 1919년 2월에 김동인 등이 창간한 문예잡지『창조』, 같은 해 말에 순 한글 이름으로 발간된『서울』은 1920년대 이후 더 뜨거워질 잡지 발간 열기를 예고하는 것이었다.

1920년대 잡지 발간에서 가장 앞장을 선 것은 새롭게 등장하고 있던 젊은 문인들이었다. 주로 일본 유학을 통해 근대 사조를 접한 문학청년들은『폐허』(1920),『장미촌』(1921),『백조』(1922),『영대靈臺』(1924),『조선문단』(1924),『해외문학』(1926) 등의 문학잡지를 통해 시, 소설, 평론을 발표함으로써 일약 문단의 새로운 흐름을 형성하게 되었다. 김동인, 염상섭, 김억 등 새로운 문인 집단은 동인지라는 형태로 자신들만의 잡지를 간행하면서 이전의 문인들과 다른 소재를 다른 문체로 다루었고, 이것이 1920년대 이후 잡지 발간의 기폭제가 되었다.

이 밖에도 1920년에만『공제』,『개벽』등 20여 종이 창간된 것을 비롯해『청년』,『아성我聲』,『계명』,『신천지』(이상 1921),『신생활』,『시사평론』,『부인』,『동명東明』,『조선지광』(이상 1922),『어린이』,『신여성』,『농민』,『산업계』(이상 1923),『사상운동』,『불교』(이상 1924),『신민』,『조선농민』(이상 1925),『아희생활』(나중에『아이생활』로 개제),『신인간』,『동광』,『별나라』,『별건곤』(이상 1926),『이론투쟁』,『현대평론』,『한글』,『노동운동』,『신흥과학』(이상 1927),『한빛』,『신생』,『중성衆聲』(이상 1928),『농민생활』,『삼천리』,『신흥』(이상 1929),『조선물산장려회보』,『농민』,『대중공론』,『해방』,『대조大潮』,『청구학총』,『여성조선』(이상 1930),『혜성』(나중에『제일선』으로 개제),『비판』,『이러타』,『신동아』(이상 1931),『한글』,『제일선』,『신계단』(이상 1932),『신가정』,『가톨릭청년』,『학증學燈』,『전선』,『중앙』

(이상 1933), 『정음』, 『진단학보』, 『신인문학』, 『월간야담』(이상 1934), 『동양의학』, 『소년중앙』, 『사해공론』, 『조광』, 『호남평론』, 『야담』(이상 1935), 『여성』, 『성서조선』(이상 1936) 등 수백 종이 1930년대 중반까지 차례로 발간되었다. 그렇지만 이 가운데 상당수는 창간호가 바로 종간호가 되었다. 그만큼 잡지를 내는 것은 어려운 일이었다.

이 무렵 발간된 잡지 가운데는 일반대중을 대상으로 한 종합잡지가 여럿이었다. 그렇지만 노동자, 농민, 청년, 소년, 여성 등 특정 계급·계층을 겨냥한 잡지도 적지 않았다. 심지어 특정 계급·계층 가운데서도 더 특수한 집단을 위한 잡지(백정을 위한 『정진』, 고용인을 위한 『용성』, 사회사업가를 위한 『백악』, 결핵 환자를 위한 『요양촌』 등)도 발간되었다. 특수한 분야만을 다루는 잡지(언론계의 『신문춘추』, 『철필』, 『짜날리즘』, 영화·연극계의 『문예·영화』, 『극예술』, 『영화조선』, 한의약계의 『동양의약』 등), 지역 차원의 잡지(평양의 『대평양』, 대구의 『여명』, 호남의 『호남평론』 등)도 등장했다.

잡지의 문장이나 용어는 이전의 한문체에서 벗어나 국한문 혼용체가 정착되었다. 『비판』의 경우 독자에게 투고를 권유하면서 "한자와 어려운 말을 써서 보내시면 글을 싣기 곤란합니다. 아무라도 잘 읽어서 이해할 수 있도록 써주십시오"라고 광고할 정도였다. 지식인뿐만 아니라 대중도 읽기 쉬운 잡지가 당시 잡지들의 지향점이었던 것이다.

1920년대 초중반에 가장 영향력이 큰 잡지는 천도교 직영의 개벽사에서 발간하던 『개벽』이었다. 이 잡지의 제목은 동학 이래의 개벽 사상에서 따온 것이었다. 『개벽』은 종교단체에서 발행했지만 학술, 교양, 문예의 종합잡지 성격을 띠고 있었다. 분량도 당시로서는 매우 두툼한 편이었

**일제강점하에 발간된 각종 잡지(위)와 개벽사 직원들(아래)**
위 사진의 왼쪽부터 『동광』, 『개벽』, 『삼천리』, 『서울』이다. 천도교에서 발간한 『개벽』은 1920년대
초·중반을 대표하는 종합잡지였다.

다. 특히 천도교 이론가이던 이돈화의 글과 사회주의를 소개하는 글이 많이 실려 젊은 지식인들에게 큰 영향을 미쳤다. 1920년대 말 이후에는 『삼천리』가 그런 역할을 했다. 『삼천리』는 내용면에서 『개벽』에 견줄 만한 대표적인 교양·학술잡지였다. 그러면서 뜬소문 등으로 대중의 호기심을 자극하는 기사를 고정적으로 게재하는 등 대중오락잡지의 성격도 띠고 있었다. 아울러 『공제』, 『신생활』, 『조선지광』, 『이론투쟁』, 『신흥과학』, 『비판』 등 수십 종에 이르는 사회주의 계열 잡지가 간행된 데도 주목할 필요가 있다. 사회주의가 널리 소개되고 사회주의운동이 활발했던 1920년대 이후의 분위기가 반영되었을 것이다.

1920년대 초중반을 대표하던 『개벽』이 1926년 폐간되고, 1920년대 말 이후에는 『삼천리』가 대표적인 잡지가 된 데서도 알 수 있듯이, 1920년대 잡지와 1930년대 잡지 사이에는 일정한 차이가 나타났다. 1920년대의 잡지가 주로 계몽을 목적으로 한 지식인 성향의 잡지였다면 1930년대 이후의 잡지는 대중잡지의 성격을 강하게 띠고 있었다.

실제로 1930년대는 잡지의 대중화 시대였다. 여기에는 잡지를 읽는 독자층이 크게 넓어진 것이 영향을 미쳤다. 1920년대 이후 보통학교가 늘어나고, 보통학교를 졸업한 사람들도 크게 늘어났다. 이 가운데 일부는 중등학교와 전문학교·대학에 차례로 진학했으며, 일본의 대학에 유학을 가기도 했다. 이들이 잡지를 구독하는 독자층을 형성하면서, 잡지도 지식층 독자를 목표로 한 잡지와 대중독자를 목표로 한 잡지로 분화되었다. 전자의 대표적인 보기가 『동광』, 『혜성』, 『제일선』, 『비판』, 『신계단』 등이었다면, 후자의 대표적인 보기는 『삼천리』, 『별건곤』, 『신여성』 등이었다.

그리고 두 가지 성격을 모두 겸하고 있던 잡지로는 한글신문사에서 발행하던 『신동아』, 『조광』, 『중앙』을 들 수 있다. 그런데 1930년대만 놓고 보면 지식인 위주의 잡지보다는 대중 지향의 잡지가 더 많이 팔리고 더 오래 발간되었다. 신문 독자층의 취향이 바뀐 것처럼 잡지 독자층의 취향도 바뀌고 있었던 것이다.

1930년대의 잡지 가운데 시사 문제를 다룬 주요 잡지로는 『조선지광』, 『혜성』, 『삼천리』, 『중성』, 『대중공론』, 『비판』, 『해방』, 『대조』, 『철필』, 『별건곤』, 『아등』, 『동광』, 『이러타』, 『신계단』, 『제일선』, 『신동아』, 『조광』, 『중앙』 등이 있었다. 이 가운데 『조선지광』을 제외하고는 모두 출판법에 의해 나온 것이었다. 일제가 1931년부터는 출판법에 의해 인가된 잡지도 정치·시사 문제를 다룰 수 있도록 묵인함으로써 시사잡지가 봇물처럼 쏟아져 나오게 된 것이다.

1930년대 후반이 되자 각종 잡지에는 친일 논조의 기사가 늘어나기 시작했다. 『삼천리』, 『조광』 같은 대표적인 잡지는 아예 친일 노선을 공공연하게 표방했다. 문학 분야의 잡지도 예외는 아니었다. 대표적인 보기가 1939년에 창간되었다가 1941년에 강제폐간된 문예지 『문장』과 『인문평론』을 대신해 1941년 11월에 '황도정신 앙양'과 '국체 관념의 명징'을 내걸고 창간된 『국민문학』이다. 심지어 『삼천리』나 『국민문학』 등은 일제의 일본어 상용화 정책에 따라 한글판을 포기하고 일본어판을 발간하기도 했다.

『삼천리』는 1929년 김동환에 의해 창간된 이래 1930년대 중반까지 대표적인 종합잡지의 위상을 누리고 있었다. 그러나 개인이 경영하는 잡지사의 한계 때문에 1930년대 중반 무렵부터 경영난을 겪게 되었고, 그러면서 중일전쟁을 전후해 애국헌금 모금광고를 게재하는 등 친일 색채를 띠기 시작했다. 이후 한동안 잡지를 내지 못하다가 1938년 5월 속간호를 내면서부터는 더 노골적으로 일제에 협력했다. 1941년에는 황민화운동을 실천하기 위한 관변단체 '임전대책협의회'와 '임전보국단'의 결성을 주도했고, 1942년 5월부터는 '삼천리 금수강산'에서 따온 제호를 일제의 대동아공영권 논리에 따라 『대동아』로 바꾸었다. 권두언, 논설, 기고 기사 등을 통해 일제의 국민정신 총동원운동에 적극 협력하는 한편, 창씨개명 장려, 지원병·징병 독려 등 일제의 황민화 정책과 전쟁 동원 정책을 적극 지지했다. 『대동아』를 내면서는 일부 번역물과 문예물을 제외하고는 대부분의 기사를 일본어로 게재함으로써 일제의 일본어 상용 정책에 적극 호응하기도 했다.

　『조광』은 원래 조선일보사가 발간하다가 1940년 『조선일보』가 폐간되면서 조선일보 출판부를 개편한 조광사에서 발간하게 되었다. 원래는 순수문예 창작물 중심의 잡지였지만, 전시체제기에는 모회사인 『조선일보』가 친일화되면서 친일적인 글이 크게 늘어났다. 발행사가 조광사로 바뀐 뒤에는 아예 친일잡지로 바뀌었다. 보기를 들어, 사주인 방응모는 1940년 11월호에 실린 창간 5주년사를 통해 "시국인식을 강화해 일본이 중심이 된 세계 신질서를 건설하며 종래의 자유주의 개인주의를 지양하고 전체주의적 방향으로 나아가야 한다"고 주장했다. 사주가 이런 주장을 할 정도였으니 당대의 대표적인 친일 지식인의 글이 가장 많이 실리고, 일제의 침략전쟁에 협력하거나 내선일체에 동조하는 논설과 문예물 위주의 잡지가 된 것도 이상한 일이 아니었다. 일제가 일본어 상용 정책을 펴자 이에 호응해 1941년부터는 한글 기사와 일본어 기사를 함께 싣기도 했다.

이 시기에는 아예 처음부터 일본어를 쓰는 친일잡지도 많이 등장했다. 그리고 대부분의 친일잡지는 친일단체에 의해 발간되었다. 보기를 들어, 이 무렵 대표적인 친일잡지 가운데 하나인 『녹기』는 원래 국가주의를 따르는 일본인들이 만든 민간단체로 출범했다가 중일전쟁 이후 조선인 내선일체론자들까지 가입하면서 민간 부문에서 조선총독부의 황민화운동을 적극 지지하게 된 녹기연맹이 직접 발간하던 잡지였다. 특히 이 잡지에서는 이광수와 더불어 전시체제기 대표적인 내선일체 이데올로그였던 현영섭이 주요 필진으로 활동했다. 이 밖에도 이 시기에 나온 주요 친일잡지로는 『경향잡지』(1906년부터 발간), 『가정지우』(1936), 『반도의 빛(半島の光)』(1938), 『재만조선인통신』, 『동양지광』, 『총동원』(이상 1939), 『태양』, 『내선일체』, 『국민총력』(이상 1940), 『신시대』, 『춘추』(이상 1941), 『유도儒道』, 『대동아』, 『대화세계大和世界』(이상 1942) 등이 있다. 친일 지식인들은 이들 친일잡지를 통해 지속적으로 내선일체, 황민화의 논리를 개진하고 조선 민중에게 천황과 일본을 위한 전쟁에 나서 피와 땀을 흘릴 것을 요구했다.

# 식민성과 근대성의 혼종 매체, 라디오 방송의 시작

조선총독부가 만든 경성방송국에 의해 처음으로 정규 라디오 방송이 시작된 것은 1927년 12월이었다. 호출부호 JODK는 경성방송국이 도쿄, 오사카, 나고야名古屋에 이어 일본의 제국 판도 안에서 네 번째 방송국임을 의미했다. 라디오 방송은 식민성의 구축과 근대성의 도입이라는 두 가지 모순적 요소를 함께 갖고 있었다.

일제가 식민지 조선을 통치하기 위한 도구의 하나로 경성방송국을 설립하고 편성 및 프로그램의 성격과 내용을 규정했다는 점에서, 라디오 방송에는 처음부터 식민성이 내포되어 있었다. 동시에 제국의 정치 논리와 정책 의도에도 불구하고 일상생활 속에서 라디오를 청취하던 수용자들에게는 음악과 드라마 등 새로운 형태의 대중문화를 경험하게 하는 근대문화의 창구였다. 그러나 '식민성'과 '근대성'이라는 두 요소 가운데 더 두드러진 것은 전자였다.

경성방송국의 첫 방송이 일본어와 한글의 두 언어가 섞인 혼합 방송이었다는 사실이야말로 방송의 식민성을 잘 보여준다. "공중 문화예술의 힘이 내선 민중의 융화기관이 되리라"는 기대에서 드러났듯이, 일제는 식민지 조선을 통치하기 위한 수단의 하나로 경성방송국을 설립했다. 따라서 편성 및 프로그램의 내용도 그에 맞는 수준을 벗어나지 못했다. 초기의 방송 편성은 2회의 뉴스, 일기 예보, 9~10회의 주식과 미두 시세, 일용품 시세, 강연 및 음악 정도였다. 심지어 "오늘 뉴스는 없습니다"라는 뉴스 방송도 있었다.

혼합 방송이라고는 하지만 일본어 방송 시간이 70%였다. 조선인은 물론이고 일본인으로부터도 큰 인기를 얻지 못했다. 이에 일제는 1929년부터 일본 내지의 방송을 그대로 중계하기 시작했다. 그러자 일본인 청취자는 늘어났지만 조선인 청취자의 불만이 고조되었다. 방송을 시작한 지 5년이 지난 1932년 말까지, 전체 라디오 보급 대수는 3만 대를 넘지 않았다. 그 가운데서도 조선인 청취자는 극히 일부에 지나지 않았다.

당시 경성방송국은 '통조림 방송'이라고 불렸다. 그만큼 프로그램 편성 등에서 자율성이 없었으며 제국 일본과의 연동 속에서 방송이 이루어지고 있었던 것이다. 그러니 일부 친일 지식인을 제외하고는 조선인 청취자를 끌어들이는 데 한계가 있을 수밖에 없었다.

경영난을 타개하고 조선인 청취자를 끌어들이기 위해 일본어 방송과 한글 방송을 별도로 내보내는 이중 방송 계획이 세워졌다. 그리고 1932년 7월 경성방송국이 사단법인 조선방송협회로 바뀌면서 일본어 방송을 담당하는 제1방송과와 한글 방송을 담당하는 제2방송과가 분리되었다. 이중 방송은 방송이라는 선전도구에 더 많은 조선인이 귀를 기울이게 할 필요에 따라 채택되었다.

1933년 4월 제2방송이 시작됨에 따라 라디오를 들을 수 있는 범위가 확대되고 하루 1시간 반 남짓이던 한글 방송 시간이 6시간 이상으로 늘어났다. 제2방송과는 편성담당 및 아나운서로 조선인을 새로 채용해 조직을 정비하고 조선인의 취향에 맞는 프로그램 개발에 전력했다. 그러자 조선인 청취자도 점차 증가하기 시작했다. 조선방송협회는 '지방도시 순회의 밤'을 개최해 지방 청취자를 개발하는가 하면, 값싼 수신기 보급에 힘쓰고 라디오의 조립과 수리를 담당하는 부서를 전국에 설치했다.

이중 방송이 시작된 뒤 약 5년 동안의 짧은 시기는 한글 방송의 황금기였다. 한글 방송 가운데는 국악 프로그램과 드라마가 인기를 끌었다. 라디오 보급은 계속 활기를 띠어 1937년에는 11만 대를 넘었고, 전체 청취자 가운데 20% 정도를 차지하던 조선인 청취자도 40%로 증가했다. 그러나 전체 조선인 인구에 비추어볼 때 방송의 영향력은 상대적으로 미미한 편이었다. 특히 라디오가 거의 보급되지 않은 농촌에서는 더 그러했다.

1937년 4월부터는 전국 각지에서 한글 방송을 수신하는 것이 가능해졌다. 제2방송의 출력이 50KW로 늘어났기 때문이다. 이는 도쿄방송국의 출력보다 더 강한 것이었다. 그만큼 식민지 조선에서 선전 방송의 중요성은 점점 더 커지고 있었다. 당시 일제는 러시아를 최대의 가상적으로 여기고 있었고, 중국에 대해서는 호시탐탐 침략의 기회를 노리고 있었다. 이와 관련해 소련이나 중국으로부터 수신되는 반일 방송에 대응할 필요를 느꼈기 때문에 조선방송협회의 방송 출력을 대폭 늘린 것이다.

조선방송협회는 형식상 조선총독부와 무관한 사단법인이었지만, 실제로는 조선총독부가 방송의 성격 및 방향 결정에 영향을 미쳤다. 조선총독부는 경성방송국 시절부터 라디오를 보도 및 교양매체로 규정했다. 1931년 만주사변이 일어나자 이번엔 "유사시 보도기관의 중요한 역할"을 수행할 것을 경성방송국에 지시했다. 조선방송협회가 중일전쟁 발발 직후 즉각 보도 교양 프로그램을 늘린 것도 조선총독부 방침에 따른 것이었다.

중일전쟁 이후 제2방송의 연예오락 방송도 역시 변질되었다. 조선총독부가 방송통제를 강화함에 따라 라디오는 전시동원을 위한 도구의 성격을 강하게 띠기 시작했다. 한글 방송도 전시 보도 중심으로 개편되었다. 그리고 군국주의적 색채의 프로그램 방송 횟수와 시간도 늘어났다.

조선총독부는 1938년 국민정신총동원령과 조선육군지원병령을 공포한 뒤 바로 이를 방송에 반영하도록 했다. 일본어 상용 정책에 따라 조선의 전통민요보다는 일본의 전통음악인 나니와부시浪花節를 흉내낸 노래를 방송하는 빈도가 높아졌다. 무엇보다도 이 시기 라디오 방송에서 식민성의 강화는 황민화운동에 부응하는 강연과 총후銃後 미담 방송이 대폭 늘어난 데서 단적으로 드러났다. 일제는 친일 지식인, 교육자, 문인을 내세워 조선인으로 하여금 전시동원에 적극 협력할 것을 선전하는 방송강연을 수시로 내보냈다. 그리고 라디오 드라마도 〈총후의 악수〉니 〈총후에 바친 몸〉이니 하는 상투적인 목적극을 집중 편성했다. 이러한 현상은 아동을 대상으로 한 시간에도 마찬가지로 나타나서, 기존의 동화극 대신에 〈오빠의 입영〉이니 〈어린이 애국반〉이니 하는 선전 프로그램이 편성되었다.

아시아·태평양전쟁 이후 군부가 일본은 물론이고 식민지와 점령지의 모든 방송을 통제하게 됨에 따라, 조선의 방송에도 총후 동원을 위한 보도제일주의 원칙이 관철되었다. 1942년 4월에는 전파관제가 실시되어 주간 방송은 중지되고 야간 방송만 출력을 낮추어 실시되었다. 한글 방송은 일본어 상용 정책에 어긋난다는 이유로 폐지되었다. 한글 방송이 부활한 것은 1943년 11월이었다. 일본어 상용이라는 정책적 목표에도 불구하고, 여전히 한글을 쓰지 않고서는 전쟁 동원을 위한 선전이 불가능한 것이 조선의 현실이었기 때문이다. 일제는 황민화를 위해 일본어 상용을 밀고 나가야 하는 동시에 전쟁 동원 이데올로기를 효과적으로 선전하기 위해서는 조선인이 아는 언어를 써야 한다는 딜레마를 안고 있었는데, 이것이 한글 방송의 폐지와 부활로 나타난 것이다.

전시동원체제 아래 라디오에서는 매일 궁성요배 방송과 「황국신민서사」 방송이 나왔다. 정오의 묵도를 위한 사이렌을 방송하는 것도 라디오의 몫이었다. 사이렌이 울리면 모든 사람이 하던 일을 멈추고 일본제국의 승전 기원과 전몰자 내지 출정 장병에 대한 감사 묵념을 해야 했다. 정오의 묵도는 원래 한 달에 한 번씩이었지만 아시아·태평양전쟁 이후인 1942년부터는 매일 11시 59분에 하는 것으로 의무화되었고 묵도가 끝난 뒤 정오뉴스가 방송되었다. 1943년부터는 국민보건체조가 라디오와 결합되었다. 라디오에서 국민보건체조 음악이 나오면 사람들은 하던 일을 멈추고 전쟁 수행에 필요한 체력을 연마하고 국가에 대한 충성심을 기르기 위해 집단적으로 체조를 했다.

라디오는 전시동원체제에서 조선인의 일상생활을 규제하고 통제하는 데 유용한 수단이었다. 라디오의 시보에 따라 궁성요배를 하고, 국민보건체조를 하고, 마을청소를 하고, 정오의 묵도를 하도록 함으로써 일제는 조선인의 일상생활을 병영체제처럼 만들려고 했다.

# 07

**19세기 말부터** 신문·잡지가 간행되고 각종 학교가 만들어지면서 근대문화에 대한 관심이 일기 시작했지만, 대중문화라는 이름을 붙일 정도로 문화가 널리 확산된 것은 1920년대 이후였다. 3·1운동 이후 일제가 내세운 문화정치 아래 한글 신문과 잡지의 출간 붐이 일어났다. 1920년대 중반 이후에는 라디오 방송도 시작되었다. 1910년 서울에 처음 등장한 영화 상설관이 다른 도시로도 확산되면서 1920년대 이후 영화가 본격적으로 유행의 흐름을 타게 되었

# 식민지 대중문화의 형성과 전환

다. 1926년에 나온 〈사의 찬미〉가 널리 불리면서 대중가요도 새로운 문화 산업으로 각광을 받았다. 도시의 지식인층과 청소년층을 중심으로 대중 문화가 급속하게 퍼져 나갔고, 신문과 잡지에는 대중문화의 등장과 확산을 알리는 기사가 자주 실렸다. 대중문화 가운데서도 일제강점기에 사람들에게 가장 큰 영향을 미친 것은 영화와 가요였다. 그러자 일제는 전시체제기에 대중문화를 침략전쟁 동원에 적극 활용하려 했다. 그러면서 1940년을 전후하여 친일영화와 친일가요가 대거 쏟아져 나왔다.

# 영화의 유행과 선전도구화

20세기 들어 대중문화 가운데 가장 많은 사랑을 받은 것은 영화였다. 20세기의 총아인 영화가 '활동사진'이라는 말로 우리 사회에 처음 수용된 것은 1900년대였다. 1903년 6월 23일자 『황성신문』에는, 동대문전기상회의 기계창에서 국내와 서양 여러 나라의 풍경을 찍은 활동사진을 상영하는데 입장료가 10원이라는 광고가 실렸다. 이는 일반을 대상으로 한 유료 상영이 이루어지고 있었음을 보여준다. 1901년 9월 14일자 『황성신문』에 「사진의 활동이 산 사람의 활동보다 낫다」라는 논설이 등장했으며, 그 전부터 이미 '팔딱사진', '움직사진'이라는 말이 쓰였다는 사실에 비추어보면, 1903년 이전에 이미 영화가 소개되었을 가능성도 있다. 이전에도 영화는 산발적으로 도입되어 사람들의 입에 오르내리고 있었을 것이다. 어쨌거나 사람들은 영화를 처음 보았을 때 "귀신이 조화를 부리는 듯하다"고 했다.

이때 수입된 영화는 1분 미만의 단편영화로, 사람들의 일상생활을 순간적으로 희화화한 코미디와 활극, 또는 기차, 경치, 해수욕 등을 담은 실사물 중심이었다. 당시 영화는 말로만 듣던 서구 과학기술의 총아처럼 받아들여졌다. 그렇지만 애초에 영화의 주요 수용자는 소수에 국한되었다. 처음에는 유료 흥행이라고는 해도 외국 기업이 회사 홍보와 마케팅에 목적을 두고 자기 회사 상품을 소비했다는 증거(전차표나 담뱃갑 등)를 가져오면 입장을 허락하는 방식이었기 때문에, 어느 정도 경제적 능력이 있는 사람들만 영화를 볼 수 있었다.

처음에 영화 상영 공간의 상설화를 주도한 것은 서울의 일본인들이었다. 1904년 첫 영화 흥행장이 일본인에 의해 설치되었고, 1910년에는 최초의 상설관으로 500명을 수용할 수 있는 경성고등연예관이 을지로 입구에 세워졌다. 상설관이라고는 해도 영화만 상영한 것은 아니고, 일본 마술단 등 다양한 공연을 무대에 올렸다. 일본인 대상의 영화관이어서 변사도 일본인이었다. 그러다가 1914년에 일본인 전용관인 제1다이쇼大正관에 경영권이 넘어가면서 조선인 전용의 제2다이쇼관으로 바뀐 데 이어, 다음 해에는 다시 우미관으로 바뀌었다.

상대적으로 일본인 관객을 대상으로 한 일본 영화 상영에 중점을 두던 일본인 상영관과는 달리, 우미관은 처음부터 서양 영화 상영에 중점을 두었다. 그리하여 일본인 관객은 일본인 전용관으로, 조선인 관객은 우미관으로 가는 행태가 굳어지기 시작했다. 1918년 또 다른 조선인 전용관 단성사가 개관하면서 우미관과 단성사가 조선인 관객을 분점하게 되었지만, 영화관의 민족별 분리 현상은 변하지 않았다.

처음부터 영화관을 찾는 관객이 민족별로 나뉘게 된 것은, 일제 침략이 본격화되고 그에 따라 일본인이 도시에 많이 거주하게 되면서 도시 자체가 일본인이 많이 사는 지역과 조선인이 많이 사는 지역으로 분화되었기 때문이었다. 이런 민족별 거주지 분리 현상은 극장 분포에도 영향을 미쳤다. 서울의 경우 청계천을 경계로 해서 조선인이 많이 사는 북촌에 자리잡은 극장은 주로 조선인을 대상으로 영업했고, 남촌의 극장은 일본인 상가 및 주거 지역을 기반으로 했다.

1920년대를 전후해 영화는 더욱 유행의 흐름을 타기 시작했다. 극장에

가는 것이 근대를 상징하는 문화적 실천이자 도시적 삶의 한 관행으로 자리 잡았다. 처음에는 어린이도 이해할 수 있는 볼거리 위주의 단편 활극영화가 주를 이루었지만, 1910년대 중반 이후 점차 이야기가 있는 장편 정극영화가 상영되기 시작했다. 그런데 '명화, 문예영화'라는 이름으로 불리던 이 영화를 관객이 제대로 감상하려면 일정한 수준의 근대적 교양이 필요했다. 따라서 '명화'가 많이 상영되었다는 것은 영화 관객 가운데 중등교육 이상의 근대교육을 받은 지식인층의 비중이 점점 더 커졌다는 것을 의미한다.

그리고 다른 나라에서 수입된 영화를 보는 것으로 만족하던 데서 한 걸음 더 나아가, 직접 영화를 만들려는 움직임도 나타났다. 1919년에는 일제강점기 흥행계의 중심인물이던 단성사 경영주 박승필이 〈의리적 구토〉라는 연쇄극을 제작하면서 연쇄극 붐이 일어났다. 연쇄극이란 무대에서는 표현하기 어려운 장면을 미리 촬영한 동영상으로 대신하는 연극을 가리킨다. 곧 연극과 영화가 연쇄적으로 이어지면서 하나의 드라마를 구성한다는 의미이다. 연쇄극은 당시 연극 입장료가 40전일 때 1원을 받을 만큼 고가였지만 연일 대만원을 이루었다. 그렇지만 연쇄극의 대부분은 서양 활극을 흉내 내는 수준을 벗어나지 못했다.

1920년에는 조선총독부가 〈인생의 악귀〉라는 제목의 콜레라 예방 활동사진을 만들었다. 그리고 1923년 극영화로는 첫 번째인 〈월하의 맹서〉(윤백남 연출)가 만들어졌다. 이 영화는 조선총독부 체신국이 저축을 장려하기 위해 만든 계몽영화였다. 이후 〈춘향전〉(1923)과 〈장화홍련전〉(1924)이 큰 인기를 끌면서 극영화 제작은 유행처럼 퍼져 나갔다.

초기 극영화는 대부분 일본에서 수입된 신파연극의 소재나 형식을 빌려 썼다. '신파극'이란 '새로운 물결의 연극'이라는 뜻이다. 〈이수일과 심순애〉로 더 잘 알려진 〈장한몽〉이 가장 좋은 보기이다. 장한몽은 원작부터 〈금색야차〉라는 일본 신파소설이었다. 심지어 우리의 전통 이야기를 다룬 〈심청천〉, 〈운영전〉 등도 신파 방식으로 촬영되었다. 회칠을 한 듯한 분장, 과장된 연기와 대사, 무엇보다 권선징악이거나 아니면 단순한 눈물의 감상만을 호소하는 이야기구조가 신파극의 가장 중요한 특징이었다.

　그런 가운데 1926년에 공개된 나운규의 〈아리랑〉은 가장 돋보이는 영화였다. 〈아리랑〉 이전 신파극의 주인공들은 거스를 수 없는 근대화의 물결에 저항감을 느끼면서도 그 흐름을 거역하지 못하는 나약한 모습을 보였다. 그런데 〈아리랑〉은 여러 모로 달랐다. 먼저 지주, 마름, 소작인, 일제의 하수인, 지식인, 그리고 가난과 성희롱에 희생당하는 여성 등 식민지 조선의 현실에 뿌리를 둔 인물들이 등장했다. 농촌을 무대로 여러 사회 문제를 다루면서 민중이 현실의 억압에 좌절하지 않고 저항하는 모습을 그려낸 것도 획기적이었다. 이 영화에 대한 관객의 반응은 열광 그 자체였다. 1926년 상반기에만 110만 명의 관객을 동원할 정도였다. 조선인 20명 가운데 1명꼴로 본 셈이었다. 〈아리랑〉이 상영되는 영화관의 분위기는 마치 의열단원의 폭탄 투척을 보는 듯한 설렘으로 가득했다고도 한다.

　그렇다고 이 시기에 만들어진 영화가 모두 〈아리랑〉 같은 영화였다는 이야기는 결코 아니다. 일제강점기 영화 제작에는 많은 어려움이 따랐다.

가장 큰 걸림돌은 일제의 검열이었다. 조선총독부 경무국은 1926년부터 '활동사진필름검열규칙'을 시행했다. 경찰의 사전검열을 거치지 않은 영화는 아예 상영할 수 없었고, 검열한 뒤에도 "공안, 풍속, 보건"에 문제가 있다고 판단하면 언제든지 상영을 못하게 하거나 필름을 삭제할 수 있었다. 사회주의 성향을 띠는 작품은 검열 과정에서 심각하게 훼손되어 필름의 2/3가 잘려 나가기도 했다. 〈두만강을 건너서〉는 제목이 불온하다고 〈사랑을 찾아서〉(나운규 연출)가 되었고, 〈어둠에서 어둠으로〉는 〈먼동이 틀 때〉(심훈 연출)로 바뀌었다.

1920년대 초에 이미 서울, 부산, 평양 등의 큰 도시에서 대중문화 현상으로 정착된 영화는 다양한 경로로 근대적 일상의 한 축을 형성하게 되었다. 극장별로 영화 포스터를 붙인 자동차에 극장 소속 악대원들을 태우고 시가지를 돌며 선전 활동을 벌인다든지, 밤마다 극장 앞에서 군악대와 날라리 연주로 관객을 모으는 것이 이제 도시에서는 그다지 낯설지 않은 풍경이었다. 보기를 들어, 1927년 현재 하루에 만여 명이 영화관을 출입할 정도였으며 1935년에는 그 수가 더 늘어나 하루에 2만 명 이상이 영화관에서 영화를 보았다.

더 중요한 것은 영화의 주요 소비층이 청소년층이었다는 사실이다. 그래서 "한때는 종로통 대로로 활보하는 남녀 청소년은 영화에 나타난 인물들의 분장을 하고 다닌 때도 있었으며 그들의 섭어隔語는 영화의 자막을 외우는 것 같은 그런 것이었다"라고 할 정도로 영화는 청소년층에게 큰 영향을 미쳤다. 바야흐로 학생층 사이에서 야간 상영을 의미하는 '야학', 당시 서울의 대표적 영화관인 메이지좌明治座를 의미하는 '메이지대학', 외국 영화 1편과 일본 영화 1편의 동시상영을 의미하는 '영어 한 시간, 국어 (일본어) 한 시간' 등의 은어가 유행하는 시대가 된 것이다.

이 무렵 "영화 체험은 청춘의 존재 증명"과도 같은 것이었다. 시기별로 굴곡은 있지만 1920년대 이후 영화 관람이 확실히 도시의 중산층, 젊은 층, 지식층의 일상문화가 된 것은 분명했다. 영화의 유행과 더불어 영화잡지의 출간 붐이라는 현상도 나타났다. 『영화』(1926), 『키네마』(1927), 『문예영화』(1929), 『대중영화』(1930), 『프롤레타리아영화』(1930), 『영화시대』(1931), 『신흥영화』(1932), 『영화조선』(1936), 『영화보』(1937) 등이 속속 창간되었다.

영화의 소비라는 측면에서 보면, 흥행을 주도한 것은 미국의 할리우드 영화였다. 1930년대 중반까지도 할리우드 영화가 60~70%의 점유율을 차지하고 있었다. 일제는 외국 영화에 대한 조선인 관객의 흥미를 일본 영화로 유도하기 위해 1934년 8월에 새로 '활동사진영화취체규칙'을 제정함으로써 영화 정책의 전환을 모색했다. 그 핵심은 외국 영화의 상영 제한이었다. 극장에서 상영하는 영화 중 외국 영화가 차지하는 비율은 1934년 9월 이후에는 전체 상영 분량의 3/4 이하, 1936년부터는 전체 상영 분량의 2/3 이하, 1937년 이후에는 전체 상영 분량의 1/2 이하로 각각 규제되었다.

일제의 외국 영화 규제 방침은 영화계에 적지 않은 영향을 주었다. 외국 영화가 빠져나간 틈새를 조선 영화가 메울 가능성이 그만큼 커졌기 때문에, 영화가 자본투자의 대상으로 부상했다. 게다가 1935년부터는 조선 영화도 무성 영화에서 토키 영화로 이전하기 시작했다. 토키 영화는 기술과 자본의 두 측면에서 무성 영화보다 고도의 집적을 요구하는 것이었다. 이전에도 영화에 대한 투자는 활발하게 이루어졌지만, 대개 한탕을 노린 개인투자였다. 그 결과 영화 한 편을 만들고 나면 문을 닫는 회사가 속출했다. 이를테면 1930년부터 1934년까지 20개의 영화회사가 출현했는데 그중 2편 이상의 영화를 제작한 회사는 4개에 불과했다.

그런데 1935년 무렵부터는 일부 조선인이 영화에 큰 자본을 투자하기 시작했다. 물론 큰 자본이라고 해도 10만 원에서 50만 원에 이르는 정도의 금액이었지만, 이런 자본투자를 바탕으로 영화회사는 점점 대형화되었고 이전의 군소 영화회사는 도태되었다. 1930년대 중반부터 이전보다 자본의 규모도 크고 영화제작에 더 확고한 뜻을 갖는 성봉영화사, 반도영화사, 천일영화사 등의 영화회사가 등장했다. 그 가운데 가장 대표적인 회사는 고려영화협회와 조선영화주식회사였다. 특히 조선영화주식회사는 1939년 의정부에 신식 촬영소를 건설할 정도로 영화제작에 의욕적이었다. 그러나 자본과 기술의 문제는 여전히 남아 있었다. 당시 일본 영화회사와의 합작이 성행했다든지, 토키 영화를 만들 때 마지막 작업은 일본에 가서 할 수밖에 없었다는 것은, 그만큼 자본과 기술의 수준이 떨어졌음을 의미한다.

여기서 지나칠 수 없는 사실이 하나 있다. 그것은 영화관이 도시에 밀집되어 있어서 영화에 쉽게 접근할 수 없는 사람들이 상당수였다는 사실이다. 보기를 들어, 1940년 현재 읍면 단위에서 영화 흥행장이 있는 읍은 45곳(없는 읍은 28곳), 면은 7곳(없는 면은 2,371곳)에 지나지 않았다. 극장과 영화의 소비에는 지역적 격차가 존재했고, 이는 역으로 영화가 근대의 비균질성을 측정하는 하나의 지표가 될 수 있음을 시사한다. 인구구성상 절대다수를 차지하는 농촌 주민에게는 영화를 접할 기회 자체가 거의 주어지지 않았다.

영화는 분명히 근대문화의 한 상징이다. 영화관이 늘고 영화를 보는 관객이 늘어나는 것은 분명히 근대의 확산이다. 그렇지만 일제강점기의 근대란 결코 균질적이지 않았다. 1930년대 중반 이후 서울 등 대도시의 영화관은 연일 입추의 여지가 없는 대만원이었다. 그러나 이러한 호황은 어디까지나 도시에 국한된 현상이었다. 영화를 보면서 잘생긴 배우에 매혹되고 영화 속 주인공들의 행위를 따라하려는 욕망에 사로잡히는 사람들은 극히 제한된 공간에 사는 특수한 사람들, 곧 도시의 중산층, 젊은 층, 지식인층이었다. 도시 인구의 절대다수를 차지하던 가난한 노동자·빈민도 영화문화의 소비에서 배제되기는 마찬가지였다.

이런 현상은 특히 일제강점 말기에 더 두드러졌다. 조선의 최고급 영화관이라는 와카쿠사좌若草座와 메이지좌가 각각 1935년과 1936년에 서울에서 새로 문을 여는 등, 더 고급화된 영화관이 차례로 등장했다. 이들 고급영화관은 겉으로는 일본 영화 상영에 서양 영화 상영을 병행하는 일본인전용관이었다. 그렇지만 더 좋은 시설에서 고급 영화를 보고 싶어 하던 조선인 중상계층도 자주 일본인 전용관을 드나들었다. 영화 문화의 대중화 현상과 함께 점점 허물어져가던 영화 관객의 민족별 분리 현상이 이제 현저하게 약화되었다.

일정한 수준 이상의 교육을 받고 안정된 생활을 누리던 조선인 중상계층은, 고가의 요금을 지불하면서 오락 이상의 근대교양으로 여겨지던 영화 관람을, 배우지 못하고 가난한 다른 조선인 동포와 구분되는 특권적이고 차별적인 문화실천으로 인식했다. 일본어 자막이 붙은 토키 영화가 지배적으로 되자, 무성 영화 시대에 글을 알지 못하는 어린이, 부녀자, 하층민까지 영화로 이끌던 변사도 극장에서 사라져갔다. 아직은 영화시장의 극히 일부만을 차지하고 있던 조선 영화를 제외하면, 일본어를 조금이라도 모르고는 영화를 온전히 즐길 수 없게 되었다.

그러나 같은 시기에 영화문화는 크게 왜곡되기 시작했다. 일제가 선전정책에서 영화를 가장 중시하게 되면서 이른바 영화 신체제를 만든 것이 그 시초였다. 영화 신체제란 일제의 침략전쟁이 확대되는 과정에서 전시동원을 위해 일본 및 조선의 영화산업구조를 효율적으로 재편하려던 일련의 통제 정책을 가리킨다.

영화 신체제는 일본에서 먼저 성립되었다. 일제는 1939년 10월 영화를 전시체제의 옹호와 선전수단으로 이용하기 위해 영화법을 공포했다. 그에 따라 조선에서도 영화 신체제의 추진을 위해 1940년 1월 조선영화령이 공포되었다. 여기에는 영화 제작·배급에 대한 총독부의 허가, 영화인 등록 및 등록취소, 제작신고, 외국 영화 배급제한 및 외화 흥행 종류 및 수량제한, 사전검열, 국책 영화의 의무상영, 제작·상영에 관한 포괄적 제한규정 등 강력한 통제규정이 포함되었다. 이는 영화를 적극적으로 활용해 천황제 이데올로기를 조선 민중에게 주입하고 최종적으로는 전쟁에 동원하기 위한 것이었다.

물론 조선영화령 이전에도 일제는 영화에 대한 통제를 시도해왔다. 초창기의 영화통제는 주로 공안과 풍속단속을 명분으로 외설스러운 장면이

나 범죄·사상 문제에 관련된 장면을 검열에서 걸러내고, 영화가 상영되는 극장에 대해 단속을 실시하는 것이었다. 그러나 조선영화령을 통해 일제는 기존의 통제 정책과 같이 영화가 상영되는 것을 규제하고 영화의 내용을 검열하는 데 그치는 게 아니라, 조선 민중에게 반드시 보여주어야 할 영화를 보도록 하기 위해 제작·배급·흥행에 이르는 영화의 모든 과정을 체계적으로 통제하려 했다. 곧 완성된 영화에 대한 통제뿐만 아니라 앞으로 만들어질 모든 영화와 그 영화를 제작하고 배급하는 기구에 대한 통제를 시도한 것이다.

일제의 영화 통제 정책에 따라 1930년대 말부터 친일 선전영화가 출현했다. 1938년에 최초의 친일영화로 알려진 〈군용열차〉(홍찬 제작, 서광제 연출)가 만들어졌고, 1939년에는 〈국기 아래 나는 죽으리(國旗の下に我死なん)〉라는 노골적인 친일 문화영화가 만들어졌다. 이후 1940년에는 지원병 선전 문화영화 〈승리의 뜰(勝利の庭)〉(방한준 연출), 1941년에는 일제 침략을 받은 만주를 복지로 그리는 〈복지만리〉(이창용 제작, 전창근 연출), 천황제 가족주의를 그린 〈집 없는 천사〉(이창용 제작, 최인규 연출), 지원병제를 선전하는 〈지원병〉(최승일 제작, 안석영 연출), 〈그대와 나(君と僕)〉(조선군 제작, 허영 연출) 등이 차례로 만들어졌다.

친일영화의 제작은 조선영화령에 따라 기존의 영화회사를 모두 통합한 '조선영화제작주식회사'(이하 조영)가 1942년 9월 설립되면서 더욱 활기를 띠었다. 조영은 형식적으로는 주식회사였지만 실제로는 일제의 통제를 받았다. 조영 영화의 방향과 내용을 결정한 것은 조선총독부와 조선군, 국민총력조선연맹이었다. 그 결과 조영이 만든 영화는 대부분 내선일체

와 전쟁 동원을 선전하는 친일영화였다. 대표적인 것이 〈조선해협〉(1943, 박기채 연출), 〈젊은 자태(若き姿)〉(1943), 〈거경전〉(1944, 방한준 연출), 〈태양의 아이들(太陽の子供たち)〉(1944, 최인규 연출), 〈병정님(兵隊さん)〉(1944, 방한준 연출), 〈사랑과 맹세(愛の誓い)〉(1945, 최인규 공동연출), 〈우리들의 전장(我等の戰場)〉(1945, 신경균 연출) 등의 극영화, 〈우리는 이제 간다(我等今ぞ征く)〉(1942, 박기채 연출), 〈조선에 온 포로(朝鮮に來た俘虜)〉(1943, 안석영 연출), 〈소화(昭和) 19년〉(1943), 〈반도의 소녀들(半島の乙女たち)〉(1943, 이병일 연출) 등의 문화영화 이다. 일부 극소수를 제외한 대부분의 영화인들이 친일영화를 만드는 데 스태프로 연기자로 적극 참여했다.

한편 조영으로 통합되기 이전에 고려영화협회가 일본의 도호(東寶)와 합작으로 만든 〈망루의 결사대(望樓の決死隊)〉(이창용 제작)가 1943년에 개봉되었다. 조선과 만주의 국경선에서 항일 빨치산에 맞서는 일본 경찰의 무용담을 그리면서 내선일체의 당위성을 주장함으로써 당시 일제가 요구하던 국책 영화의 틀을 잘 지킨 선전영화였다.

1940년대 초반에 만들어진 영화의 핵심은 더 많은 대중에게 지원병제도를 선전하는 것이었다. 그것이 가장 두드러지게 나타나기 시작한 것은 조선군이 직접 제작을 맡은 〈그대와 나〉부터였다. 아시아·태평양전쟁을 일으키고 전선이 확대됨에 따라, 조선인을 전쟁에 동원할 필요성도 커졌다. 특히 1942년 5월에 1944년부터 조선에서도 징병제를 실시한다는 것이 발표되면서, 징병의 전제로서 내선일체를 선전하는 일이 더 절실한 과제가 되었다. 그리하여 이후 조선 영화의 동향은 징병제에 초점을 맞추어 조선 민중에게 내선일체와 전쟁 동원 이데올로기를 주입하는 선전영화를

친일영화 〈망루의 결사대〉 광고(위)와 스틸사진(아래)
〈망루의 결사대〉(1943)는 압록강 국경지대를 배경으로 이른바 '비적'으로 묘사된 항일 빨치산을 조선인과 일본인이 합심하여 물리친다는 내용을 담은 선전영화였다.

만드는 것으로 집중되었다.

선전영화는 이상적이고 모범적인 인간으로 가득 차 있다는 특징을 공유한다. 영화에 등장하는 인물들(특히 주인공)은 일본인은 물론이고 조선인도 모두 멸사봉공, 책임감, 충군애국 등의 일본정신을 철저하게 내면화하고 행동으로 그것을 실천해 나가는 존재이다. 조선인도 일본 국민이라는 자각을 갖고 있으며, 일본어에 능통하고 국가 정책을 충실하게 따른다. 내선일체가 된 조선인과 일본인은 모두 천황의 '적자'로서, 차이란 전혀 없다. 내선일체가 실현된 조선은 더 이상 야만의 땅이 아니라 이상향으로 그려진다.

아울러 모든 영화에서 어떤 형태로든 나라를 위한 죽음의 문제가 다루어졌다. 〈그대와 나〉의 경우 조선인 지원병의 죽음 자체가 영화의 모티브가 되었고, 훈련소 지원병들이 선배 지원병의 전사 소식을 듣고 감격하는 모습이 그려진다. 이후 제작된 지원병·징병 선전영화는 모두 이미 전사한, 또는 기꺼이 전사하려고 하는 조선인을 그리고 있다. 조선인은 죽음을 각오하고 전선에 나아감으로써, 그리고 궁극적으로는 전사함으로써 완전한 일본인이 되고, 일본 군국주의의 상징인 야스쿠니신사에 모셔지게 된다. 물론 이들 조선인이 아주 특별한 존재는 아니다. 평범한 조선인도 국가에 대한 의무를 충실히 수행하기만 하면 영웅이 될 수 있음을 보여줌으로써, 현실에서 아무런 출세의 수단도 갖고 있지 못했던 조선의 젊은이들을 기꺼이 전쟁터로 몰아넣으려고 했던 것이다.

그런데 친일영화를 아무리 만들어도 문제는 남아 있었다. 조선 민중에게 실제로 보여주어야 선전의 목표가 달성되는데, 당시 조선에서는 대도시의 일부 계층만 영화를 볼 수 있었기 때문이다. 이에 일제는 한편으로는 전쟁 동원의 일차적인 대상이 될 도시의 학생들에게 단체관람이라는 형태로 선전영화를 반드시 보도록 유도하는 한편, 영화관이 없는 농촌 벽지에는 영화 필름과 영사기를 갖고 직접 찾아가서 상영하는 이동 영사 정책을 확대해 나갔다.

전자의 대표적인 보기가 모든 학교에 감상을 의무화한 〈그대와 나〉이다. 〈병정님〉의 경우 학교는 물론이고 국민총력조선연맹 산하조직을 총동원해 2백만 명 이상의 관객을 동원한다는 계획을 세우기도 했다. 2백만명이라는 숫자는 당시 조선인 인구의 거의 1/10에 해당하는 것이었다. 일제가 영화를 통한 내선일체와 징병제의 선전에 어느 정도 무게를 두고 있었는지 짐작할 수 있다.

후자와 관련해 일제는 1942년 말부터 대대적으로 이동 영사 활동을 전개했다. 이동 영사에서 특히 중시된 것은 농촌이었다. 징병제의 실시는 도시 청년뿐만 아니라 농촌 청년까지 전쟁 동원 대상에 포함된다는 것을 의미했다. 따라서 일제로서는 농촌 청년들에게 자발적 징병 응모의 전제로 내선일체 이데올로기를 주입하는 것이 급선무였다. 그러나 당시 농촌의 실정은 일제가 의도하는 선전 정책이 효과를 거둘 만한 상황이 아니었다. 일제가 아무리 전쟁 동원 이데올로기를 선전하려 해도 당시 "매스컴과는 거의 인연이 없이 생활하고" 있던 대다수의 농촌 주민에게 접근할 통로가 없었던 것이다.

이에 일제가 착안한 것이 영화의 대중성을 활용해 한꺼번에 많은 조선인들을 모아놓고 선전영화를 상영하는 방법이었다. 이동 영사단을 조직해 영화관이 없는 농촌을 찾아다니면서 선전영화를 무료로 상영한 것이다. 그 결과 이동 영사의 주무단체인 조선영화계발협회는 1942년 한 해에만 3,669회의 이동 영사회에 5,172,100명의 관객을 동원했다. 조선영화령에 따라 영화배급을 담당하는 통제회사로 출범한 조선영화배급사도 아시아·태평양전쟁 1주년을 기해 이동 영사 활동에 들어갔는데, 1942년 12월부터 다음 해 4월까지 월평균 22만 명 이상의 관객을 대상으로 영사회를 개최했다. 이런 추세가 지속되었을 경우 관람인원은 240만 명 내지 250만 명에 이르렀을 것이다. 조선영화계발협회의 실적과 합해서 본다면 1942년 이후 최대 7백 만 명에 이르는 조선인이 이동 영사를 통해 전쟁 동원 이데올로기를 담은 선전영화를 본 셈이다. 영화는 조선인 대중에게 파고드는 가장 효과적인 무기가 되고 있었던 것이다.


## 창가에서 친일가요로

대중가요란 근대 이후 대중매체에 의해 전달되면서 그 나름의 작품적 관행을 지닌 서민들의 노래를 가리킨다. 최초의 대중가요는 창가였다. 개항 뒤에 서양 음악이 들어오면서 전통음악과 다른 새로운 서양식 노래가 나타났는데, 이런 노래를 '창가'라고 불렀다. 애초에 창가는 교회 찬송가에서 시작되었지만 애국계몽운동이 전개되면서부터는 문명개화, 부국강병을 주요 내용으로 하는 애국 독립가의 성격을 띠게 되었다.

그러나 일제 침략이 노골화되던 1905년을 계기로 창가의 성격은 바뀌기 시작했다. 애국계몽의 성격을 띤 창가를 대신해 근대문명을 맹목적으로 찬양하는 내용의 창가가 등장한 것이다. 대표적인 보기가 1905년 경부선 철도의 개통을 기념해 최남선이 만든 〈경부철도가〉이다. 이 노래에는 당시 일제의 침략으로 풍전등화의 위기에 처한 조국에 대한 걱정이 전혀 담겨 있지 않다. 오히려 일제의 침략을 상징하던 경부선의 개통을 문명의 세례처럼 찬양하는 데서 창가의 성격이 바뀌고 있었음을 알 수 있다. "학도야 학도야 청년학도야"라는 가사로 잘 알려진 〈학도가〉도 마찬가지이다. 이 노래에도 애국이나 독립과 관련된 내용은 전혀 담겨 있지 않다.

국망을 전후해 창가의 변질은 더욱 극단화되었다. 일제는 사립학교 등을 중심으로 불리던 애국 독립가류의 창가를 막기 위해 민족의식을 담은 이른바 불온창가집을 금서로 지정하는 한편, 그 대신에 일제가 인정한 창가집에 실린 창가만 부를 것을 강요했다.

여기에 국망 이후에는 '유행창가'라는 이름의 새로운 창가도 등장했다. 유행창가는 대부분 일본 창가의 번역곡이나 번안곡이었고, 그 내용도 주로 연애와 인생무상을 소재로 했다. 대표적인 보기가 오늘날 〈희망가〉로 알려진 〈청년경계가〉이다. 이 노래의 원곡은 일본 창가이다. 그리고 "이 풍진 세상을 만났으니 너의 희망이 무엇이냐"로 시작되는 가사는 나라를 잃은 젊은이들에게 나라를 되찾기 위해 분발할 것을 촉구하는 것이 결코 아니다. 오히려 나라를 잃은 것도 '꿈속의 꿈'이니 체념하라는 식의 내용이 담겨 있다.

애초에 창가는 입에서 입으로 전해졌다. 그런데 1899년 유성기가 처음으로 국내에 소개된 데 이어 1907년에는 최초의 음반이 나오면서 유성기 음반의 시대가 열렸다. 유성기가 들어오고 음반이 만들어지기 시작했다는 것은, 이제 눈에 보이지 않는 대중을 대상으로 한 대중음악을 대규모로 생산하고 소비하는 사회가 되었음을 의미했다. 실제로 이후 유성기는 빠른 속도로 보급되었다.

여기서 한 가지 짚고 넘어갈 일이 있다. 1907년에 처음 나온 음반은 미국의 콜롬비아 레코드의 일본 자회사가 전통음악을 일본에서 녹음한 것이었다. 첫 음반 제작이 일본에서 이루어진 데서도 알 수 있듯이, 이후의 대중가요 음반 제작과 판매는 콜롬비아 레코드를 비롯한 몇 개의 일본 회사에 의해 장악되었다.

1920년대 이후 음반 보급이 대중화되었다. 대중가요로서는 1926년에 나온 〈사의 찬미〉가 큰 인기를 끌면서 문화산업으로서 가능성을 열었다. 이 노래는 유명한 소프라노 가수이던 윤심덕과 1920년대의 대표적인 극작가인 김우진의 정사 사건으로 사람들의 입에 오르내리면서 더 많이 팔렸고, 그 결과 대중가요 역사상 최초의 히트곡이 되었다. 이 노래가 인기를 끌자 콜롬비아를 비롯한 외국의 유명 음반회사 자회사들이 조선의 대중가요 음반시장에 본격적으로 주목하기 시작했다. 1929년 음반 녹음방식이 음질개선에 유리한 전기식으로 바뀌고 난 뒤 1930년대에 들어서면서는 '레코드의 홍수'라는 이야기가 나올 정도로 대중가요 음반이 인기있는 문화상품이 되었다.

이 시기 음반에 담겨진 대중가요에는 크게 트로트, 신민요, 만요, 재즈송의 네 종류가 있었다. 그 가운데서도 애초에 대중의 사랑을 받던 판소리나 잡가 등의 전통가요를 제치고 1930년대 이후 가장 인기를 끈 것은

미국 콜롬비아 레코드의 자회사인 일본 콜롬비아사는 일본 최대의 음반회사이자 일제강점기에 가장 많은 음반을 발매한 대표적인 음반회사였다. 사진의 광고모델은 '반도의 무희'라 불리며 당시 최고의 인기를 누리던 무용가 최승희이다. 그녀는 손기정과 함께 당대 최고의 인기 광고모델이었다.

트로트였다. 트로트는 '레'와 '솔'이 없는 5음계에 '쿵'하는 낮은 음과 '짝'하는 높은 음이 엇갈리는 네 박자 노래이다. 1931년에는 일본의 엔카를 번안한 〈술이란 눈물이냐 한숨이냐〉가 널리 불렸고, 다음 해에는 엔카 형식을 빌려 만든 〈황성의 적跡〉(흔히 〈황성 옛터〉로 알려져 있다)이 커다란 반향을 불러일으키면서 본격적인 대중가요시대가 열렸다.

1933년 무렵에는 콜롬비아, 오케, 폴리돌 등 6개 회사가 '레코드 전쟁'을 벌일 정도로 대중가요가 각광을 받았다. 전국 방방곡곡의 남녀노소가 유성기에서 흘러나오는 소리에 귀를 기울이게 된 것이다. 장터를 돌아다니던 소리꾼들 대신 유성기를 가지고 다니면서 노래를 들려주고 돈을 버는 사람이 생겼다는 사실도 대중가요의 인기를 잘 보여준다. 실제로 1936년 무렵 조선에서 1년 동안 판매된 음반은 100만 장이었고, 이 가운데 한글 음반만 30만 장이었다니, 다른 문화상품보다도 음반의 보급이 활발했음을 알 수 있다.

그런데 대중가요 역시 음반산업의 이윤추구를 위한 상품이었다. 실제로 일제강점기에 대중가요 음반을 만든 레코드 회사는 모두 일본 자본이었다. 자본주의 상품으로 유통된 대중가요 음반이 역설적으로 민중 스스로 만들어 부르던 노동요 등의 영역을 잠식했다는 사실도 무시할 수 없다. 더욱이 대중가요의 대부분은 가사도 멜로디도 모두 슬픈 노래였다. 극복할 수 없는 개인적 고통만 노래했지, 더 나은 미래를 향한 적극적 의지를 담아내지는 못했다. 식민지 지배 아래 온갖 고통을 당하면서 뭔가 뱉어내야 할 슬픔을 안고 있던 조선 민중에게 대중가요는 대리만족을 주었지만 그 이상 나아가지는 못했다.

1930년대 중반 이후에는 지금도 사람들의 입에 오르내리는 대중가요가 대거 쏟아져 나왔다. 대표적인 보기가 〈타향〉(1934, 고복수 노래)을 비롯해 〈사막의 한〉(1935, 고복수 노래), 〈목포의 눈물〉(1935, 이난영 노래), 〈애수의 소야곡〉(1937, 남인수 노래), 〈짝사랑〉(1937, 고복수 노래), 〈알뜰한 당신〉(1937, 황금심 노래), 〈눈물 젖은 두만강〉(1938, 김정구 노래), 〈목포는 항구다〉(1940, 이난영 노래), 〈불효자는 웁니다〉(1940, 진방남 노래), 〈낙화유수〉(1942, 남인수 노래) 등이다. 노래 제목만 봐도 당시 유행한 대중가요에 담겨 있던 기본 정서를 충분히 짐작할 수 있다.

그나마 이런 분위기조차 그리 오래 가지 못했다. 일제의 침략전쟁이 확대되면서 슬픔과 눈물을 노래하는 대중가요는 지배권력에 의해 비판의 대상이 되었다. 대신에 일제는 침략전쟁에 조선인을 동원하는 내용의 가요를 적극 권장했다. 대중음악인들이 여기에 호응하면서 이른바 친일가요 또는 군국주의 가요가 대중가요의 주류를 이루게 되었다.

군국주의 가요가 처음 발표된 것은 중일전쟁이 일어난 지 몇 달이 지난 1937년 말이었다. 그해 11월에 〈남아의 의기意氣〉(김용환 노래), 〈반도의 용대가〉(김용환 노래), 〈정의의 사師여〉(김억 작사, 임동호 노래), 〈총후의남銃後義男〉(최남선 작사, 임동호 노래)이 나온 데 이어, 12월에는 〈정의의 행진〉(김억 작사, 정찬주 노래), 〈제국결사대〉(김응선 노래), 〈총후의 기원〉(이하윤 작사, 박세환·정찬주 노래)이, 다음 해 1월에는 〈승전의 쾌보〉(이하윤 작사, 박세환·정찬주 노래), 〈종군간호부의 노래〉(김억 작사, 정찬주 노래) 등이 '애국가', '시국가' 등의 이름으로 차례차례 발표되었다. 이 무렵 군국주의 가요 작사가 중에 이하윤, 김억, 최남선 등 문단에서 활동하는 문인들의 이름이 눈길을 끈다. 문단 안에서 무르익고 있던 친일 분위기와 관련이 있을 것이다.

군국주의 가요는 〈희망의 썰매〉(1939, 김해송 노래) 같은 예외적인 경우를 제외하고는 1938년 2월 이후 한동안 발표되지 않았다. 지나치게 정치색을 띤 노래에 대한 대중의 냉담한 반응이 영향을 미쳤을 것으로 보인다. 이윤을 추구하는 음반회사 입장에서는 대중에게 외면당하는 노래를 계속 낼 수 없었을 것이다.

그러나 일제의 침략전쟁이 1941년 말 아시아·태평양전쟁으로 확대되면서 상황은 다시 크게 바뀌었다. 노골적으로 침략전쟁에 동조하고 조선인에게 전시체제에 협조할 것을 선동하는 노래가 대거 발표되었다. 게다가 아시아·태평양전쟁 발발을 전후해 일제의 물자통제가 강화됨에 따라 음반산업 자체가 크게 위축되었다. 곧 대중가요의 생산 자체가 전반적으로 줄어드는 상황에서 친일가요가 많이 나오게 됨으로써, 전체 대중가요 가운데 친일가요가 차지하는 비중이 현저하게 높아진 것이다. 1942년 이후의 친일가요에는 당시 활동하던 작사가, 작곡가, 가수 대부분이 관여했다고 해도 과언이 아니다.

이 시기에 발표된 친일가요 가운데 현재 확인되는 것만 해도 〈지원병의 어머니〉(1941, 장세정 노래), 〈국민개로가〉(남인수·장세정 노래), 〈결전 태평양〉(진방남·태평합창단 노래), 〈일억 총진군〉(태성호·태평합창단 노래), 〈그대와 나〉(남인수·장세정 노래), 〈강남의 나팔수〉(남인수 노래), 〈반도의 아내〉(장세정 노래), 〈진두의 남편〉(박향림 노래), 〈아들의 혈서〉(백년설 노래), 〈병원선〉(남인수 노래), 〈총후의 자장가〉(박향림 노래), 〈이 몸이 죽고 죽어〉(백년설 노래), 〈국경선 보초병〉(백난아·태성호 노래), 〈아들의 최후〉(하동춘 노래), 〈통군정

노래〉(고운봉 노래), 〈군사우편〉(이규남 노래), 〈신춘엽서〉(이난영 노래), 〈민초
합창〉(백난아·태성호 노래), 〈애국반〉(김정구 노래), 〈즐거운 상처〉(백년설 노래),
〈남쪽의 달밤〉(남인수 노래)(이상 1942), 〈천리 전장戰場〉(이인권 노래), 〈전선의
달〉(이인권 노래), 〈망루의 밤〉(백년설 노래), 〈지원병의 집〉(장세정 노래), 〈이
천오백만 감격〉(남인수·이난영 노래), 〈혈서 지원〉(남인수·박향림 노래), 〈어머
니의 기원〉(차홍련 노래), 〈우리는 제국 군인〉(김용환 노래), 〈열사의 맹서〉(이
규남 노래), 〈동아의 여명〉(김영춘 노래), 〈참사랑〉(옥잠화 노래), 〈승전가〉(이규
남 노래), 〈보내는 위문대〉(이해연 노래), 〈병원선 일기〉(남해성 노래), 〈결사대
의 안해〉(이화자 노래), 〈봄날의 화신花信〉(옥잠화 노래), 〈아류산 천리〉(김영춘
노래)(이상 1943) 등 수십 곡에 이른다. 작사가로는 조명암·반야월, 작곡가
로는 김해송·손목인·박시춘이 친일가요를 만드는 데 앞장섰으며 가수로
는 남인수·백년설·장세정 등 당대의 대표적인 가수들이 적극 참여했다.
하지만 이러한 친일가요도 1944년 이후로는 별로 발견되지 않는다. 전황
이 일제에 불리하게 전개되면서 음반은 사치품 취급을 받게 되었고 결국
사실상 생산 중단의 상태에 빠져버렸기 때문이다.

그렇다면 이 시기에 나온 친일가요는 구체적으로 어떤 내용을 담고 있
었을까? 일제가 조선인에 대해서도 징병제를 실시한다고 발표한 것을 기
념해 나온 〈이천오백만 감격〉의 노랫말은 다음과 같다.

역사 깊은 반도 산천 충성이 맺혀 / 영광의 날이 왔다 광명이 왔다 /
나라님 부르심을 함께 받들어 / 힘차게 나아가자 이천오백만 /
아 감격의 피 끓는 이천오백만 / 아 감격의 피 끓는 이천오백만

동쪽 하늘 우러러서 성수聖壽를 빌고 / 한 목숨 한 마음을 님께 바치고 /
미영米英의 묵은 원수 격멸의 마당 / 정의로 나아가자 이천오백만 /
아 감격의 피 끓는 이천오백만 / 아 감격의 피 끓는 이천오백만

よろこべ光榮あるこの朝 / すめらみことの民われ /
われら今日より兵となり / 征くぞ戰の海の果て /
ああ誰かここに進まざる / ああ誰かここに進まざる
(기뻐하라 영광 있는 이 아침 / 천황폐하의 백성인 우리 /
우리들 오늘부터 병정이 되어 / 간다 전장의 바다 끝에 /
아 누가 여기에 나아가지 않으리 / 아 누가 여기에 나아가지 않으리)


막바지에 몰린 일제가 어쩔 수 없이 뒤늦게 조선인에게 징병제를 실시
한 것을 '감격'이라고 표현한 데서 알 수 있듯이, 이 노래는 전형적인 친
일가요이다. 특히 당시 일제가 추진하고 있던 일본어 상용 정책에 발맞추
어 3절이 아예 일본어로 되어 있는 점이 눈길을 끈다. 이는 다른 친일가
요에서는 나타나지 않는 이 노래만의 특징이기도 하다. 이 무렵 일제는
일본어 상용을 조선인에게 강요했다. 그렇지만 정작 대중가요를 선전매
체로 활용하려면 조선인이 쉽게 알아들을 수 있는 언어를 쓸 수밖에 없었
다. 실제로 대부분의 친일가요 노랫말은 우리말로 되어 있었다. 또 하나
이 노래에서 눈길을 끄는 것은 당시 가장 인기 있는 가수였던 남인수와
이난영이 같이 불렀다는 점이다. 대중의 사랑을 받는 스타를 내세워 선전
효과를 거두려는 의도가 크게 작용했을 것이다.

일제강점 말기 조선총독부는 지배 정책의 초점을 조선인의 전쟁 동원에 맞추고 있었다. 선전 정책의 일익을 맡고 있던 친일가요도 예외는 아니었다. 모든 친일가요의 노랫말이 조선인에게 천황과 일본제국을 위해 기꺼이 전쟁터로 나갈 것을 요구하는 내용으로 채워졌다. 지원병을 모델로 한 〈아들의 혈서〉의 노랫말은 다음과 같다.

어머님 전에 이 글월을 쓰옵노니 / 병정이 되온 것도 어머님 은혜 /
나라에 바친 목숨 환고향 하올 적에 / 쏟아지는 적탄 아래 죽어서 가오리다

어제는 광야 오늘은 산협천리 / 군마도 철수레도 끝없이 가는 /
너른 땅 수천 리에 진군의 길은 / 우리들의 피와 뼈가 빛나는 길입니다

어머님 전에 무슨 말을 못하리까 / 이 아들 보내시고 일구월심日久月深에/
이 아들 축원하사 기다리실 제 / 이 얼굴을 다시 보리 생각은 마옵소서

상식적으로는 전쟁터에 나가는 사람이 살아서 돌아오기를 바라는 것이 정상이다. 그런데 이 노랫말은 지원병으로 중국 전선에 나간 아들이 어머니에게 나는 죽어서 돌아갈 테니 아예 기다리지도 말라는 편지를 보낸다는 내용이다.

조선의 젊은이들에게 그냥 군인이 되어 전쟁터로 나가는 것이 아니라 피를 흘리고 죽을 것을 요구하는 '죽음'의 이야기는 다른 친일가요에서도 보편적으로 나타났다. 정몽주가 고려에 대한 충성을 노래한 〈단심가〉의

한 대목을 따와 노래 제목으로 삼은 〈이 몸이 죽고 죽어〉의 "이 몸이 죽고 죽어 만 번 죽은들 충혼의 그 맹서를 버리오리까"라는 노랫말은 그나마 약한 편이다. 〈결사대의 안해〉에서 남편을 전선으로 떠나보낸 아내는 남편이 결사대로 나섰다가 사망했다는 소식을 듣고 "이 안해는 웁니다 / 이 안해는 웁니다 / 감개무량 웁니다"라 노래했으며, 〈지원병의 어머니〉에서 아들을 지원병으로 보낸 어머니는 "살아서 돌아오는 네 얼굴보다 / 죽어서 돌아오는 너를 반기며 / 용감한 내 아들의 충의충성을 / 지원병의 어머니는 자랑해주마"라고 노래했다.

이 밖에도 "입술에 피 흘리고 너는 갔구나"(〈강남의 나팔수〉), "죽어서 돌아가잔 맹서는 젖어"(〈병원선〉), "험한 산 천리황야 붉은 피를 묻히며 / 낙화로 가리로다 사나이 목숨"(〈남쪽의 달밤〉), "꽃피는 야스쿠니靖國의 신사 앞에서 / 아들의 충혼과 대면을 하는 / 영령의 어머니는 부럽더니 / 이제는 소원을 풀었나이다"(〈어머니의 기원〉), "병정으로 죽는 것이 소원이었소"(〈군사우편〉), "일사보국一死報國 못하고 / 고향으로 떠나가는 아 병원선"(〈병원선 일기〉), "당신께 바라는 건 빛나는 죽음이오"(〈봄날의 화신〉), "한 목숨 바치겠단 아들의 굳은 맹세"(〈아들의 소식〉) 등, 친일가요에는 거의 상투적이라고 해도 좋을 만큼 죽음을 미화하는 노랫말이 들어 있었다. 심지어 제목만으로는 친일가요의 티가 별로 나지 않는 〈참사랑〉은 "님께서 남기신 꽃 남겨주신 그 혈속血屬 / 군국의 대장부로 씩씩하게 키우오리 키우오리다 / (…) / 님께서 남기신 피 남겨주신 그 뼈를/ 성상聖上께 받들어서 환고향還故鄕 봉고奉告하리 봉고하리다"라는 노랫말을 통해 전사한 남편의 뒤를 이어 아들까지 천황에게 바치겠다는 '군국의 아내'상을 제시하고 있다.

이와 같이 친일가요는 일제의 전시체제 강화에 부응해 직접적으로 조선인의 전쟁 참여와 희생을 선동하는 내용으로 일관했다. 죽음 외에도 '나랏님(천황), 충성, 승리, 아세아, 대동아' 등 특정한 단어들을 많이 사용하고 있는 것이야말로 친일가요의 성격을 잘 보여준다.

한편, 전체적인 흐름을 보면 분명히 친일의 내용을 담고 있으면서도 위에서 언급한 노골적인 표현은 한두 개 정도만 끼워넣은 대중가요도 상당수에 이른다. 대표적인 보기가 아시아·태평양전쟁 당시 일제의 세력이 뻗어 나간 지역을 소재로 한 유행가이다. 이런 현상은 만주사변 이후 나타나기 시작했지만 중일전쟁 이후 더욱 본격화되었다. 1939년 무렵부터 〈상해 뿌루스〉, 〈광동 아가씨〉, 〈안개 낀 상해〉, 〈상해 아가씨〉, 〈황하 다방〉 등 중국을 배경으로 한 노래가 눈에 띄게 많아진 것은 일제의 중국 침략과 결코 무관하지 않다. 그리고 아시아·태평양전쟁이 일어난 뒤에는 동남아시아와 태평양 일대를 배경으로 한 〈남양南洋통신〉, 〈소남도昭南島 달밤〉(소남도는 싱가포르를 가리킨다), 〈적도통신〉, 〈청춘 마닐라〉 등과 아시아 북부를 대상으로 한 〈서백리아西伯利亞 손님〉(서백리아는 시베리아를 가리킨다), 〈몽고 아가씨〉 등이 발표되었다.

이른바 대동아공영권을 낭만과 희망의 공간으로 그리는 이런 노래들은 직간접적으로 일제의 침략전쟁을 미화하는 데 일조했다. 그중에서도 가장 대표적인 노래가 〈복지만리〉(백년설 노래)이다. 이 노래는 "달 실은 마차다 해 실은 마차다 / 청대콩 벌판 우에 휘파람을 불며불며 / 저 언덕을 넘어가면 새 세상의 문이 있다"라는 노랫말을 통해 만주를 복지로 묘사함으로써 일제의 대륙 침략 정책을 찬양했다. 참고로 지금도 많이 불리고 있는 〈꽃마차〉(진방남 노래)도 원래 가사는 '노래하라 꽃서울'이 아니라 '노래하라 하루삔'이었다. 일제의 만주 침략에서 한 거점 노릇을 하던 하얼빈을 '노래하고 춤추는' 도시로 그림으로써 일체의 침략전쟁을 미화했던 노래가 해방 뒤에 가사만 슬쩍 바뀌어 버젓이 불렸던 것이다.

# 전시동원체제하의 민족문화 말살 정책

중일전쟁을 전후해 일제는 전시총동원체제의 확립을 추진했다. 미나미 총독은 "반도인을 충량忠良한 황국신민으로" 만들기 위한 내선일체를 제창하면서 황민화 정책을 강력하게 밀고 나갔다. 내선일체론의 최후 목표는 아무 사심 없이 천황을 위해 죽을 수 있는 조선인을 만드는 것이었다. 여기에는 중국과의 전쟁이 일본 군부의 예상과 달리 장기전이 되면서 일본인만으로는 전쟁을 치르기 힘겨웠던 상황이 작용했다. 침략전쟁의 전황이 일본에 유리하지 않았기 때문에, 강점 이래 인정하지 않던 조선인의 병역의무까지 거론하는 상황이 된 것이다.

일제는 침략전쟁 수행을 위해 정신과 물질 모든 면에 걸친 총체적 통제체제를 구축하려고 했다. 이제 개인적인 이해관계를 멸사봉공, 진충보국의 국가적 이해관계에 종속시키는 논리체계가 더욱 강화되었다.

일제강점 말기 전시체제의 특징은 천황제를 정점으로 '순수한 일본정신'과 '우수한 일본 민족'이라는 극단적·배타적인 국수주의에 군국주의 논리를 결합시킨 것이었다. 문화와 역사가 다른 조선에서 이를 관철시키기 위해서는 더욱 강한 통제와 억압이 수반될 수밖에 없었다. 조선총독부는 황민화 정책이 조선인 개개인에게 스며들도록 하기 위해 모든 조선인을 대상으로 강고한 통제와 감시의 조직화를 시도했다. 사회 모든 부문에 걸친 억압적 통제의 분위기와 치열한 감시망의 정비가 전시동원 정책의 기본 기조였다. 여기서 가장 주목되는 부분은 행정체계를 기축으로 조선의 모든 사회관계를 재편성하려고 했다는 점이다.

그 첨병은 1938년 7월에 출범한 국민정신총동원조선연맹과 그 후계조직으로 1940년 10월에 출범한 국민총력조선연맹이었다. 두 단체는 모두 내선일체와 황민화의 천황제 이데올로기를 바탕으로 한 전체주의적 의식을 조선인의 일상생활 속에 구현함으로써, 전쟁 수행이라는 일본의 국책에 조선인이 자발적으로 협력하도록 만드는 것을 목표로 했다. 두 단체는 조선총독부의 전폭적인 후원 아래 도시와 농촌을 막론하고 가장 말단의 행정단위에까지 조선인을 실질적으로 통제할 수 있는 조직을 거미줄처럼 만들려고 했다. 실제로 두 단체는 중앙조직인 조선연맹 아래 행정단위의 위계에 따라 '도연맹-부군도府郡島연맹-읍면연맹-정동리부락연맹-애국반-개별호'로 이어지는 전국적인 조직망을 구축했다. 이로써 개별 마을까지 위로부터의 명령이 일사불란하게 하달될 수 있었고, 조선 민중은 정해진 행사에 동원되어 일본정신의 내면화를 강요받게 되었다.

조선총독부는 조선인의 전쟁 동원을 위해 두 연맹의 하위조직인 부락연맹이나 애국반 단위의 상회常會와 반상회를 적극 활용했다. 부락연맹과 애국반의 역할은 주로 "황국정신의 현양, 내선일체의 완성, 생활의 혁신, 전시경제 정책에의 협력, 근로보국, 생업보국, 총후의 후원, 방공방첩"에 관련된 일상 행동 방침을 조선인들에게 명령하고 실천에 옮기도록 하는 것이었다.

전시체제에 돌입했음에도 조선인들의 전쟁에 대한 이해나 협력 정도는 낮았다. 일제로서는 조선인들의 정신세계를 장악하고 이들을 적극적으로 체제 내로 끌어들이는 일이 무엇보다 시급했다. 조선인들이 내선일체를 넘어 멸사봉공·진충보국의 일본정신으로 무장한 국민으로서의 자기정체성을 인식하게 하는 것이 중시되었다. 특히 이런 의식을 애국반과 가정의 일상생활 속에서 내면화하고 몸에 배도록 만들려고 했다. 이를 조직적으로 실현하도록 감시하고 규율화하는 것이 일상의 공간인 부락연맹과 애국반의 역할이었다.

이제 내선일체나 황민화라는 말이 조선인의 일상생활 곳곳에 침투하기 시작했다. 학교에서도 귀에 못이 박히도록 내선일체와 황민화에 관한 이야기를 들어야 했고, 동네에서도 내선일체라고 쓴 포스터, 팻말, 현수막을 늘 봐야 했다.

조선인은 일상생활에서 내선일체를 실행하기 위해 낮 12시가 되면 정오의 사이렌에 맞추어 하던 일을 중단하고 천황이 있는 도쿄를 향해 허리를 깊숙이 숙인 채 '전몰용사의 영령에 감사하고 황군의 무운을 비는' 묵도를 해야 했다. 그런데 흥미로운 것은 일본에는 정오의 묵도라는 제도 자체가 존재하지 않았다는 사실이다. 그러다 보니 이 시기에 수입된 일본 영화의 정오 장면은 검열에서 모두 삭제되는 웃지 못할 일도 있었다. 일본에서 사람들이 정오에 묵도도 하지 않고 멀쩡하게 자기 할 일을 하는 모습은 식민지 주민이 절대 봐서는 안 될 장면이 되고 만 것이다.

이것만이 아니었다. 모든 학교 학생들에게 날마다 운동장에 모여 궁성, 곧 천황이 사는 황궁이 있는 동쪽을 향해 절을 하는 궁성요배가 의무화되었다. 물론 궁성요배는 학생만의 의무가 아니라 국민 모두의 의무였다. 조선인 누구도 궁성요배에서 자유롭지 못했다. 가정에서도 아침 일찍 일어나 얼굴을 씻고 몸을 깨끗이 한 뒤 온 가족이 함께 궁성을 향해 절을 하고「황국신민서사」를 외워야 했다.

1937년 10월에 만들어진「황국신민서사」에는 "우리는 황국신민이다. 충성으로서 군국<sup>君國</sup>에 보답하련다"로 시작되는 어른용과 "우리들은 대일본제국의 신민입니다"로 시작되는 어린이용이 있었다. 조선인은 어른 아이 할 것 없이 수시로「황국신민서사」를 외우면서 천황에 대한 충성을 다짐해야 했다. 심지어 결혼할 때도 신랑 신부는 물론이고 모든 하객이 일어나서「황국신민서사」를 외운 다음에야 결혼식을 치를 수 있었다.

조선인에게 강요된 또 하나의 의례인 신사참배는 신의 은혜에 감사하고 신의 뜻에 따라 살아가겠다는 뜻을 표현하는 행위로 규정되었다. 문제는, 여기서 말하는 신이 현인신인 천황이라는 것이다. 신사참배는 천황과 천황을 정점으로 하는 일본제국에 대한 충성을 확인하는 국민의례였다. 신의 뜻을 생활에서 표현하기 위해서는 생산증가에 노력하고, 절약해서 저축하고 군사공채를 사며, 근로보국대가 되어 열심히 활동해야 했다. 더 나아가 궁극적으로는 천황을 위해 기꺼이 생명을 바쳐야 했다. 일제가 신사참배를 강요한 것은 바로 이런 다짐을 조선인으로부터 받아내려는 의도 때문이었다.

전시동원체제에서 이루어진 황민화 정책 가운데 또 하나 중요한 것이

민족문화 말살 정책이었다. 특히 일본어 상용 정책과 창씨개명 정책이 강력하게 추진되었다.

일제는 조선인이 일상생활에서 한글을 쓰는 것을 통제하는 한편 일본어를 사용하도록 하는 정책을 밀고 나갔다. 1940년대에 들어서면서 조선인에게 징병제를 실시하는 문제가 신중하게 검토되기 시작했다. 그런데 징병제 시행에는 걸림돌이 있었다. 그 가운데 하나가 일본어를 아는 조선인이 극히 일부에 지나지 않았다는 사실이다. 강점 초기보다 보통교육이 확대되고 그 결과 일본어를 아는 인구의 비율이 높아졌다고는 해도, 전체 조선인 가운데 일본어 독해 가능자의 비율은 20%에 지나지 않았다. 따라서 징병제를 시행하기 위해서는 조선인의 일본어 독해 비율을 높이는 것이 급선무였다. 일본어 상용 정책이 강제됨에 따라 학교에서는 더 이상 한글을 가르치지도 쓰지도 않게 되었다. 징병제 실시가 발표된 1942년부터는 일상생활에서 일본어를 쓰는 것이 강제되었다. 학생들은 학교 밖에서도 친구나 가족이 일본어를 사용하는지 감시해야 했고, 관공서에서도 업무시간에 반드시 일본어를 써야 했다.

조선총독부는 1939년 10월 조선민사령의 일부를 개정하는 한편 제령으로 '조선인의 씨명에 관한 건'을 공포했다. 그리고 다음 해 2월부터 개정된 조선민사령이 시행됨으로써 조선인에게 조선식 성 대신에 일본식 씨를 새로 만들고 이름도 일본식으로 바꾸게 하는 '창씨개명'이 본격화되었다. 창씨개명이란 씨를 새로 만드는 것과 이름을 바꾸는 것을 합한 말이었다. 중요한 것은, 종래 조선에는 없던 씨, 곧 가의 이름을 새로 만드는 것이었다. 이는 조선의 가족과 종족을 일본식으로 개편하기 위함이었다.

일제는 2월부터 여섯 달의 신고기간을 정하고 그 안에 씨를 설정해 신고할 것을 의무화했다. 신고가 없는 경우에는 호주의 성을 씨로 한다고 규정했다. 신고를 하지 않을 경우, 본인의 의사와는 상관없이 호주의 성이 그대로 씨가 되었다. 보기를 들어, 김이라는 성의 조선인이 창씨 신고를 하지 않았다면 호적에 김의 일본식 발음인 긴으로 창씨등록이 되었던 것이다. 따라서 창씨는 신고 여부와 관계가 없는 법적 강제였다.

신고기간 내에 조선인 호수의 80% 정도가 씨를 신고했다. 친일파가 창씨개명에 앞장섰다. 이광수는 가야마 미쓰로香山光郎로 창씨개명했는데, 가야마라는 성은 일본의 첫 천황이라는 진무神武천황이 즉위한 가쿠야마香久山에서 따온 것이었다. 시인 주요한도 일제의 황도정신으로 내세우던 '팔굉일우八紘一宇'를 따서 마쓰무라 고이치松村紘一로 창씨개명했다.

일제는 처음에 창씨를 강제로 하는 것이 아니라고 선전했지만 결국에는 사실상의 강제력을 발동했다. 압력의 형태는 다양했다. 가장 대표적인 방식은 보통학교에 다니는 학생들에게 압력을 가함으로써 결국 그 부모가 창씨에 호응하도록 하는 것이었다. 형식적으로는 자발적 신고였지만 실제로는 강요된 자발이었다. 창씨개명을 거부하는 조선인에게는 '비국민'이라는 딱지가 붙었다. 다만 창씨개명이 강제가 아님을 부각시키기 위해 김성수·김연수 형제, 박춘금, 한상룡, 박흥식, 김대우 등 일부 거물 친일파에게는 종래의 조선식 성을 그대로 씨로 쓰는 것을 묵인해주었다.

창씨개명은 조선인에게 징병제를 실시하기 위한 준비의 성격을 갖고 있었다. 동시에 중일전쟁 이후 식민지 조선에서 강화된 내선일체, 황민화 정책의 전형이었다. 조선의 가족제도, 특히 부계 혈통에 기초한 종족 집단의 힘을 약화시키고 일본의 '가'제도를 도입해 천황에 대한 충성심을 심는 데 창씨개명의 목적이 있었다. "반도인으로 하여금 혈통 중심주의에서 벗어나 국가 중심의 관념을 배양하고 천황을 중심으로 하는 국체의 본의에 철저하도록 한다"는 미나미 총독의 발언이야말로 창씨개명의 진짜 목적이 조선인이 중시하던 조상의 자리에 천황을 대치시키는 것이었다는 사실을 잘 보여준다.

# 08

글을 맺으며_

# 일제 식민지 지배의 유산

우리 민족이 일제 식민지 지배에서 해방된 지도 벌써 70년이 가까워진다. 사람의 나이로 치면 벌써 고희를 바라보게 된 셈이다. 일제 식민지 지배를 받은 것이 35년이었다는 사실을 감안하면 70년이라는 세월은 식민지 지배의 유산을 극복하는 데 충분한 시간이 되어야 했다. 그러나 불행하게도 해방 이후 한반도에 형성된 남북분단체제는 그것을 가로막거나 지연시켰다. 그리하여 우리는 아직도 일제 잔재의 청산이라는 역사적 과제와 씨름하고 있다. 아베 신조安倍晋三 수상을 비롯한 일본 우익 정치인이 식민지 지배와 침략전쟁을 미화하는 망언을 되풀이하고, 또 그것이 끊임없이 많은 이들의 공분을 불러일으키는 데서도 알 수 있듯이, 일제 식민지 지배는 1945년 8월 15일에 끝난 과거사가 아니라 지금도 계속 진행되고 있는 현재의 문제이다.

해방 이후 우리 민족의 최대 과제는 자주적인 민족국가를 건설하는 것과 이를 위한 기초로 일제 잔재 곧 일제에 의해 이식된 전근대적, 반反근대적 요소를 청산하는 것이었다. 여기서 청산이란 단지 친일파에 대한 인적 청산에 그치는 것이 아니라 법, 교육, 문화 등 사회의 모든 영역에서 집단주의, 군사주의, 식민주의를 일소하는 것이어야 했다.

그러나 역사는 반대의 방향으로 진행되었다. 친일파는 각계에서 지배세력으로 다시 등장했다. 일제강점기 유일한 대학이던 경성제국대학은 최고의 국립대학으로, 황민화의 한 상징이던 국민학교는 다시 국민학교로 이어졌다. 치안유지법은 국가보안법으로, 교육칙어는 국민교육헌장으로, 황국신민서사는 국기에 대한 맹서로, 고등문관시험은 고등고시로 이름만 바뀌었을 뿐 그 내용과 정신은 그대로 유지되었다. 시민사회에 대한

국가통제가 유지되는 가운데 해방 이후 반세기 동안의 근대화 과정은 일제가 남긴 유산을 극복하지 못한 채 진행되었던 것이다.

일제 잔재 청산이라고 하면 뭔가 거창한 것이라고 생각하는 사람들도 있다. 김영삼 정부 시절인 1995년 역사 바로세우기 작업의 일환으로 옛 조선총독부 청사를 철거한 것이 대표적인 보기이다. 이때의 해체 작업은 광복절을 맞아 전국에 텔레비전으로 생중계되었다. 그러나 옛 조선총독부 청사를 철거함으로써 역사가 바로 세워질 수 있다는 것은 허망한 기대에 지나지 않았다. 그런 단발성의 전시행사로 일제 잔재가 청산되고 역사가 바로 세워질 수 있었다면 지금 일제 잔재 청산이라는 이야기가 나오지도 않을 것이다. 그런데 지금도 일제 잔재 청산이 끊임없이 논란이 되고 있는 것은 우리의 사회구조, 문화, 의식 속에 깊이 뿌리박혀 있는 일제 잔재를 없애지 않는 한 일제로부터의 진정한 해방은 이루어지지 않음을 말해주는 것인지도 모른다.

그렇다면 해방된 지 반세기도 더 지난 오늘날까지 우리 안에 남아 있는 일제 잔재에는 어떤 것이 있을까? 대한민국 국민이면 남녀노소 모두 즐기는 화투 놀이의 재료인 화투는 우리 고유의 것이 아니라 일제강점기에 일본에서 들어온 것이다. 그나마 화투는 일본에서 비롯된 것임을 아는 사람들이 많다. 일제의 유산임을 전혀 모르고 우리 고유의 전통처럼 여겨지는 것도 얼마든지 있다. 보기를 들어 '묵찌빠'는 우리 고유의 놀이처럼 알려져 있다. 그러나 묵찌빠라는 말 자체가 일본말에서 비롯된 것을 아는 사람은 얼마나 될까? 더욱이 그 어원이 일제의 군국주의와 직결되었다는 사실은 거의 알려져 있지 않다. 묵찌빠는 원래 일본의 구찌빠 놀이에서 유래한 것이다. 여기서 구는 군함, 찌는 침몰, 빠는 파열을 의미한다. 곧 군함에 의한 침몰과 파열을 표현하는 놀이가 구찌빠였던 것이다. 구찌빠는 러일전쟁에서 일본의 승리를 이끈 일본 해군의 일본해전을 기념하는 놀이였다. 이 놀이가 식민지 조선에 들어와 묵찌빠로 변형된 것이다. 우리는 묵찌빠라는 놀이를 통해 무의식중에 일본 군국주의를 찬양하고 있었던 셈이다. 묵찌빠 외에도 우리 일상생활에는 헤아릴 수 없을 만큼 많은 일제 잔재가 남아 있다.

인천의 미래라는 이름으로 한참 개발되고 있는 송도 국제도시도 마찬가지이다. 원래 20세기 초만 하더라도 인천에는 송도라는 지명을 쓰는 곳이 없었다. 송도는 이른바 일본의 3대 절경의 하나로 일컬어지는 마츠시마<sup>松島</sup>에서 비롯된 지명이다. 일본 해군은 마츠시마를 기념하기 위해 자신들이 보유한 군함에 '마츠시마'라는 이름을 붙였다. 마츠시마함은 청일전쟁과 러일전쟁 당시 인천 앞바다에서 벌어진 해전에 참전했다. 일제는 1936년 인천의 구역을 확장하는 가운데 군국주의 침략을 미화하기 위해 새로 인천에 편입된 부천군 문학면 옥련리에 마츠시마함에서 유래한 마츠시마마치, 곧 '송도정'이라는 이름을 붙였다. 해방이 되자마자 일본식 지명을 다시 우리말 이름으로 바꾸는 과정에서 송도정은 옥련동으로 바뀌었다. 그런데 그로부터 60년이 지난 2005년 국제도시를 개발하는 데는 새로운 지역 이름이 필요하다는 논리 아래 다시 송도동으로 돌아갔고, 이른바 송도 국제도시가 개발되고 있는 것이다. 섬도 없는 곳에 송도라는 이름을 붙이고 국제화 운운하는 것은 결국 역사를 일제강점기로 돌리자는 이야기와 다를 바가 없다.

일제가 남긴 부정적 유산은 단지 자원 수탈, 문화재 약탈, 민족문화의 말살, 각종 악법 제정 등에 국한되지 않는다. 오히려 이런 유산은 우리의 노력 여하에 따라 의식적으로 극복될 수 있는 것이다. 묵찌빠나 일본식 지명은 눈에 보이기라도 한다. 힘들기는 하지만 그것이 일제 잔재이며, 그렇기 때문에 그런 놀이를 하고 그런 지명을 쓰는 데 문제가 있으니 고치자는 주장이라도 할 수 있다. 더 심각한 것은 우리의 의식 안에 남아서 지금도 우리의 삶을 짓누르고 있는 식민주의의 유산이다. 여기서는 그 가운데서도 대표적인 보기로 인종주의와 반공주의를 살펴보기로 하자.

인종주의는 인종을 기준으로 '우리'와 '남'을 구분한 뒤 남을 차별하는 것이 정당하다고 생각하는 경향을 가리킨다. 최근 한국 사회에서도 이주노동자가 급증하면서 인종차별, 민족차별 현상이 논란이 되고 있다. 그런데 사실 인종주의는 결코 최근에 생긴 문제가 아니다.

얼마 전까지만 해도 대한민국은 차이나타운이 존재하지 않는 극소수의 나라 가운데 하나였다. 물론 차이나타운의 주인인 화교가 없어서 그런 것은 결코 아니다. 지금은 수가 많이 줄어들기는 했지만 한때는 서울, 부산 등의 대도시에 화교학교가 따로 세워질 정도로 화교가 사회의 중요한 한 구성부분으로 엄연히 실재하고 있었다. 그런데 상당수의 화교가 차별구조에 절망한 나머지 다른 나라로 떠날 만큼 대한민국은 중국인을 멸시하고 차별하는 것이 일반화된 나라이다. '쨍꼴라, 되놈' 등 중국인을 비하하는 용어가 하나둘이 아니고, 이런 용어의 사용이 남녀노소, 각계각층을 막론하고 일상화되어 있는 것이 한국 사회에 만연된 중국인에 대한 차별의식을 단적으로 보여준다. 심지어 중국인이 이 땅에서 화교 사회를 형성한 지 100년이 넘었음에도 불구하고 화교에게 영주권이 부여된 것조차 최근의 일이다.

1980년대 후반 이후 중국과의 국교가 수립되면서 많은 중국 동포가 고국을 찾아오게 되었다. 흔히 '조선족'이라고 불리는 중국 동포는 3D 업종에 주로 종사하면서 한국 사회가 필요로 하는 저임 노동력의 중요한 공급원이 되고 있다. 그런데 중국 동포를 울리는 법이 1999년 8월 국회를 통과한 적이 있다. '재외동포의 출입국 및 법적 지위에 관한 법률'(이하 재외동포법)이 바로 그것이다. 이름 그대로 재외 동포에게 내국인에 준하는 지위를 부여하는 것을 핵심으로 하는 법이다. 그런데 이 법에 따르면 미국 동포와 일부 일본 동포만 재외 동포에 해당했고 중국 동포는 재외 동포에서 제외되었다. 재외 동포를 차별하는 법에 분노한 중국 동포들은 헌법재판소에 재외동포법 위헌소송을 제기했고, 2001년 11월 헌법재판소는 중국 동포 등을 배제한 재외동포법은 헌법에 위배된다는 헌법불일치 결정을 내렸다.

애초에 재외동포법의 초점은 잘사는 나라 재외 동포의 자본을 국내로 끌어들이는 제도적 장치를 마련하는 데 있었다. 그런 관점에서 보면 중국 동포는 자본 유치에 아무런 도움이 되지 않는 '이등 동포'에 불과했다. 일등 동포와 이등 동포를 단지 같은 민족이라는 이유로 동등하게 대할 이유가 전혀 없었던 것이다. 상식으로는 이해가 되지 않는 법이 국회에서 아무 문제없이 통과된 배경에는 한국 사람들이 중국과 중국인, 그리고 중국 동포에 대해 갖는 차별의식이 자리 잡고 있다. 실제로 많은 한국인이 중국 동포를 차별받아 마땅한 가난한 나라에서 온 사람들로 인식하고 있다.

중국은 주지하듯이 동구 공산권 해체 이후 미국과 더불어 세계질서의 헤게모니를 다투는 유일한 나라이다. 그럼에도 한국인의 의식 저변에는 중국을 여전히 오랑캐의 나라, 짱꼴라의 나라로 보는 생각이 잠재되어 있다. 그 연장선에서 화교를 차별하고, 심지어는 같은 민족인 중국 동포까지 차별하는 것이 오늘날 한국 사회의 풍경이다.

그렇다면 이러한 차별의식은 언제 어디서 비롯된 것일까? 이 문제에 접근하는 데는 우리가 중국인을 가리킬 때 흔히 사용하는 '짱꼴라'라는 비하어가 100여 년 전에 일본에서 유래했다는 사실이 하나의 실마리가 될 것이다. 역사의 시계를 거꾸로 돌리면, 1931년 7월 초 전국 각지에서 '호떡집에 불난 사건'이 일어났다. 호떡은 19세기 말 한반도에 이주한 중국인에 의해 처음으로 만들어진 것이다. 따라서 호떡집에 불이 났다는 것은 다른 말로 하면 중국인 집에 불이 났다는 것을 가리킨다. '호떡집에 불난 사건'의 개요는 다음과 같다.

일제는 조선을 강점할 때부터 만주 침략의 기회를 노리고 있었다. 그런 일제에게 만주에 살고 있던 조선인과 중국인의 대립은 만주에 대한 군사 개입을 시도할 좋은 기회로 여겨졌다. 일제는 대륙 침략의 과정에서 조선인과 중국인이 서로 적대시하도록 부추겼고, 연대해야 할 중국·조선의 피압박민족을 서로 이간시켰다. 일본은 조선인과 중국인을 분리하고 차별하는 정책을 취함으로써 양자에게 반목의 씨를 뿌렸다.

1931년 5월 하순 만주 창춘長春 근교의 만보산萬寶山에서 조선인 농민과 중국인 농민 사이에 수로 개설 문제를 둘러싸고 싸움이 일어났다. 인명피해 없이 끝난 단순한 충돌이었다. 그런데 일제의 교묘한 언론 조작으로 국내의 『조선일보』가 조선인 다수가 피해를 입은 것처럼 7월 2일과 3일 이틀에 걸쳐 잘못 보도함으로써 '만보산 사건'은 엄청난 파문을 불러일으켰다.

인천, 평양을 비롯해 중국인이 많이 거주하고 있던 도시 지역에서 조선인에 의한 폭동이 일어났고, 중국인에 대한 무차별적인 테러와 방화가 잇달았다. 그 결과 중국인이 입은 피해는 엄청났다. 조선총독부 경무국의 발표로는 사망 100여 명에 부상자 190명, 국제연맹에 제출된 『리튼 보고서』에 따르면 사망 127명, 부상 393명, 재산피해 250만 원, 중국 쪽 자료에 의하면 사망 142명, 실종 91명, 중상 546명, 재산손실 416만 원이었다. 폭동 직전인 1930년 말 6만 9천여 명이던 화교 인구는 불과 1년 뒤인 1931년 말에는 5만 6천여 명으로 격감했다. 1년 사이에 전체 화교의 2할에 가까운 1만 3천여 명이 신변의 위협을 느끼고 조선을 떠난 결과였다. 이것이 바로 80년 전에 일어난 '호떡집에 불난 사건', 곧 화교 박해 사건의 전모이다.

이 사건은 외국인에 대한 배타의식과 인종주의가 처음으로 대중 차원에서 나타났다는 점에서 중요한 의미를 갖는다. 더 중요한 것은 이와 비슷한 사건이 8년 전인 1923년에 일본에서도 일어난 적이 있다는 사실이다. 간토 대지진 당시 일본인에 의해 자행된 조선인 학살 사건이 바로 그것이다. 무대가 일본에서 조선으로, 가해자가 일본인에서 조선인으로, 피해자가 조선인에서 중국인으로 바뀌었을 뿐 두 사건은 '우리' 안에 살고 있는 '남'을 다수의 폭력으로 배제하는 극단적인 민족차별을 드러냈다는 점에서 유사성을 갖고 있다. 1931년의 화교 박해 사건은 1923년 간토 대

만보산 사건으로 아수라장이 된 평양의 중국인 거리

지진 당시 조선인 학살 사건의 복제품이라고 해도 좋을 정도이다. 그렇다. 일제가 우리 민족을 지배하는 동안에 사용한 차별의 논리가 사람들의 의식 속에 각인된 뒤 집단적 경험으로 전승되어 오늘날에도 우리보다 열등하다고 여겨지는 인종·민족에 대한 차별로 구체화되고 있는 것이다.

일제는 대아시아주의, 곧 아시아 여러 민족의 해방(백인종 지배로부터의 해방)과 연대를 내걸고 침략전쟁을 일으켰다. 그러나 백인종 지배로부터 황인종의 해방이라는 구호는 말 그대로 '구호'였을 뿐 일제 파시즘의 대아시아주의 안에는 다시 철저한 지배와 복종의 관계가 내재되어 있었다. 대아시아주의는 일본을 맹주로 한 아시아 여러 민족의 연대를 내세우고 있었다. 곧 지도자와 추종자의 관계가 지도민족(또는 국가)과 피지도민족(또는 국가)의 관계로 전환된 것이다.

대아시아주의 안에서 조선인은 이등 신민표민으로 규정되었다. 일제는 '아시아인에 의한 아시아의 건설'을 표방한 대동아공영권 논리를 내세우며 여러 인종의 협화를 강조했지만, 일제가 말한 협화란 각 인종 집단 사이의 평등에 기초한 것이 결코 아니었다. 일본인을 정점으로 각 인종 집단에는 뚜렷한 위계질서가 존재했다. 일제는 조선에게 일본에 이어 두 번째 자리를 부여하는 듯한 언설을 구사했다.

그리하여 조선인은 실제로 이등 신민이 된 것도 아니면서 허구의 이등 신민으로서의 의식을 갖게 되었다. 이미 일본 제국주의의 일부가 되고 내선일체의 구호 아래 일본 '국민'이 되었다고 생각되던 조선인과, 일본에 맞서 싸운 적이 있거나 싸우고 있는 문제국가 중국 및 중국인, 그리고 더나아가 일제의 의해 새로 점령된 동남아시아 및 태평양 지역의 '토인'과의 차별성이 강조되기 시작했다. 그러면서 일부 조선인들 사이에는 일제가 설정한 인종의 위계구조에 따라 아시아의 다른 인종, 다른 민족에 대해 우월의식을 갖는 경향이 나타났다. 그 가운데 하나가 바로 중국인을 차별하고 멸시하는 것이었다.

이와 관련해 일제강점기에 경성제국대학 교수를 지낸 시가타 히로시四方博가 "만주사변 이래 대동아의식이 조선인 속에서도 생겨났다. 그 이전은 피정복자 조선인과 정복자 일본인의 대립이었지만 만주사변 이후 또 하나의 피정복자가 생겨나 조선인 자체 속에서도 어느 정도는 정복자의 입장에 기대려는 사람이 나오게 되었다"고 회고한 것은 매우 시사적이다. 조선인들이 일제의 침략전쟁 과정에서 새로 점령지가 된 만주, 중국, 동남아시아 지역의 주민들에 대해 일종의 우월감 내지 제국주의의식을 갖게 되었다는 점을 정확하게 지적하고 있기 때문이다.

실제로 일제강점기에 조선도 제국주의체제 내에서 주역 노릇을 할 수 있다고 보는 아류 제국주의의 환상이 등장했다. 특히 만주사변(1931)에서 중일전쟁(1937), 그리고 아시아·태평양전쟁(1941)으로 이어지는 일제의 침략전쟁을 통해 중국대륙을 비롯한 아시아 전역으로 진출함으로써 조선 민족의 활로를 개척하자고 생각한 사람은 결코 적은 숫자가 아니었다. 조선인의 만주 진출을 한때 잃어버렸던 민족의 영토를 다시 찾는 것으로 해석하는 '잃어버린 고향' 또는 '고토故土'론이 유행하기도 했다. 이제 만주는 마치 먼 옛날부터 조선 민족을 위해 존재해온 공간인 것으로 규정되었다. 과거에 선조들이 만주를 지배했듯이 20세기의 조선 민족도 적극적으로 만주에 진출해 만주를 조선 민족의 공간으로 만들어야 한다는 것이었다.

일제에 편승해 조선 민족이 대외적으로 발전할 수 있다는 생각은 단지 만주에 국한된 것이 아니었다. 궁극적으로는 일본 민족과 더불어 세계를 지배하는 민족이 될 것이라는 희망을 피력하는 이들도 있었다. 대표적인 파시즘 이데올로그이던 이광수는 그런 희망을 "대동아공영권 건설에 조선인은 황국신민으로 주인이 되고 지도자가 되는 것이다. 동아 제민족의 도사導師가 되는 것이다"라는 말로 표현했다. 이런 생각의 바탕에는 제국주의체제 안에서의 위계서열이 자리 잡고 있었다. 그 서열에서 1위인 일본 민족에 이어 2인자의 위치에 오르는 것을 조선 민족이 갱생하는 길이라고 인식했던 것이다.

이런 의미에서 볼 때, 1931년 전국에서 일어난 '호떡집에 불난 사건'의 배경에는 일제의 식민주의가 조선인에게 심어놓은 아류 제국주의, 인종주의가 작동하고 있었던 셈이다. 그리고 나라와 인종을 위계화시켜 우리보다 열등한 나라와 인종을 멸시하고 차별하는 심성은 21세기 한국 사회 안에서 여전히 꿈틀거리며 살아 있다.

한편 반공주의는 문자 그대로 해석하면 공산주의 또는 사회주의에 반대하는 생각을 가리킨다. 1917년 러시아혁명으로 역사상 처음으로 사회주의체제가 성립된 것을 전후해 여러 자본주의 나라에서 사회주의를 체제의 적으로 간주하고 어떤 방법으로든지 사회주의가 퍼지는 것을 막으려고 했다. 우리도 예외는 아니었다. 대한민국 정부 수립과 한국전쟁 이후 한국 사회에서 사회주의는 국가에 의해서도 사회적으로도 억압되어왔다. 하물며 공산주의는 그 말을 꺼내는 것조차도 조심스러울 정도였다. 사회주의란 무조건 '나쁜 것'이라는 생각은 대한민국 국민에게는 하나의 상식처럼 되었다. 사회주의자를 지칭하는 '빨갱이'는 모든 악의 근원으로 여겨졌다. 최근에는 '빨갱이'보다 더 강력한 '종북 좌빨'이란 말까지 등장했다.

대한민국 헌법은 모든 국민의 양심의 자유, 언론·출판의 자유, 집회·결사의 자유, 학문·예술의 자유를 보장하고 있다. 그런데 예외 없는 법칙은 없다고 하듯이 '모든 국민'의 범주에 포함되지 않는 사람들도 있는데 그것이 바로 '빨갱이'와 '종북 좌빨'이다. '빨갱이'와 '종북 좌빨'은 비非국민이었다. '빨갱이'와 '종북 좌빨'은 '우리'에서 배제되어야 할 '남'이었다.

누군가를 '국민'으로 승인하는 것은 항상 '국민이 아닌 자'를 구분하고 배제하는 과정을 동반한다. 대한민국 정부가 출범한 이래 오랫동안 '비국민'은 '빨갱이'였다. 원래 '빨갱이'란 말은 일제강점기부터 쓰였다. 빨갱이는 사회주의자, 공산주의자를 지칭하는 말이다. 그런데 이 말이 국민과 비국민을 가르는 기준으로 쓰인 것이다.

국민과 비국민이 나뉘는 결정적 계기가 남한만의 단독정부 수립, 여순사건, 그리고 한국전쟁으로 이어지는 일련의 정치적 사건이었다는 것은 분명하다. 대한민국은 처음부터 반공국가 수립을 목표로 했으며, '빨갱이는 무조건 죽여야 한다'는 이승만의 언설에서 단적으로 드러났듯이 좌익을 비국민으로 취급하려고 했다. 그러면서 좌익은 사실상 대한민국이 수립되는 과정에서 원천적으로 배제되고 말았다. 이는 해방 직후 친일파의 선거권을 제한하려던 논의가 거의 무산되어 귀족과 제국의회 의원을 지낸 극소수 외에는 대부분의 친일파에게 선거권이 부여되었고, 그 결과 친일파가 대거 새 국가의 핵심 국민 자격을 얻게 된 것과 극적으로 비교된다. 항일과 친일의 대립이 이루어져야 할 상황에서 친공과 반공의 대립이 등장해 전자를 압도한 것이다. 이후 남한과 북한에서 냉전체제가 지속되는 동안에 친일파는 계속 국민의 핵심으로 부상했고 좌익은 비국민의 지위를 벗어나지 못했다.

여순 사건 당시 좌익이 아니라는 것이 입증된 사람들에게 양민증, 국민증, 도민증이라는 이름 아래 '국민'임을 입증하는 신분증이 발급되었다. 반면에 빨갱이로 간주된 비국민에게는 신분증이 발급되지 않았다. 한 장의 종이로 국민과 비국민의 경계가 철저하게 나뉜 것이다. 국민과 비국민 사이에는 하늘과 땅 같은 차이가 존재했다. 신분증을 가지지 못한 비국민에 대해서는 재판을 거치지 않은 즉결처분도 가능했던 것이 당시의 실정이었다. 이제 국가라는 정치공동체에 속한 개인에게 무조건 국민의 자격을 부여하는 것이 아니라 반공 이데올로기를 내면화하는 조건이 충족될 경우에만 국민의 자격을 부여하게 된 것이다.

한국의 역대 헌법은 모두 '국민'을 주권자로 규정하고 있다. 그리고 현재 헌법에는 대한민국이 "대한민국임시정부의 법통"을 잇는다고 명기되어 있다. 그런데 1919년 4월에 제정된 대한민국임시헌장 이래 임정의 모든 헌법문서는 국가권력의 주체이자 시민적 권리의 주체를 시종일관 '인민'으로 지칭했다. 해방 직후에도 '인민'은 보편적으로 사용되던 개념이었다. 그러나 제헌국회의 논의 과정에서 '인민'이라는 용어의 사용이 부정되고 대신 '국민'이 공식화되었다. 물론 인민이라는 용어가 부정된 것은 북한에서 인민 개념을 쓰고 있기 때문이었다.

흥미로운 것은 국민이냐 인민이냐의 논쟁 과정에서 '국민'이라는 용어가 일제강점기에 쓰이던 개념이라는 데 대한 문제제기는 거의 이루어지지 않았다는 점이다. 사실 당시 한국 사회에서 널리 쓰이던 '국민'이라는 말은 일제가 황족을 제외한 모든 일본 사람이 절대권력자인 천황의 지배 아래 놓여 있다는 의미에서 쓰던 황국신민의 줄임말로 익숙한 것이었다. 그리고 이때 '국민'의 쌍으로 따라다닌 말이 바로 비국민이었다.

'국민'과 비국민이라는 용어는 모두 일제 잔재인 것이다. 여기서 비국민이란 일제 파시즘을 반대하고 비판하던 세력을 탄압하기 위해 붙인 말이었다. 한마디로 일제가 대외 침략전쟁을 벌이는 과정에서 국민을 동원하려고 했을 때 여기에 순응하지 않는 사람들을 가리키는 말이 비국민이었던 것이다. 가장 전형적인 비국민은 국체의 변혁, 곧 천황제의 타도와 사유재산제도의 철폐를 꿈꾸던 사회주의자들, 그 가운데서도 조선인 사회주의자들이었다. 일제는 비국민으로 분류된 사회주의자들을 억압하기 위해 근대사회에서는 도저히 용납될 수 없는 각종 법률을 만들고, 사회주의를 포기하고 천황제에 충성을 바치겠다는 전향서를 써야만 국민의 자격을, 그것도 늘 감시와 통제의 대상이 되는 제한된 국민의 자격을 부여했다.

근대 국민국가란 기본적으로 국민과 그렇지 않은 사람을 구분하고 후자를 배제하고 차별하려는 속성을 갖고 있다. 그러나 구분의 기준은 대체로 인종, 종교 같은 요인이다. 이념을 갖고 국민과 비국민을 구분하는 것은 메이지체제의 일본에서 전형적으로 나타났다. 일본에서 가장 무서운 말은 악마도 가난도 아닌 비국민이었다. 아시아·태평양전쟁에서 패전하기 전은 물론이고 지금도 일본 사람들이 가장 싫어하고 무서워하는 말이 비국민이다. 군국주의 시기에 비국민의 가장 전형적인 존재가 바로 사회주의자였다. 일본인조차 비국민이라는 낙인이 찍히면 국민의 권리를 박탈당하고 사회적으로도 온갖 박해를 당했다. 하물며 식민지 지배를 받던 외지인인 조선 민중이야 더 말할 여지가 없었다.

일제의 군국주의는 반공주의와 밀접한 관련을 맺고 있었다. 일제는 20세기 초부터 대역大逆 사건(1910) 등을 통해 겨우 걸음마를 시작한 일본의 사회주의운동을 탄압했다. 국가권력의 탄압 아래 일본에서는 사회라는 이름 자체가 탄압의 대상이 되었다. 사회주의는 곧 반反일본, 반反천황과 같은 말로 받아들여졌다. 일제는 사회주의가 일본의 미풍양속인 유기체적 가족질서를 해치는 사악한 것이라고 선전했다. 사회주의를 과격 사상이라고 부른 데서도 일제의 의도를 짐작할 수 있다.

일제의 반공주의를 가장 체계화한 것이 1925년에 제정된 치안유지법이었다. 일제는 이 법을 내세워 국체의 변혁이나 사유재산의 부정을 목적으로 하는 일체의 행위를 금지했다. 위험한 인물이나 불온한 사상 혐의자는 예방구금이라는 이름으로 아무 때나 인신의 자유를 제한했다.

특히 일제가 중시한 것은 국체의 변혁이었다. 여기서 국체란 천황을 정점으로 한 가족국가를 지칭했다. 사회주의는 천황제 또는 일본적 집단주의의 최대의 적으로 간주되었다. 곧 반공주의는 일본적 집단주의의 유지와 밀접한 관련을 맺고 있었던 것이다.

식민지 조선에서는 반공주의가 더 기승을 부렸다. 일제에게 사회주의를 바탕으로 한 민족운동은 제국의 안녕과 질서를 유지하는 최대의 적이었다. 따라서 식민지 조선의 사회주의운동은 일본보다 더 엄중한 탄압의 대상이 되었다. 이를 잘 보여주는 것이 치안유지법의 시행이다. 일제는 보안법과 제령7호 등을 통해 조선 민중의 정치 활동을 탄압하는 것만으로도 부족해 악법 중의 악법이라 일컬어지던 치안유지법을 시행했다.

근대사회에서는 자율적인 개인을 기반으로 한 새로운 사회조직이 출현하는 것이 일반적인 현상이다. 그러나 식민지 조선에서는 이런 현상이 극히 제한적으로만 나타났다. 치안유지법 등을 통해 강요되고 폭력적 탄압을 수반했던 일제의 반공주의는 집단주의, 가부장적 온정주의와 결합해 민중의 사회적 활동을 혈연·지연·학연 등의 전근대적 사회관계에 속박되도록 만들었다. 반공주의는 노동자, 농민, 여성, 학생의 사회적 조직화를 억압했다. 반공주의는 민족해방을 향한 조선 민중의 열망을 완전히 가로막지는 못했지만 그것의 사상적·사회적 기반을 매우 협소하게 만들었다.

일제의 치안유지법을 계승한 국가보안법이 제정된 것은 대한민국 정부가 출범한 직후인 1948년 12월이었다. 이는 형사법의 기본인 형법이 제정된 1953년보다 5년이나 앞선 것이다. 자주적 민족국가의 건설과 관련해 식민지 지배의 잔재를 극복하고 미래의 전망을 제시할 각종 법의 제정이 시급한 상황에서, 일제의 치안유지법을 그대로 본뜬 국가보안법이 그 어떤 형사법보다 먼저 제정되었다는 것은, 이미 반공주의가 지배 이데올로기로 굳어가고 있었음을 보여준다.

오늘날 한국 사회에는 정체모를 색깔론의 망령이 횡행하고 있다. 조금이라도 자신과 견해를 달리 하는 사람에게 '빨갱이'니 '종북 좌빨'이니 하는 색깔을 덧씌우는 것이다. 심지어 근대성의 핵심 지표인 개인의 자유, 인권 문제를 거론해도 빨갱이로 몰고, 또 그것이 상당한 정도의 정치적 효과를 거둔다. 이런 현상의 역사적 뿌리는 일제강점기까지 거슬러 올라간다. 일제가 효율적인 식민통치를 위해 내세운 반공주의의 논리, 그리고 국민과 비국민의 이분법이 해방 이후 남북분단체제에서 더욱 강화되어 오늘날까지 이어지고 있는 것이다.

# 부록

주요사건일지

참고문헌

찾아보기

# 주요사건일지

### 1898년
**10월 3일** 남산대신궁 완공.

### 1903년
**6월 2일** 활동사진 상영광고 등장.

### 1907년
**7월 24일** 대한제국 신문지법 공포, 신문발
행 허가제.
**7월 27일** 대한제국 보안법 공포, 집회·결
사의 자유 제한.

### 1908년
**4월 30일** 통감부 신문지규칙 공포.
**11월 1일** 최초의 월간 종합잡지『소년』창
간.

### 1909년
**2월 23일** 대한제국 출판법 공포, 출판물
검열과 압수 합법화.
**9월 4일** 간도협약 조인, 일본이 간도를
중국 영토로 인정.

### 1910년
**2월 18일** 최초의 상설영화관 경성고등연
예관 개관.
**5월 28일** 통감부 출판규칙 공포.
**6월 30일** 헌병경찰제 실시.
**8월 13일** 천도교『천도교회월보』창간호
발행.
**8월 22일** 강제병합 조약 조인.

**8월 29일** 일제 한국 강점.
**8월 30일** 『대한매일신보』조선총독부 기
관지『매일신보』로 개제.
**9월 14일** 『황성신문』폐간.
**10월 1일** 데라우치 마사타케 초대 총독 피
임.
**11월 15일** 사립학교설립인가령 시행.
**12월 29일** 조선회사령 공포.

### 1911년
**4월 1일** 조선농회 설립
**6월 20일** 산림령 공포
**7월 19일** 데라우치 총독, 조선인에게는 고
등교육이 필요 없다고 발언.
**8월 23일** 조선교육령 공포.
**11월 15일** 경성방직 창립.
**12월 29일** 부산과 시모노세키 사이의 관부
연락선 정기운항 개시.

### 1912년
**3월 18일** 조선형사령·조선민사령 공포.
**7월 30일** 일본 다이쇼천황 즉위.
**8월 13일** 토지조사령 공포.

### 1913년
**1월 15일** 사설학술강습회규칙 공포.
**10월 30일** 부제(府制) 공포.
**12월 5일** 경학원『경학원잡지』창간.

### 1914년
**3월 1일** 조선총독부 지방행정제도 개편,

317개 군을 218개 군으로 통합
정리.
4월 2일  조선유학생학우회 기관지 『학지
광』 창간호 발행.
6월 10일  조선총독부 각급학교에 교련 과
목 신설.

1915년
3월 24일  사립학교규칙 개정 및 전문학교
규칙 공포.
11월 15일  불교중앙학림 인가.

1916년
1월 4일  조선총독부, 식민지 교육을 강요
하는 '교원 유의사항(敎員心得)'
발표.
4월 25일  세브란스의학전문학교 개교.
5월 22일  남산대신궁 경성신사로 개칭.

1917년
4월 7일  연희전문학교 인가.
9월 1일  기독교청년연합회 기관지 『청
년』 창간.
11월 7일  러시아혁명 발발.

1918년
3월 7일  서당규칙 공포.
5월 1일  조선임야조사령 시행.
5월 10일  러시아 하바롭스크에서 한인사
회당 창당.

1919년
2월  대한독립여자선언서 발표.
3월 1일  3·1운동 발발.
3월 1일  천도교계 지하신문 『조선독립신
문』 발간.
4월 10일  대한민국임시정부 대한민국임시
헌장 제정.
4월 15일  조선총독부 '여행증명서'제도 실
시.
9월 10일  사이토 마코토 총독 '문화정치'
공표.
10월 27일  최초의 연쇄극 〈의리적 구토〉 개
봉.
12월 15일  잡지 『서울』 창간호 발행.

1920년
1월 6일  조선총독부, 『조선일보』·『동아
일보』·『시사신문』 발행허가.
3월 5일  『조선일보』 창간.
4월 1일  『동아일보』·『시사신문』 창간.
4월 1일  조선회사령 개정.
4월 11일  조선노동공제회 창립.
6월 25일  잡지 『개벽』 창간호 발행.
8월 1일  조선노동공제회 기관지 『공제』
창간.
10월 5일  경신참변 발발.
12월 1일  조선청년회연합회 창립.

1921년
3월 15일  조선청년회연합회 기관지 『아
성』 창간호 발행.

7월 10일　잡지『신천지』창간호 발행.
8월 13일　천도교소년회 창립.
12월 28일　보성전문학교 인가.

## 1922년
2월 4일　제2차 조선교육령 공포.
3월 11일　잡지『신생활』창간호 발행.
9월 3일　주간 시사잡지『동명』창간호 발행.
9월 15일　『개벽』·『신천지』·『신생활』·『조선지광』 시사잡지 허가.
10월 18일　조선노농연맹회 창립.
11월 1일　잡지『조선지광』창간호 발행.

## 1923년
3월 16일　색동회 조직.
3월 24일　전조선청년당 대회 개최.
3월 29일　민립대학기성준비회 창립총회.
4월 9일　조선총독부 체신국 제작 저축선전영화 〈월하의 맹서〉개봉.
5월 1일　첫 번째 어린이날.
9월 1일　간토 대지진.
9월 15일　개벽사 여성잡지『신여성』창간호 발행.

## 1924년
3월 31일　『시대일보』창간.
4월 18일　조선노농총동맹 창립.
4월 21일　조선청년총동맹 창립.
5월 1일　경성제국대학 개교.
5월 10일　조선여성동우회 창립.

11월 16일　형평사 기관지『형평』창간.

## 1925년
4월 1일　평양 숭실전문학교 인가.
4월 17일　조선공산당 창당.
4월 18일　고려공산청년회 창립.
4월 23일　이화여자전문학교 인가.
5월 7일　치안유지법 공포.
6월 11일　조선총독부와 중국 동북군벌정부 재만 조선인 단속의 미쯔야(三矢)협정 체결.
9월 29일　조선농민사 창립.
10월 15일　조선신궁 완공.
12월 11일　조선농민사『조선농민』창간.

## 1926년
5월 20일　잡지『동광』창간.
6월 10일　6·10만세운동.
8월　윤심덕〈사의 찬미〉발표.
8월 1일　잡지『개벽』발행금지 처분.
10월 1일　나운규 연출〈아리랑〉개봉.
11월 15일　『시대일보』, 『중외일보』로 개제 발행.
11월 30일　경성방송국 설립 인가.
12월 25일　일본 쇼와천황 즉위.

## 1927년
1월 15일　잡지『현대평론』창간호 발행.
2월 15일　신간회 창립.
2월 16일　경성방송국 방송 개시.
5월 27일　근우회 창립.

10월 16일 조선소년연합회 창립.

**1928년**
5월 5일 어린이날 5월 1일에서 5월 5일로 변경.
6월 29일 치안유지법 개정, 사형(死刑) 도입.
12월 27일 코민테른 조선공산당 승인 취소.

**1929년**
1월 4일 원산총파업 시작.
10월 1일 청년훈련소 규정 제정.
11월 3일 광주항일학생운동 발발.

**1930년**
1월 15일 광주학생운동 서울 여학생 시위.
5월 9일 조선농민사『농민』창간호 발행.
10월 5일 『중외일보』재정난으로 자진휴간.
12월 1일 조선총독부 지방제도 개정.

**1931년**
7월 2일 만보산 사건 발생.
7월 3일 서울·인천에서 중국인 습격 사건 발생.
7월 4일 평양에서 중국인 학살 사건 발생.
9월 18일 만주사변 발발.
10월 14일 『중외일보』,『중앙일보』로 개제 발행.
11월 1일 동아일보사 잡지『신동아』창간.

**1932년**
4월 이애리수〈황성의 적〉발표.
4월 11일 경성방송국, 조선방송협회 경성방송국으로 개칭.
6월 30일 우가키 가즈시게 총독 농촌진흥운동 방침 발표.
7월 10일 방응모『조선일보』인수.
9월 18일 이규환 연출〈임자 없는 나룻배〉개봉.
9월 30일 농촌진흥위원회 규정 공포.

**1933년**
1월 1일 동아일보사『신가정』창간.
1월 27일 조선소작조정령 공포.
3월 7일 『중앙일보』,『조선중앙일보』로 개제 발행.
4월 26일 조선방송협회 경성방송국 이중방송 개시.
9월 9일 만주사변 이후 조선총독부 알선 첫 만주 이민단 서울 출발.

**1934년**
4월 20일 잡지『삼천리』창간.
6월 고복수〈타향〉발표.
9월 13일 노기신사 완공.
8월 7일 활동사진영화취체규칙 공포.

**1935년**
6월 1일 조선방송협회 부산방송국 설립 인가.
8월 이난영〈목포의 눈물〉발표.

| 10월 1일 | 대전·광주·전주 부(府)로 승격. |
|---|---|
| 10월 4일 | 최초의 발성영화 〈춘향전〉 개봉. |
| 10월 17일 | 조선일보사 잡지 『조광』 창간. |

**1936년**

| 3월 6일 | 조선일보사 잡지 『여성』 창간. |
|---|---|
| 3월 26일 | 조선방송협회 평양방송국 설립 인가. |
| 4월 1일 | 경성부 관할구역 확장. |
| 6월 4일 | 선만척식주식회사령 공포, 만주로의 국책이민 통제기관 설립. |
| 8월 12일 | 『조선중앙일보』 베를린올림픽 마라톤 우승자 손기정의 일장기 말소 사진 게재. |
| 8월 25일 | 『동아일보』 베를린올림픽 마라톤 우승자 손기정의 일장기 말소 사진 게재. |
| 12월 4일 | 화신백화점 완공. |
| 12월 13일 | 조선사상범보호관찰령 공포. |

**1937년**

| 1월 1일 | 『조선일보』 일본 천황 부처 사진 게재. |
|---|---|
| 2월 12일 | 조선방송협회 청진방송국 설치. |
| 5월 10일 | 일본 척무성 조선인 만주 이민 정책 결정, 10만 명 이주. |
| 7월 7일 | 중일전쟁 발발. |
| 10월 1일 | 조선총독부 「황국신민서사」 제정. |
| 10월 25일 | 러시아 연해주 조선인 중앙아시아 강제이주 완료. |

| 11월 5일 | 『조선중앙일보』 폐간. |
|---|---|

**1938년**

| 1월 15일 | 일본 육군성 조선인 지원병제 실시 발표. |
|---|---|
| 2월 22일 | 육군특별지원병령 공포. |
| 3월 4일 | 제3차 조선교육령 공포, 황민화 교육 강화. |
| 3월 24일 | 일본 정부 국가총동원법 공포. |
| 5월 10일 | 국가총동원법 조선 적용 . |
| 7월 1일 | 국민정신총동원연맹 창립. |
| 10월 30일 | 조선방송협회 함흥방송국 개국. |
| 12월 22일 | 숙명여자전문학교 개교. |

**1939년**

| 2월 22일 | 조선총독부 개척민위원회 설치. |
|---|---|
| 4월 17일 | 조선총독부 국민정신총동원위원회 조직. |
| 7월 8일 | 국민징용령 공포. |
| 9월 1일 | 조선총독부 학무국 여자청년단 조직 각 도에 통첩. |
| 9월 4일 | 방공훈련법에 따른 최초의 방공(防空)훈련. |
| 9월 30일 | 국민징용령 시행규칙 공포. |
| 10월 1일 | 국민징용령 실시. |
| 11월 10일 | 조선민사령 개정, 창씨개명 공포. |

**1940년**

| 1월 4일 | 조선영화령 공포. |
|---|---|
| 1월 11일 | 조선직업소개령 공포. |

| | |
|---|---|
| 1월 22일 | 잡지 『내선일체』 창간호 발행. |
| 2월 11일 | 창씨개명 실시. |
| 7월 27일 | 국민정신총동원조선연맹 신사참배 강화책을 각 연맹에 통첩. |
| 8월 10일 | 『동아일보』·『조선일보』 폐간. |
| 8월 17일 | 국민정신총동원연맹 전시생활체제 강요. |
| 9월 17일 | 오광심 등 여성광복군 한국광복군 성립전례식 참여. |
| 10월 16일 | 국민정신총동원연맹 개편, 국민총력연맹 조직. |

**1941년**

| | |
|---|---|
| 1월 14일 | 국민총력조선연맹 문화부 발족. |
| 1월 25일 | 국민총력조선연맹 부인부 신설. |
| 2월 1일 | 잡지 『춘추』 창간호 발행. |
| 2월 12일 | 조선사상범예방구금령 공포, 미전향 사상범과 위험인물 강제구금. |
| 4월 1일 | 국민학교령 공포에 따라 소학교를 국민학교로 개칭. |
| 4월 19일 | 조선방송협회 대구방송국 방송 개시. |
| 6월 16일 | 조선군보도부 제작 지원병 선전영화 〈그대와 나〉 개봉. |
| 8월 25일 | 삼천리사 임전대책협의회 개최, 자발적 황국신민화운동 실천방안 협의. |
| 9월 3일 | 조선임전보국단 출범. |
| 11월 15일 | 조선언론보국회 결성. |
| 11월 19일 | 일본 육군차관, 중의원회의에서 |

| | |
|---|---|
| | 조선 징병제 연구 중이라 답변. |
| 12월 8일 | 태평양전쟁 발발. |

**1942년**

| | |
|---|---|
| 1월 21일 | 조선총독부 경무국 정보과, 조선영화계발협회 창립. |
| 3월 21일 | 조선방송협회 광주방송국 개국. |
| 5월 1일 | 사단법인 조선영화배급사 설립 인가. |
| 5월 25일 | 노천명, 박인덕, 모윤숙 등 조선임전보국단 부인부 주최 군국의 어머니 좌담회 참석. |
| 9월 19일 | 조선영화제작주식회사 창립발기 인총회. |
| 10월 1일 | 조선청년특별연성령 공포. |
| 11월 20일 | 조선징병제도 실시요강 결정. |

**1943년**

| | |
|---|---|
| 2월 17일 | 출판사업령 공포, 출판사업 규제 강화. |
| 3월 1일 | 징병제 공포. |
| 3월 8일 | 제4차 조선교육령 공포. |
| 3월 22일 | 조선총독, 생산 확대를 위해 학생동원령 발동. |
| 6월 9일 | 경성부 구제 실시, 중구·종로구·용산구·동대문구·성동구·서대문구·영등포구 신설. |
| 6월 16일 | 징병제 선전영화 〈조선해협〉 개봉. |
| 7월 27일 | 해군특별지원명령 공포. |
| 7월 30일 | 등록된 라디오 28,500대. |

8월        백년설·남인수·박향림 해군특별
          지원병제 선전가요 〈혈서지원〉
          발표.
8월        남인수·이난영 징병제 선전가요
          〈이천오백만 감격〉 발표.
8월 1일    징병제·해군특별지원병제 실시.
8월 7일    김활란, 징병제 실시를 환영하는
          「적격멸에 일로 매진」을 『매일
          신보』에 발표.
11월 26일  경성호국신사 완공.
12월 1일   징병제 선전영화 〈젊은 자태〉 개
          봉.

### 1944년
3월 19일   조선총독부 학도군사교육강화요
          강 발표.
4월 7일    조선영화배급사, 조선영화제작주
          식회사를 흡수해 사단법인 조선
          영화사로 개편.
5월 8일    조선흥행취체규제령 공포, 영화·
          연극·연예 등 흥행 규제.
5월 8일    결전비상조치요강에 따른 제1회
          학도동원 실시.
6월 16일   징병제 선전영화 〈병정님〉 개봉.
7월 1일    학도근로동원 출동 시행.
7월 6일    전국 60여 곳 청년훈련특별과합
          동훈련소 개소.
7월 31일   조선총독부, 징병 후원과 군사원
          호사업을 담당하는 총후봉공회
          설치요강 발표.

### 1945년
5월 21일   전시교육령 공포, 학도대 조직.
5월 24일   해군특별지원병 선전영화 〈사랑
          과 맹서〉 개봉.
6월 16일   조선국민의용대조직요강 발표.
8월 15일   해방.

# 참고문헌

강동진, 『일제의 한국 침략정책사』, 한길사, 1980.

강성률, 『친일영화의 해부학』, 살림터, 2012.

고마고메 다카시 지음, 오성철 옮김, 『식민지제국 일본의 문화통합』, 역사비평사, 2008.

김경일 외, 『동아시아의 민족이산과 도시』, 역사비평사, 2004.

김경일, 『여성의 근대, 근대의 여성: 20세기 전반기 신여성과 근대성』, 푸른역사, 2004.

김경일, 『한국 근대 노동사와 노동 운동』, 문학과지성사, 2004.

김광열, 『한인의 일본 이주사 연구』, 논형, 2010.

김근수 편저, 『한국 잡지 개관 및 호별 목차집』, 영신아카데미 한국학연구원, 1973.

김동노, 『근대와 식민의 서곡』, 창비, 2009.

김동노 엮음, 『일제 식민지 시기의 통치체제 형성』, 혜안, 2006.

김려실, 『투사하는 제국 투영하는 식민지』, 삼인, 2006.

김민환·박용규·김문종, 『일제강점기 언론사 연구』, 나남, 2008.

김백영, 『지배와 공간—식민지도시 경성과 제국 일본』, 문학과 지성사, 2009.

김수진, 『신여성, 근대의 과잉: 식민지 조선의 신여성 담론과 젠더정치, 1920~1934』, 소명출판, 2009.

김인덕, 『강제연행사 연구』, 경인문화사, 2002.

김용섭, 『한국근현대농업사연구—한말·일제하의 지주제와 농업문제』, 지식산업사, 2000.

김정의, 『한국의 소년운동』, 혜안, 1993.

미야타 세츠코 지음, 이형랑 옮김, 『조선민중과 황민화정책』, 일조각, 1997.

미즈노 나오키 지음, 정선태 옮김, 『창씨개명: 일본의 조선지배와 이름의 정치학』, 산처럼, 2008.

박찬승, 『대한민국은 민주공화국이다: 헌법 제1조 성립의 역사』, 돌베개, 2013.

박찬승, 『한국 근대 정치사상사 연구: 민족주의 우파의 실력양성 운동론』, 역사비평사, 1992.

방기중 엮음, 『식민지 파시즘의 유산과 극복의 과제』, 혜안, 2005.

방기중 엮음, 『일제 파시즘 지배정책과 민중생활』, 혜안, 2004.

박환, 『러시아지역 한인의 삶과 기억의 공간』, 민속원, 2013.

손정목, 『일제강점기 도시사회상 연구』, 일지사, 1996.

손정목, 『일제강점기 도시화과정 연구』, 일지사, 1996.

신기욱·마이클 로빈슨 엮음, 도면회 옮김, 『한국의 식민지 근대성』, 삼인, 2006.

오성철, 『식민지 초등교육의 형성』, 교육과학사, 2000.

윤건차 지음, 심성보 옮김, 『한국 근대 교육의 사상과 운동』, 청사, 1987.

윤해동 외 엮음, 『근대를 다시 읽는다 1~2』, 역사비평사, 2008.
윤해동·황병주 엮음, 『식민지 공공성 실체와 은유의 거리』, 책과 함께, 2010.
이상의, 『일제하 조선의 노동정책 연구』, 혜안, 2006.
이승일, 『조선총독부 법제 정책』, 역사비평사, 2012.
이영재, 『제국일본의 조선영화』, 현실문화, 2008.
이준식, 『농촌 사회 변동과 농민 운동』, 민영사, 1993.
이준식, 『조선공산당 성립과 활동』, 독립기념관 한국독립운동사연구소, 2009.
이효인, 『한국 영화 역사강의 1』, 이론과 실천, 1992.
임경석, 『이정 박헌영 일대기』, 역사비평사, 2004.
임경석, 『잊을 수 없는 혁명가들에 대한 기록』, 역사비평사, 2008.
임경석, 『한국 사회주의의 기원』, 역사비평사, 2003.
장유정, 『오빠는 풍각쟁이야: 대중 가요로 본 근대의 풍경』, 민음in, 2006.
정선이, 『경성제국대학 연구』, 문음사, 2002.
주진오 외, 『한국여성사 깊이 읽기—역사 속 말 없는 여성들에게 말 걸기』, 푸른역사, 2013.
최민지, 『일제하 한국언론사』, 일월서각, 1978.
최수일, 『개벽 연구』, 소명출판, 2008.
최유리, 『일제 말기 식민지 지배정책연구』, 국학자료원, 1997.
하시야 히로시 지음, 김제정 옮김, 『일본제국주의 식민지 도시를 건설하다』, 모티브, 2004.
한국역사연구회 근현대청년운동사연구반, 『한국 근현대 청년운동사』, 풀빛, 1995.
한국역사연구회 엮음, 『우리는 지난 100년 동안 어떻게 살았을까 1~3』, 역사비평사, 2002.
한일관계사연구논집 편찬위원회 엮음, 『일제 식민지배와 강제동원』, 경인문화사, 2010.
한일문제연구원 엮음, 『빼앗긴 조국, 끌려간 사람들』, 아세아문화사, 1995.
허수, 『이돈화 연구: 종교와 사회의 경계』, 역사비평사, 2011.
허영란, 『일제시기 장시 연구: 5일장의 변동과 지역주민』, 역사비평사, 2012.
홍성찬, 『한국근대농촌사회의 변동과 지주층』, 지식산업사, 1992.

강정숙, 「일본군 '위안부'(성노예) 동원의 실태」, 『역사비평』 45, 1998.
김경미, 「황민화 교육정책과 학교교육」, 방기중 엮음, 『일제 파시즘 지배정책과 민중생활』, 혜안, 2004.
김경일, 「1920~1930년대 한국의 신여성과 사회주의」, 권태억 외, 『한국 근대사회와 문화. 3: 1920~1930년대 '식민지적 근대'와 한국인의 대응』, 서울대학교출판문화부, 2007.

김대호, 「1910~20년대 조선총독부의 조선신궁 건립과 운영」, 『한국사론』 50, 2004.

김부자, 「식민지 시기 조선 보통학교 취학동기와 일본어: 1930년대를 중심으로」, 『사회와 역사』 77, 2008.

김영희, 「일제시기 라디오의 출현과 청취자」, 『한국언론학보』 46권 2호, 2002.

김정인, 「근대 한국 민주주의 문화의 전통 수립과 특질」, 『역사와 현실』 87, 2013.

김희곤, 「3·1운동과 민주공화제 수립의 세계사적 의의」, 『한국근현대사연구』 48, 2009.

노주은, 「동아시아 근대사의 '공백': 관동 대지진 시기 조선인 학살 연구」, 『역사비평』 104, 2013.

문혜진, 「일제식민지기 경성부 신사: 신사 및 제신의 시기별 성격을 중심으로」, 『정신문화연구』 36권 3호, 2013.

미즈노 나오키, 「조선에 있어서 치안유지법 체제의 식민지적 성격」, 『법사학연구』 26, 2002.

박용규, 「일제의 지배정책에 대한 신문들의 논조 변화」, 『한국언론정보학보』 28, 2005.

반병률, 「러시아 한인(고려인)사회와 정체성의 변화: 러시아원동 시기(1863~1937)를 중심으로」, 『한국사연구』 140, 2008.

반병률, 「한국인의 러시아 이주사: 연해주로의 유랑과 중앙아시아로의 강제이주」, 『한국사 시민강좌』 28, 2001.

배성준, 「1920·30년대—모던 걸 마르크스 보이」, 『역사비평』 36, 1996.

서재길, 「일제 식민지기 라디오 방송과 '식민지 근대성'」, 『사이間SAI』 1, 2006.

서현주, 「경성지역의 민족별 거주지분리의 추이」, 『국사관논총』 94, 2000.

신주백, 「한인의 만주 이주 양상과 동북아시아: '농업이민'의 성격 전환을 중심으로」, 『역사학보』 213, 2012.

안종철, 「1930~40년대 남산 소재 경성호국신사의 건립, 활용, 그리고 해방 후 변화」, 『서울학연구』 42, 2011.

윤건차, 「일본땅의 조선인, 그 학대와 차별의 역사」, 『역사비평』 16, 1991.

윤해동, 「왜 식민지 공공성인가」, 『내일을 여는 역사』 31, 2008.

윤휘탁, 「만주국의 '2등 국(공)민', 그 실상과 허상」, 『역사학보』 169, 2001.

이경란, 「총동원체제하 농촌통제와 농민생활」, 방기중 엮음, 『일제 파시즘 지배정책과 민중생활』, 혜안, 2004.

이기훈, 「식민지 학교 공간의 형성과 변화」, 『역사문제연구』 17, 2007.

이기훈, 「젊은이들의 초상: 식민지의 학생, 오늘날의 학생」, 『역사비평』 90, 2010.

이기훈, 「청년, 갈 곳을 잃다: 1930년대 청년담론에 대한 연구」, 『역사비평』 76, 2006.

이기훈, 「청년, 근대의 표상―1920대 '청년' 담론의 형성과 변화」, 『문화과학』 37, 2004.

이동순, 「일제말 군국가요의 발표현황과 실태」, 『한민족어문학』 59, 2011.

이병례, 「일제하 전시체제기 노동자의 경험세계」, 『역사연구』 11, 2002.

이승렬, 「'식민지 근대'론과 민족주의」, 『역사비평』 90, 2010.

이종민, 「도시의 일상을 통해 본 주민 동원과 생활통제」, 방기중 엮음, 『일제 파시즘 지배정책
　　과 민중생활』, 혜안, 2004.

이준식, 「'단일 민족' 속의 이민족: '재일 조선인'의 사회사」, 『한국사회사연구』, 나남, 2003.

이준식, 「대한민국임시정부와 여성 독립운동」, 『한국민족운동사연구』 61, 2009.

이준식, 「사회주 민족운동과 대한민국 정부」, 『한국근현대사연구』 48, 2009.

이준식, 「'식민지 파시즘'의 유산과 극복의 과제―인종주의를 중심으로」, 방기중 엮음, 『식민지
　　파시즘의 유산과 극복의 과제』, 혜안, 2005.

이준식, 「만보산 사건과 중국인의 조선인식」, 『한국사연구』 156, 2012.

이준식, 「문화 선전 정책과 전쟁 동원 이데올로기: 영화 통제 체제의 선전 영화를 중심으로」,
　　방기중 엮음, 『일제 파시즘 지배정책과 민중생활』, 혜안, 2004.

이준식, 「일제 강점기 제주도민의 오사카(大阪) 이주」, 『한일민족문제연구』 3. 2002.

이준식, 「일제강점기의 대학제도와 학문체계: 경성제대의 '조선어문학과'를 중심으로」, 『사회
　　와 역사』 61, 2002.

이준식, 「탈민족론과 역사의 과잉 해석: 식민지 공공성은 과연 실재했는가」, 『내일을 여는 역
　　사』 31, 2008.

이준식, 「한국 역사 교과서인가, 아니면 일본 역사 교과서인가?: 교학사 한국사 교과서 일제강
　　점기 서술 비판」, 『역사비평』 105, 2013.

이준식, 「혁명적 농민조합 운동과 일제의 농촌통제정책: 함경북도의 관북향약을 중심으로」, 김
　　동노 엮음, 『일제 식민지 시기의 통치체제 형성』, 혜안, 2006.

이준희, 「일제시대 군국가요 연구」, 『한국문화』 46, 2009.

이지원, 「삼천리를 통해 본 친일의 논리와 정서」, 『역사와 현실』 69, 2008.

장석흥, 「근대 소년운동의 독립운동사적 위상」, 『한국독립운동사연구』 45, 2013.

장신, 「1930년대 언론의 상업화와 조선·동아일보의 선택」, 『역사비평』 70, 2005.

전우용, 「종로와 본정―식민도시 경성의 두 얼굴」, 『역사와현실』 40, 2001.

전우용, 「한국 근대의 화교 문제」, 『한국사학보』 15, 2003.

정근식, 「일본 식민주의의 정보통제와 시각적 선전」, 『사회와 역사』 82, 2009.

정연태, 「일제강점기 한국인의 식민지 체험과 새로운 근대 기획」, 『역사비평』 90, 2010.

조형근, 「식민지 대중문화와 '조선적인 것'의 변증법: 영화와 대중가요의 비교를 중심으로」, 『사회와 역사』 99, 2013.

한상언, 「일제말기 통제 영화제작회사 연구」, 『영화연구』 36, 2008.

허수, 「제1차 세계대전 종전 후 개조론의 확산과 한국 지식인」, 『한국근현대사연구』 50, 2009.

# 찾아보기